台灣人四百年史　目錄

增補

一九八〇年以後的台灣

1　中國國民黨集團繼續殖民統治台灣

如上所述（參閱p.802）、中國國民黨「**中華民國**」集團、在一九四九年逃亡台灣、而後、加強自一九四五年佔領台灣以來的殖民統治「**體制**」。

中國國民黨集團、即以孫中山早時的「**三民主義**」（實際上、只限於「中華民族主義」爲中心思想）、爲其政治運行的理念「**虛構**」、並在逃台之前、爲了維持爲原來的「**一黨專政**」的工具、一九四六年（第二次國共內戰已在中國大陸開始）、制定所謂「**五權憲法**」（現仍施行於台灣的「中華民國憲法」）於南京、逃台後、則標榜「**中華民國**」爲「**全中國**」的唯一合法「**政府**」、由此、更虛稱四〇年以來的所謂「**合法性**」與「**正統性**」、加強特務組織・軍隊系統・警察機構及封建官僚等暴力結構、而施行了現代法西斯兼中國封建軍閥的殖民統治。

中國國民黨集團統治台灣的半世紀、所呈現的特質、即：

⑴　**蔣父子獨裁的特務政治**

蔣介石・經國父子爲特務黑網的最高唯一的大頭子、在幾十年來、以散布於全島的特務系統爲權力基礎、獨掌「國家」機構的核心與中樞、施行專以一個獨裁者決定一切的法西斯政治。

⑵　**特務大本營「國家安全會議」**

蔣家國民黨特務集團、在這特務最高機關「國家安全會議」之下、設立其下級執行單位的「國家安全局」「司法行政部調查局」「國防部情報局」、及「台灣警備總司令部」與「警政署」（都是中國大陸時的兩大特務系統「軍統」「中統」之後身）、各個特務單位都秘密分工・統一領導、進行絕對化「一黨專政」的「黨國」政治、藉以控制經濟・社會・政治及文化教育等、而來壓搾被統治的台灣人。

⑶　**「動員戡亂時期臨時條款」「戒嚴令」**

前者即在一九四八年成立於南京（在台灣施行長達四四年）、後者則同年施行於台北（施行期間長達四〇年）。這兩條法西斯法令、竟使蔣父子、不受所謂「憲法」的限制（六年一任、能連任一次）、而成爲絕對化的終身「總統」、並使其獨裁權力「合法化」的工具即所謂「中央三大民意代表」（國民大會・立法院・監察院各代表、均在中國大陸時選出、其數多時共達一千八〇〇餘人）、任期亦終身化。從此、蔣家國民黨集團、一到台灣、就嚴密控制整個台灣社會、施加獨裁政治、限制台灣人出入境與山地進出境、及管制海外留學生等、並封閉結社（黨禁）・言論（報禁）・集會・遊行及免受恐怖等基本人權、而來極權統治台灣殖民地、且加施分化政策與摧殘政治犯等、藉以防範台灣人獨立自主思想及行動的壯大發展。

(4) **霸佔文教機構・壟斷大衆傳播媒體**

蔣家國民黨集團、由此、嚴密管制思想、灌注爲殖民統治所必要的所謂「**中華民族意識**」與「愚民思想」、並散布虛僞知識與毀壞倫理道德的毒素、擬以毀滅台灣歷史傳統的「**台灣人意識**」與「**台灣民族主義**」。

(5) **掌管軍隊與青年**

蔣家國民黨特務集團、爲了全面掌管「軍隊」、一九五〇年成立「**國防部總政治部**」（後來改爲總政治作戰部）、由蔣經國長期獨掌、控制軍中的作戰・人事・補給・教育及管制思想等（士兵的九〇％均屬台灣青年人）、並且、再在一九五三年成立「**中國青年反共抗俄救國團**」與各處的「**秘密訓練組織**」、均由蔣經國親自長期掌管、藉以抓掌各級青年學校的虛僞教學・思想管制及集體動員、並做爲培植特務第二、三代徒弟徒孫的集訓機關。

(6) **壟斷台灣企業・土地房屋及美國經濟支援**

蔣家國民黨集團、自一九四五年佔領台灣開始、立即接掌分布於全台灣日帝官民總財產（僅在企業與工廠、就壟斷台灣企業總數的八〇％、土地・房產則佔總耕地的二五％、及山林九〇％）、並霸佔了美政府早期對台經濟軍事援助達四〇餘億美元之多（一九五一—六五年）、以至現在、仍然霸佔全台灣現代企業的七、八〇％、及都市鄉村的廣大土地與房產、而做爲殖民統治的龐大的經濟基礎。

(7) **特務控制「地方自治」**

蔣家國民黨集團、因抵不住長期的民怨與黨外台灣人士的要求、後來實施虛構的所謂「**地方自治**」。但是、其地方財政・人事・特務・警祭等、完全歸屬「**中央**」的決定與支配、甚至於地方選舉亦由特務系統或黑道份子所控制、其省長・縣長均由「**中央**」指派（直到一九九三年才實行「假」民選）。

(8) **籠絡台灣人買辦幫兇**

蔣家國民黨集團爲了殖民統治台灣、特別培植一批台灣人買辦幫兇的特務與政客政商、讓其狐借虎威、對台灣自己人加以壓搾與恐嚇、以取「**以台治台**」之實、同時、對台灣人資本家階層或中小企業階層、即施加政治威脅或虛構的「**政經分離**」政策、導使他們不敢過問政治問題、而專注於工商經營、尤其一般台灣人大衆爲日常糊口、整天勞動而無寧日。

2　蔣介石死亡、子經國世襲傳位

台灣從一九六五年開始、因出口貿易快速發展、使得島內「**加工**」產業也加速成長發展、同時、台灣經濟回復了與世界資本主義的市場關係。

然而、到了一九七〇年代初、由於蔣家國民黨集團長期依靠著的美國、轉變對亞洲的外交軍事戰略、一九七一年季辛吉初訪北京（短期間、前後訪問四次）、同年蔣家「**中華民國**」被迫退出聯合國、以致國際形勢急遽變化、世界各國相繼與其斷交、所謂「**中華民國**」轉瞬間成爲「**國際孤兒**」（現在世界一九〇餘國家之中、與「中華民國」保持外交關係的、只有非洲・中南美洲的極弱小國三二國而已、並且、都以所謂「**經**

濟援助」資金買來的外交關係）、加上世界「**能源危機**」一再襲來（第一次一九七三年、第二次一九七八年）、因此、蔣家國民黨遭到重大打擊。

一九七五年、蔣介石死亡、但是父死子傳（一九七八年蔣經國就任「總統」）、所以、台灣仍然是蔣家法西斯天下。

自從蔣經國上台後（一九七二年就任行政院長）、蔣家獨裁政治乃進入第二期殖民統治時代。

蔣經國登峰造極、就任「**總統**」之後、仍然墨守乃父之手法統治台灣。然而、蔣介石死後、台灣人民族自覺空前提高、反而蔣經國及其國民黨集團、因久困海島、軍隊無爲而師衰、特務黨官貪污腐化、各派系爭權奪利而無寧日。所以、蔣經國愈想施行乃父之法西斯手段、蔣家國民黨集團與台灣社會的矛盾對立卻愈來愈顯深刻化、並且、台灣經濟發展（社會基層構造）已到了一個轉捩點、上層構造（殖民統治體制）的根本變革（革命）、成爲當務之急。

蔣經國當在這山窮水盡的政治・社會危機時、他爲了防止其統治地位的全面瓦解、隨即高舉所謂「**新政策**」、即：一、加強革新保台政策、積極吸收台灣人爲黨員與公職人員、二、大借外債、推進「**十大建設**」、三、不與中共和談、四、提拔台灣青年才俊（參閱p.910-911）。

但是、第一的「**革新保台**」、其實是蔣經國自己的「**保位**」、所以大喊「**革新**」口沫未乾、就自食其言、大肆陷害主張眞正「**革新**」（主張民主與人權）的許多台灣人坐牢。

第二的大借外債推行經濟建設、其實是招來外人投資、使用外人技術與器材。這樣、台灣經濟倒也有了再推進一步。但是、其經濟建設的得益者、除了肥壯了極少數包括外人資本・蔣家權力集團、及其幫兇的買辦政客政商與中間剝削份子之外、只有使一些台灣投機份子成爲暴發戶而已。絕大部份的中產階層與台灣勞苦大衆、卻以廉價工資、更加嚴酷的被剝削、而所得微小。

第三的不與中共和談、中國國民黨與中國共產黨、雖然長期以來事事都在唱反調、但是有關「**把台灣・台灣人說成中國的隸屬物、尤其反對台灣人獨立自主**」這一點、完全是屬於一丘之貉、雙方都全然站在同一戰線、所以、蔣經國早就派遣私人代表（嚴靈峰・李德廉・蕭昌錄等心腹大將）、在香港・日本等地、與中共人員暗中打交道。

第四的提拔青年才俊、蔣經國為了沖散日益增強的台灣人反抗運動、同時略為應付國際上反對其「**一黨專政**」「**獨裁統治**」的指責、才高喊「**提拔台籍人士**」。所以、他上台後、乃加倍任用善於奉迎拍馬且稍具才能的買辦台灣人。這就是在宣傳上、產生一種「**國民黨本土化**」「**國民黨民主化**」等毫無根據的無稽之談。

這些自私的、沒有智慧也沒有台灣人意識的買辦台灣人為數不多、但是他們受到特務頭子蔣經國的特別垂青、興高彩烈、即在台灣大衆儘遭壓迫剝削而處於水深火熱的境地之下、代其新老闆欺搾台灣自己人、同時也分到殖民統治剝削的一杯羹、而謀取非分之財。

當然、不管台灣買辦份子被登用多少、在其體制上、也談不到殖民獨裁政治有絲毫的改變、更與台灣的「**民族獨立**」「**民主自由**」完全無關。

然而、從一九七〇年代後半、因：一、越戰結束（一九七五年）、中（共）美建交（一九七九年）、中共對台開始高喊「**一國兩制**」（一九七九年）等、國際形勢對於蔣家「**中華民國**」更為不利。二、島內台灣大衆積怨已深、「**台灣人意識**」（如蕃薯仔對芋仔的對立反目）愈來愈趨激烈化。三、台灣經濟雖說「**起飛**」、但低米價與低工資政策、使農村經濟停滯、都市勞苦大衆生活困苦、貧富差距愈來愈懸殊。四、台灣中產階級勢力稍有發展。五、資本家階層開始注目所謂「**民主政治**」等、使得台灣人抗外鬥爭與日俱增。

蔣經國為了防範其統治地位趨於崩潰、乃改為軟硬兼施的「**兩面手法**」、擬以鎮壓台灣民族民主鬥爭。「**硬**」的是加強特務暴力、加強管制言論、查封刊物、操縱選舉、大捕異己份子及鎮壓反抗運動。「**軟**」的手法則加倍登用買辦台灣人（邱創煥·林洋港·李登輝·連戰·施啓揚·吳伯雄·郭婉容等、都是被提拔的新買辦高級官僚）、並演進冒牌的「**民主選舉**」。

蔣經國雖然落力表演、妄想以「**假**」民主來欺瞞台灣人、卻弄假成拙、而促使台灣人要求「**眞**」民主。所以、每逢選舉一到、均成爲台灣大衆與台灣人士、跟蔣家特務正面衝突的導火線。蔣經國因而爲鎮壓台灣人的民族民主熱潮、一方面乃施加收買與利誘等勾當、另一方面則搞出「**中壢事件**」（一九七七年）·「**高雄美麗島事件**」（一九七九年）·「**林義雄全家遭殺人滅口事件**」（一九八〇）·「**陳文成殺害事件**」（一九八一年）、及「**盧修一·前田光枝及柯泗濱被捕事件**」（一九八三年）等殘害事件。

然而、蔣經國連任總統（一九八四年）後、蔣家殖民統治紕漏百出、即：

一、政治上、因蔣經國病重、且年事日增、所以、獨裁淫威銳減、官僚權力失靈、殖民統治機器趨於遲鈍、大小嘍囉心浮不定而開始再次逃亡海外（一九九七年現在、中國人過去的黨政軍特中高級官員、大多已逃亡海外、仍留台灣的、都是無財無力的前中下級人員而已）。

二、經濟上、蔣經國因在國際政治上被迫孤立之後、想在島內大有可爲、一九七四年開始抬出「**十大建設計劃**」、一九八五年又開始進行「**新經濟建設六期經建計劃**」等經濟政策（包括交通·核電·石化·鋼鐵·造船等）。但是這些逢場作戲、五花八門的經濟計劃、都是政治目的多於經濟意義的政治產物、所以跟著來的就是成長率降低、反而物價上漲、並且、計劃粗糙、浪費無限、偷工減料、官商貪污舞弊等弊病層出不窮、結果、這些所謂「**經濟建設**」都以台灣勞工的廉價工資爲基礎、反而以蔣家集團·買辦台灣人·中間剝削者及黑道份子爲受益者、使其得名又得利。

原來、台灣經濟結構上在此時、是處於要從「**勞動密集**」（Labor intensive）轉變爲「**高科技密**

集」（high technology intensive）的重要關頭。然而蔣家國民黨集團、雖說立即把其移諸實行、但因當事人做事不得其法、費力大・功效小。並且在現實上、外匯存底膨大而引起物價上漲、國際貿易上保護主義抬頭、美國要求台灣開放外匯管制等、結果、勞力密集的台灣產品、即在世界市場上、遭到勞力價廉的後進國產品與高科技密集的先進國產品的雙重夾攻、招來出口貿易受阻、以致島內游資極多投入炒地皮炒股票等投機買賣、導致社會破壞、環境破壞、與自然生態破壞嚴重、產業外移、經濟空洞化等等、惡性循環接踵而來。

三、官僚大肆貪污、官營黨營幹部舞弊而中飽私囊、加上特務橫行霸道、以致資本家投資欲望降低、資金外逃、危機加重。

蔣經國面臨這種政治・經濟上的長年危機、、而且他自己病重明日不保、才在一九八四年、指派李登輝爲「**副總統**」、藉以僞裝所謂「**本土化**」、並在一九七八年解除「**戒嚴令**」、同時開放與中國大陸的經濟社會關係、擬以防止他死後其殖民統治的崩潰瓦解。

此時、就在一九八〇年代、在海外即「**台灣獨立聯盟**」「**獨立台灣會**」「**各地台灣同鄉會**」、及其他「**左派**」團體等民族獨立・民主運動洶湧澎湃。在島內則有「**民主進步黨**」「**工黨**」於一九八六年相繼成立。更加湧往邁進的台灣人大衆、更以直接行動高舉「**反外來統治**」的幟旗、極力反對中國國民黨集團的法西斯殖民統治。就是說、台灣人反抗外來統治的怒潮、終於衝破了幾十年來的蔣家法西斯牆壁、台灣民族獨立的怒聲急遽瀰漫於全島。

另一方面、北京政府常以「**武力犯台**」來恐嚇威脅、並以「**統戰**」故技、擬以嚇阻「**台灣民族主義**」的高潮、想來瓦解台灣人爭取獨立的夙志。原來、中共也好國民黨也好、最怕的是台灣人實現「**獨立**」、所以鄧小平再再強調：「**台灣〝統一〞問題、只以國民黨爲談判對手**」、而來爲蔣家國民黨加油打氣、擬以國民黨成爲台灣的「**看門狗**」、防止犯台之前、萬不能讓「**台灣獨立**」走先實現。

3 被派任的「總統」李登輝

(1) 國民黨外來集團僞裝「本土化」

一九八八年蔣經國死亡、他的特務嘍囉與官僚政客、在這四〇年繼續下來的殖民統治地位瀕臨搖搖欲墜之際、爲了抵制已形成爲波濤洶浪的台灣獨立怒潮、即爲了死抓著既得的統治地位、隨即抬出所謂「**五大政策**」（蔣經國生前所準備著）、即：一、任命台灣出身的李登輝爲「**總統**」、利用爲防範台灣人乘機掀起暴動、二、加強慣用的「**分裂政策**」（李登輝是客家系台灣人出身）、三、靠攏中國共產黨、更加喧囂「**一個中國**」「**台灣屬於中國**」、並改變「**三不通政策**」、而爲統治台灣強有力的後盾、四、施行「**假**」民主政治、利用台灣買辦份子與黑道份子、欺搾台灣大衆、五、施行所謂「**經濟自由化**」、藉以進一步壟斷經濟命脈、操縱房地產與股票等投機買賣、及籠絡台灣大資本家。

台灣出身的「**買辦官僚**」李登輝、就在這個外來統治集團爲了閹掉台灣人爭取「**獨立**」的鬥志之時、才被提拔而高升爲「**總統**」（一九九〇年就任第八代「總統」）、也就任中國國民黨集團的大頭子、終於成爲防止外來統治崩潰的保鏢衛士、從此、外表國民黨的殖民統治「**體制**」、進入第三期。

這樣、中國外來殖民集團就能僞裝爲完成所謂「**本土化**」、而突然變成台灣人最親密的同胞弟兄。

李登輝在一九二三年出生於台灣淡水（日據時代改爲日本姓名「岩里政男」）、一九五四年就任「**台灣省農林廳**」經濟分析主任、一九五七年就任「**台灣農村復興會**」職員（蔣美合辦）、一九七一年加入中國國民黨、而後一步登天、一九七二年被提拔爲「**行政院**」委員、一九七八年被派任台北市長、、一九八一年再被派任台灣省主席、一九八四年被提拔爲第七代「副總統」、一九八八年終於被派任第七代「總統」及中國國民黨代理主席、一九九〇年就任第八代「總統」、一九九三年就任中國國民黨主席、一九九六年再任第九代「總統」、一九九七年再任中國國民黨主席。

李登輝就任「總統」之後、一味奉承故主蔣經國的遺教、極力守護外來者「中國國民黨」在台灣的殖民統治地位。他爲了完成蔣經國所給予的重要任務、即「國民黨本土化」、乃推行所謂「政治改革」與「假」民主選舉、改選舊的中央民意代表、進行總統直選與市長民選、並修改虛構的「中華民國憲法」及其他所謂「民主改革」等、同時進行與中共談判（其實是放棄所謂「三不政策」、而更加靠攏中共）、及建立所謂「務實外交」（以大筆美金買來與非洲和中南美洲極弱小國的外交關係）。此時、所謂「在野」反對黨（其實已「國民黨化」）的「民主進步黨」、及以中共隱藏份子與國民黨非主流派結成的「新黨」（其實是大陸中共在台灣的第五縱隊）、與「在朝執政」的國民黨三足鼎立、而在維持原來的殖民統治「體制」。

然而、不管蔣父子死亡、也不管台灣出身的李登輝代而高據要津、台灣・台灣人、卻仍然在外來殖民體制之下。就是說、外來殖民集團仍然掌握軍・警・特・政等統治機器及壟斷台灣近代企業之八〇%與廣大的土地房產、在野黨全面靠攏於統治集團的「假」民主政治、所以台灣大衆依舊遭到外來殖民地壓迫與剝削、台灣民族與中華民族的殖民地矛盾仍然存在、中國國民黨外來集團及其幫兇買辦台灣人份子所建立的殖民統治「體制」和「特權」、與台灣人大衆・台灣中產階層及台灣民族資本家階層之間的社會矛盾有加無減、並且、中國國民黨集團的殖民統治體制、仍然是台灣社會整個矛盾與各種弊端的「總根源」。

在這殖民統治與被統治仍然尖銳對立的情況之下、李登輝雖然出身台灣、但是他在統治・經濟及社會上的「**立場**」與「**觀點**」、卻是徹徹底底的站在外來殖民統治者中國國民黨集團的那一邊、就是說、他是以「**中國人**」身份當上「**總統**」的。他經常以外來殖民統治者大頭子自居、而繼承蔣父子法西斯的政治原則及其慣用手段、爲了保持殖民地統治地位而張牙舞爪、發號施令、對台灣大衆盡其壓迫剝削的能事。

因此、倘若有個腦筋不清楚的台灣人、僅以李登輝等許多買辦份子出身台灣所以以爲他們總有一天能搞出天翻地覆的革命行動而使台灣實現「**眞正**」的獨立的話、這無非等於與虎謀皮、根本是不可能實現的白日夢。

(2) 李登輝的「假民主政治」

「**民主主義**」、是人類在其長久的歷史發展過程中、產生的一種「**政治原理**」及企圖實現其原理的「**政治形態**」。

「**民主主義**」（英 democracy、法 democratei、德 Demokratie）、這句話用語是起源於希臘語的 democratia。democratia 原來是 demos（市民）、和 kratia（權力）相結合而成。所以、民主主義本來的意思是「**由人民行使權力**」、即「**主權在民、人民自己行使自己的主權**」的政治原理及其政治形態。如希臘的黑羅托特斯（Herodotos, 紀元前五世紀的希臘歷史學者）所說：「**民主主義意味著國家權力不是屬於特定的個人或階級、而是屬於社會全體成員的一種政治形態**」。

因此、民主主義、和當初政治權力被壟斷於帝王或獨夫手裡的「**專制政治**」（absolute monarchy）或「**獨裁政治**」（dictatership）完全不同、與政治權利屬於少數的「**貴族政治**」（aristocracy）或「**寡頭政治**」（oligarchy）等均不相同、甚至於處於對立狀態。英國的政治家勃萊斯（Bryce, 1838-1922）、在其名著「**近代民主政治論**」（Modern Democraties, 1921）、把民主主義的古典定義敘述爲：「**民主主義……是意味著國家權力不屬於特定少數者階層、而是屬於社會全體成員的一種政治原理及其形態**」。

在歷史上、「**民主主義**」的原理、還得經過一三世紀英國「**大憲章**」（Magna Carta）、一六世紀「**文藝復興**」（Renaissance）時的「**人性發現**」（discovery of humanity）及「**個性發現**」（discovery of individuality）、與「**宗教改革**」（The Reformation）、以及一八世紀以後在法國發生的「**啓蒙思潮**」（Philosophie de la Lunieres）、一七七六年「**美國獨立宣言**」、一七八九年「**法國人權宣言**」等、才見到發芽茁長。

以如上民主主義的原理與形態（體制）以及歷史發展爲準、觀諸今日台灣在殖民統治下的所謂「**民主政治**」、其距離有如一萬八千里遠的「**假**」民主狀態。

如上所述、蔣家國民黨外來集團、即以：

一、以中國封建官僚專制與法西斯獨裁殖民統治台灣

二、以現代法西斯法令管制台灣人的人身自由與抵制做人的基本人權

三、以管制文教機構與大衆媒體傳播、強制愚民教育、毀滅台灣史認識、並壓制「**台灣人自覺**」、阻止台灣社會的近代化、近代規範化

四、壟斷台灣產業、霸佔土地房產等經濟基礎、導出貧富特別懸殊

以上種種用來殖民統治台灣已達五〇餘年、結果、台灣・台灣人、現仍在中國國民黨集團及其幫兇買辦台灣人所把持的殖民地「**體制**」與「**特權**」之下、成爲落人之後的、沒有「**民主**」的風範・素養及生活基礎的「**假**」民主形態。

也就是說、今日台灣、現代的「**國家機器**」（特務・軍隊・警察・行政機構・行政官僚等）、都握在國民

圖 64　國民黨政府組織系統

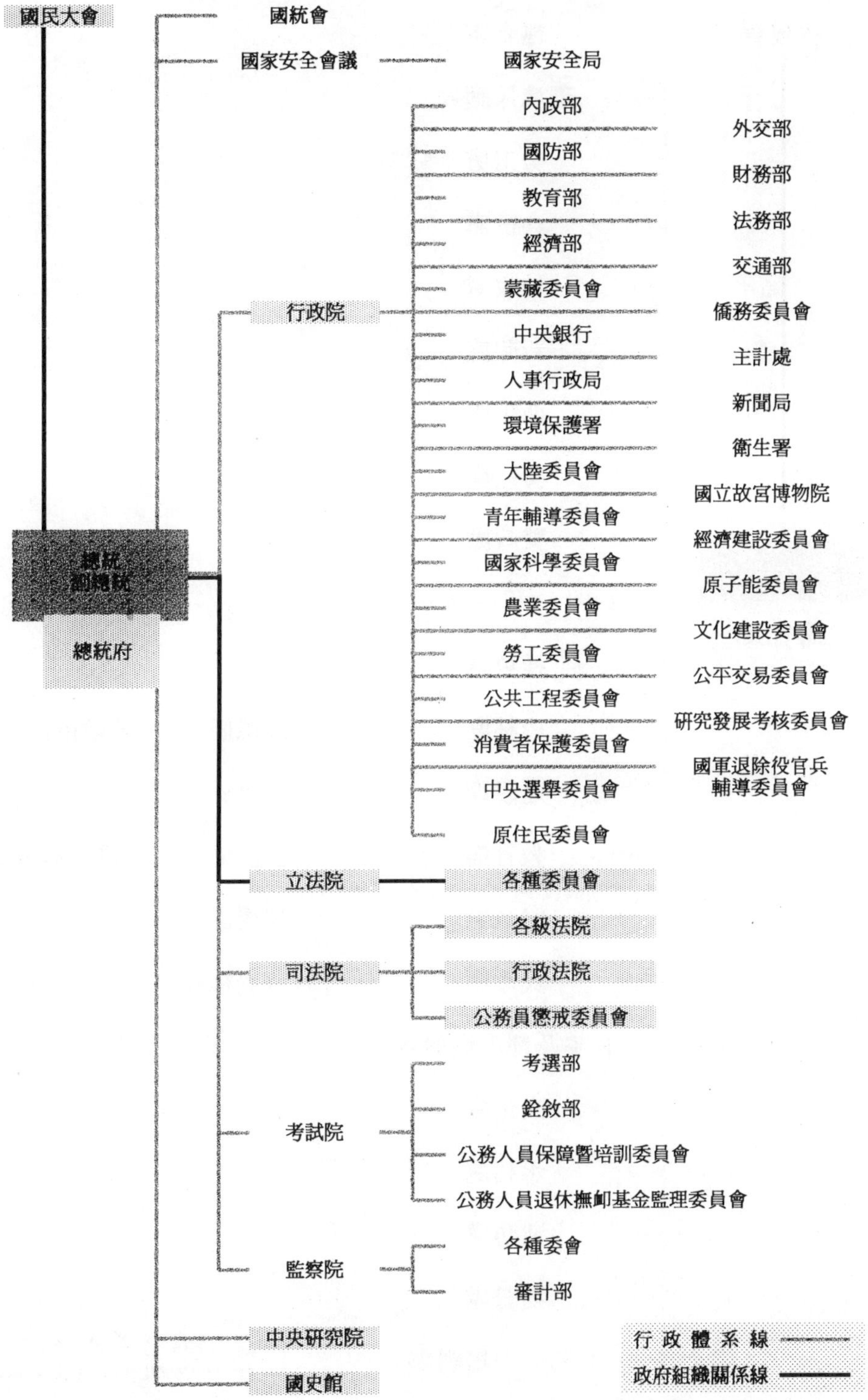

圖 65　臺灣省政府組織系統

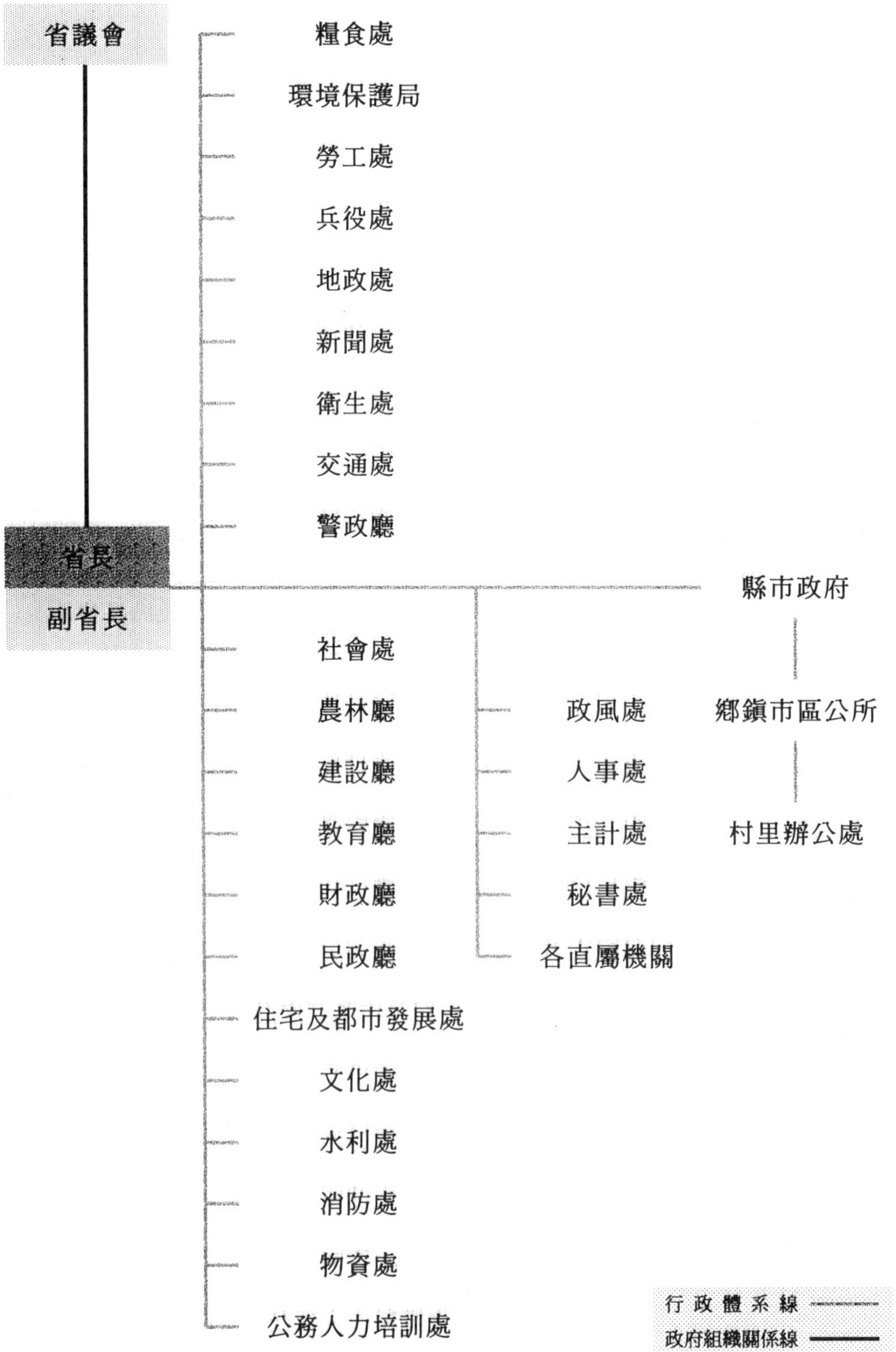
省議會
糧食處
環境保護局
勞工處
兵役處
地政處
新聞處
衛生處
交通處
警政廳
省長
副省長
縣市政府
社會處
農林廳
政風處
鄉鎮市區公所
建設廳
人事處
教育廳
主計處
村里辦公處
財政廳
秘書處
民政廳
各直屬機關
住宅及都市發展處
文化處
水利處
消防處
物資處
公務人力培訓處
行政體系線
政府組織關係線

圖 66　直轄市政府組織系統

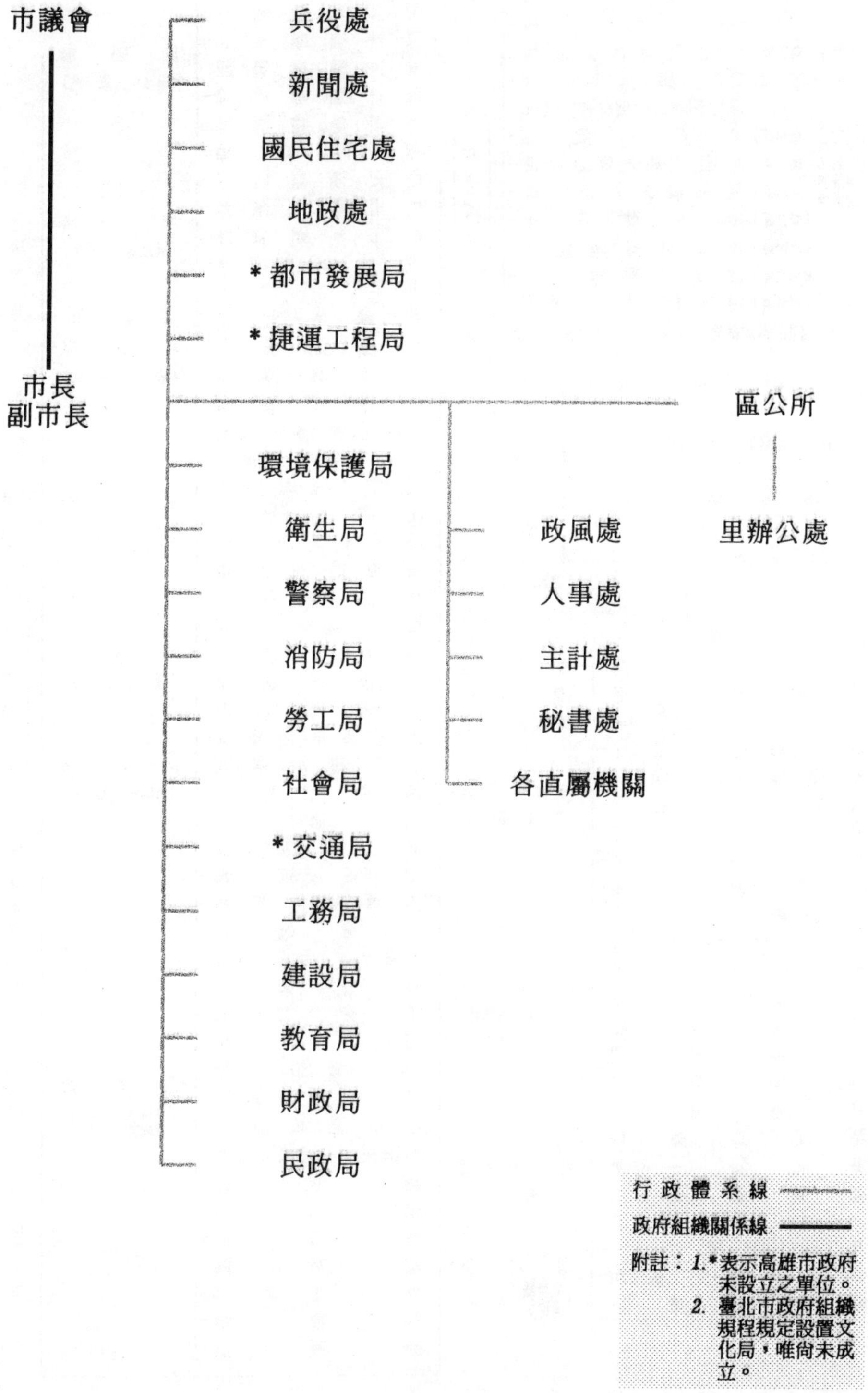
市議會
市長
副市長
兵役處
新聞處
國民住宅處
地政處
* 都市發展局
* 捷運工程局
環境保護局
衛生局
警察局
消防局
勞工局
社會局
* 交通局
工務局
建設局
教育局
財政局
民政局
政風處
人事處
主計處
秘書處
各直屬機關
區公所
里辦公處
行政體系線
政府組織關係線
附註：1.*表示高雄市政府未設立之單位。
2. 臺北市政府組織規程規定設置文化局，唯尚未成立。

圖67 台北市政府組織系統

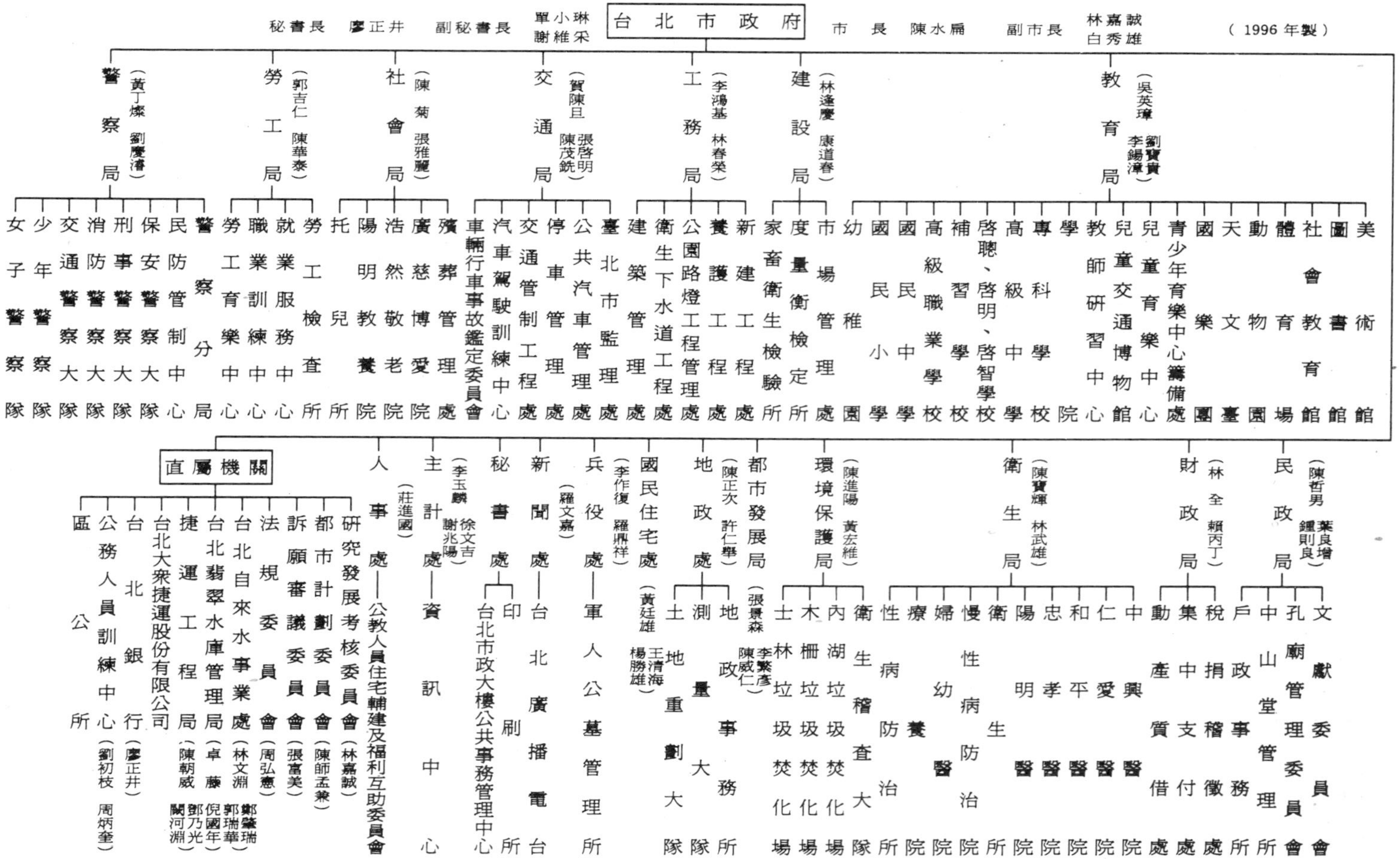

圖68　警察組織系統表

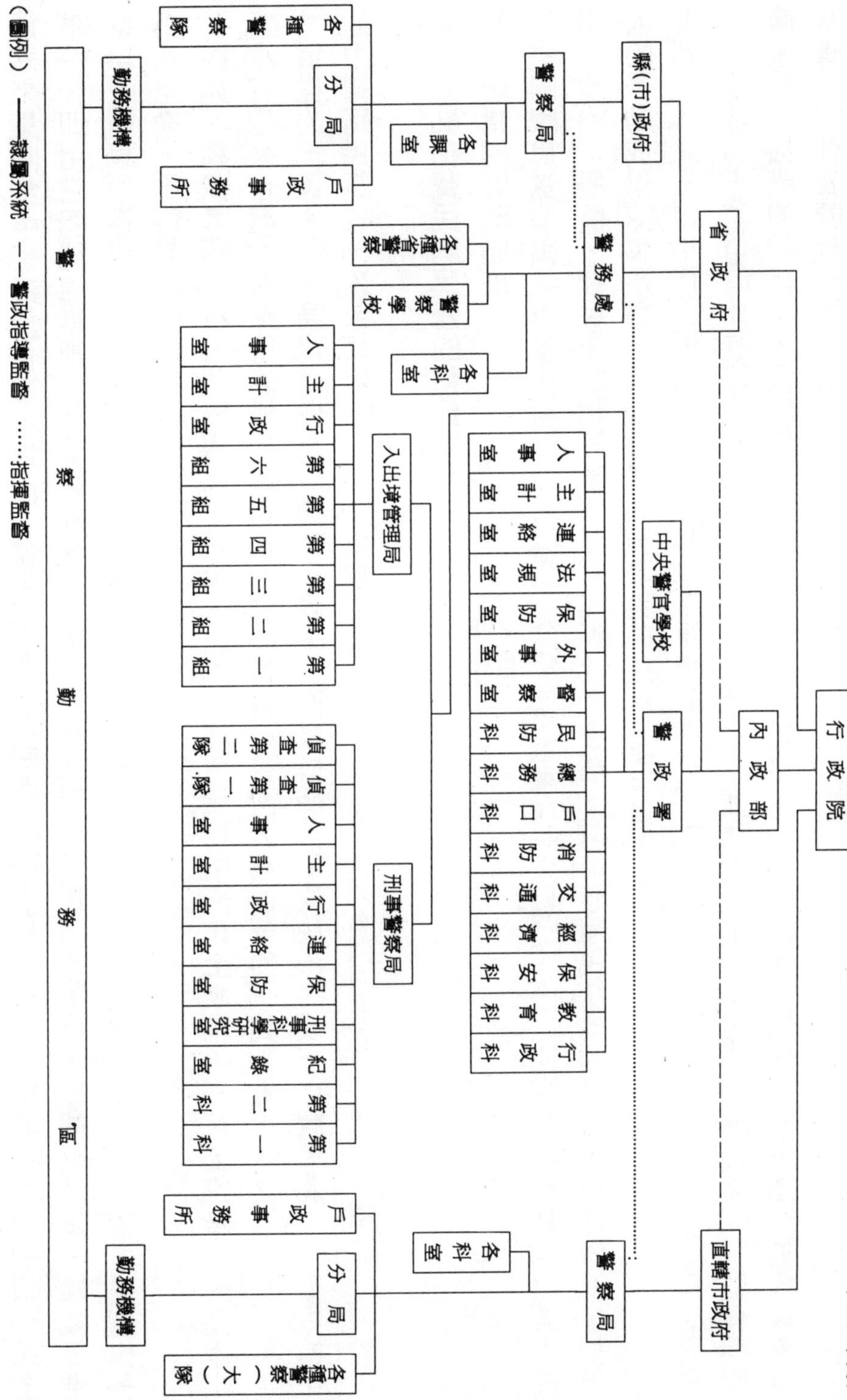

(1996年製)

黨外來集團掌中、近代企業等經濟命脈也由他們控制與壟斷。在這種社會結構之下的所謂「**民主選舉**」、即由它們統治集團（金權與黑道份子）以「**權力**」控制・利誘・收買・拉攏及恐嚇・操縱等進行選舉、所以所選出的「**公務人員**」「**民意代表**」、都不是「**公僕**」而成爲「**官僚**」、頂多是選出一些爲利是途、貪得無厭的政客政商而已。

因此、獨裁者蔣介石・蔣經國父子死後、由李登輝所標榜的「**民主改革**」「**民主選舉**」、基本上幾乎沒有帶來台灣大衆應得的權利或利益、豈能帶得來台灣大衆渴望的「**獨立自主**」？

這樣的「**民主**」、簡直是做爲一種糖衣政策、而來掩飾「**殖民統治**」或「**全體主義**」（totalitarian）的中國國民黨式「**民主政治**」而已、這無非是「**假**」民主政治（參閱圖64、65、66、67、68）。

(3) 胡亂花費民脂民膏的封建官僚

1. 虛構的財政制度

中國國民黨集團「**中華民國**」、自從一九四五年軍事佔領台灣之後、即接收日帝官民所留下的軍事・政治・經濟・社會・文化等整個財富與近代化機構、做爲其殖民統治的本錢、爲非做歹、把台灣人的勞動成果掠奪殆盡、導致台灣經濟瀕臨破產（參閱 P.755-764）。

到了一九五〇年代、美政府開始「**對台軍事與經濟援助**」（一九五一—一九六五年間、其總額四〇餘億美元以上、等於「中華民國」此時期財政收入的年平均三〇・五%）、並派遣大批「**美國軍事顧問團**」、監督與幫助蔣家統治機構的近代化・合理化、才使奄奄一息的封建性「**中華民國**」始能見有所謂「**近代政府財政結構**」的外表體裁（參閱表178、179）。

然而、原來就是落伍封建的蔣家國民黨「**中華民國**」、從此、卻把這「**近代化財政**」結構利用爲隱

表 178　各級政府收入結構比率（％）

	合計	稅課收入	獨佔及專賣收入	營業盈餘及事業收入	公債及賒借收入	前年度賸餘	規費罰款其他
1992	100.0	53.1	3.4	8.3	23.5	3.0	8.7
93	100.0	51.9	3.3	8.8	23.2	2.0	10.8
94	100.0	58.2	3.4	9.6	17.6	4.3	9.9
95	100.0	55.7	2.9	6.7	22.1	3.7	8.9
96	100.0	56.4	2.8	8.9	18.0	2.7	11.2

（資料）　財政部統計處編印「1996 年財政統計年報」

表 179　各級政府支出結構比率（％）

	合計	一般政務	國防	教育科學文化	經濟發展	社會福利	社區發展及環保	退休撫卹	債務支出	其他
平均	100.0	11.4	14.3	18.8	23.7	9.9	3.7	5.9	11.6	0.7
1992	100.0	11.7	14.1	19.1	27.36	8.0	3.7	5.6	9.9	0.6
93	100.0	11.2	13.6	18.9	29.4	7.8	3.9	5.5	9.0	0.7
94	100.0	11.3	16.8	20.0	24.5	8.3	4.3	5.8	8.5	0.5
95	100.0	10.7	13.0	17.2	21.1	11.2	3.2	5.7	17.3	0.6
96	100.0	12.2	14.2	18.7	15.0	14.4	3.4	6.8	13.4	0.5

（資料）　財政部統計處編印「1996 年財政統計年報」

藏軍閥獨裁的幌子、隨心所欲的一手製造這個「**法**」、那個「**法**」、做爲所謂「**假法治的武器**」、對台灣給以殖民地予取予求的劫收掠奪。

一九八〇年代後段、李登輝出現、他在表面上雖說是脫胎換骨、高擧「**民主政治**」「**高度自治**」等所謂「**法治統治**」、但在實際上、他仍然是屬於繼承蔣家父子軍閥獨裁者的統治手法與政治權術的一種怪胎、所以、雖名爲「**政府**」、但其財政制度及運用方法、卻仍然被封閉在「**黑盒子**」裡頭、使人難於窺知眞相（參閱表185、186、187、188）。

凡是獨裁集團、爲了達成其政治目的所發表的「**官製統計數字**」、都充滿粉飾與欺瞞、所以幾乎都缺乏其可信性。蔣家「**中華民國**」所公開的財政數字、當然不能例外、觀諸經過、其財政編列特別繁瑣、且以由上而下的分配制度編排預算、或以所謂「**特別會計**」制度來隱瞞事實及不正當開支、所以、其僞造的數字嚴重失眞、這就是他們所謂「政府財政」的眞面貌（參閱表178、179、185）。

例如、「每一〇〇元的中央政府預算當中、三〇元支應人事、二二元以上用於國防、教育預算不得低於一五元、然後再加上還本付息的一三・五元、社會福利的一二・五元、總計已經高達九三元；如果省略人事經費中所有部份和國防等重疊科目、一〇〇元預算中也剩下不到一五元。其結果是、導致其他諸多政務不是被暫緩、就是只能搶這剩下的一五元。另外、爲了方便過關和規避教育預算必須佔總預算百分之一五的下限問題、及每年上千億元的重大交通建設經費、竟以特別預算方式偷渡、形成總預算規模嚴重失眞、……其中、赤字累計餘額一再擴大、還本付息金額逐年攀升……」（張啓楷「國庫潰堤」一九九五年 P.22）。

近年來、李登輝大小官僚仍然繼承蔣父子時代的衣缽、把台灣人看著封建小民、並把從它們剝削得來的血汗錢與勞動成果吃光用盡、加上大舉發放「公債」、使其財政瀕臨破產。

2. 赤字財政遍佈各級「政府」

中央財政、自一九八五年度開始、「赤字」（只指公債部份、不包括其他賒債）飛躍提升爲一八〇億元（總歲收的一二・〇%、等於國民所得二・二%）、一九九二年度赤字二千三八六億元（總歲入的三五・〇%、等於國民所得四・八%）、一九九三年度赤字一千六二八億元（總歲收的一五・八%、等於國民所得三・〇%）、一九九四年度赤字一千〇八一億元（總歲收的一〇・〇%、等於國民所得二・〇%）、一九九五年度赤字七五一億元（總歲入的七・五%、等於國民所得一・二%）、一九九六年度赤字九五七億元（總歲收的八・七%、等於國民所得一・五%）（參閱 Taiwan Statistical Data Book 1997）。

根據國際上所發表的數字：「**台灣財政赤字繼續擴大。台灣從一九八九年度財政赤字一直遽升、到了一九九四年、赤字升爲一五七億美元**（等於GDP六・四%）。**其後、赤字繼續上升、一九九五年、因**

還債付息等債務支出增加的結果、該年度赤字增爲一九一億美元（等於GDP七・五%）」（日本政府經濟企劃廳調查局編「亞細亞經濟」一九九七年P.68）。

如今、「中華民國」中央財政、一九九五年度每一〇〇元的總預算中、用於還債的佔九・三元、一九九六年度還債激增爲一三・四元、一到一九九八年、隨著絕大多數公債都要還本、還債數目將超過二〇元（參閱表180）。

表180　一九八七―九五年公債及賒借金額增加情況（億元）

年	金額
1987	400.0
88	595.2
89	511.5
90	8.3
91	996.5
92	2,350.0
93	2,110.0
94	1,425.0
95	1,700.0

（資料）　張啓楷「國庫潰堤」P.49

不限於「中央財政」、首善之區台北市、僅一九九五年度、就已形成每一〇〇元中、一四・四元得用於還本付息、今後、將得大幅增加。

「省政府」的財政一九九二年度實質收入僅佔總支出五〇・二%、一九九六年度下降爲四三・五%。公債及賒借收入一九九二年度一千一五七億元（總收入的一四・八%）、一九九二年度一千六二〇億元、一九九三年度一千七三五億元、一九九四年度一千七五三億元、一九九五年度一千七九七億元、僅這幾年的累計債務餘額達三千二八五億餘元、已超過「省政府」一九九五年的預算總額。省審計處強調、省府負債近五千億元、債務還本付息沈重、財政日益窘困（參閱「自由時報」一九九七年九月二一日）。

其他各縣市和鄉鎮、一九九五年度總支出需要四千二七四億餘元、但收入只有三千六四二億而已、短絀達六三一億餘元、除了向中央和省要求補助、別無他法（參閱　張啓楷「國庫潰堤」P.37）。

3.「以債養債、吃子孫」的財政破產

上述「**中華民國**」財政破產、是因為近幾年來大量發行公債及賒借以彌平財政赤字，到一九九五年度、中央債務的累計餘額已經高達一兆三千億元、省政府三千二〇〇億元、台北市二千六〇〇多億元、從中央到省政府和台北市、累計債務餘額就已經超過該級政府一整年的歲出規模。在一九九六年度、中央竟然一口氣發行二千八〇〇多億元的公債（包含特別預算部份）、等於每一〇〇元預算中、有近三〇元是借來的（參閱　張啓楷「國庫潰堤」P.33　財政部統計處「一九九六年財政統計年報」三國債）。如此、「**中華民國**」各級財務、都把每年從大家搜刮得來的巨額收入（血汗錢）耗費殆盡、甚至成為「**以債養債**」「**吃子孫**」的惡果、這無非是全不管人民死活而儘管加以掠奪的殖民地性財政的典型。

4.「中華民國」官僚濫花浪費民脂民膏

「**中華民國**」近年來財政赤字連連、除了疊床架屋的龐大機關辦事不彰、歲入跟不上歲出、預算繼續膨脹之外、首長以下各級官員薪金超高、並竊取私房錢（特別費）而浮濫浪費、人事預算年年高漲、以高價承租或購置辦公場所、加上中央民代退職金優惠存款利率、出國預算、追加預算、各種補助費、退除役官兵補助費與優待措施等等、使之弊端叢生、導致「**政府**」財政瀕臨破產。

一、李登輝年收入一千七六〇餘萬元（比美國總統高出一倍）、加上「國務機要費」五千餘萬元（等於美國總統機要費的一〇倍）。長久以來、正副總統薪金、竟由總統府與行政院秘書長協調後、請示總統就做最後決定（參閱表181）。

另外、於一九九四年被披露於台北市中山區大直興建新總統官邸、使用面積達六・四五餘公頃、斥資四七億元購買用地、其他、先期規劃費二千萬元、未來建築造價更可能是天文學數字、預定一九九七年度完工。

表181　中央政府首長薪給表

職務	月支數額（元）		
	月俸	公費	合計
總統	397,800	399,870	797,670
副總統	397,800	200,970	598,770
五院院長	66,640	170,040	236,680
五院副院長	66,640	86,740	153,390
部長・立委 國策顧問等	66,640	70,080	136,720
各部政務次長			94,525
國軍一級上將	66,640	86,740	153,380
國軍二級上將	66,640	70,080	136,720

（資料）　張啓楷「國庫潰堤」P.80

二、各部會首長、愛用多少均由自己編列、而且擁有不用檢具單據可以報銷的「**私房錢**」（特別費）。所以、各部會所編列的首長年薪預算數、幾乎都不一樣、薪資項目更是五花八門、毫無制度可考。

另有所謂「**薪工準備金**」、由外交部・教育部・財政部・法務部・環保署・衛生署・經建會・國科會・青輔會・公平會・農委會一一位首長各自編列、總數目龐大、各部會金額也相差拉大。還有一二位首長編列「**工作奬金**」「**事務官加班金**」等。以上合計加起來數目龐大。

三、除了上述公費以及自行加薪名目外、還有私房錢・機要費・交際費・特別費・接待外賓費等諸多名目、用金重疊架屋。尤其所謂「**首長特別費**」（私房錢）、都不用檢件單據即可報銷。諸如、一九九四年、中央總預算中、各部首長一共編列了一億八千一五九萬餘元「**特別費**」（不含總統國務機要費）。另外、個人部份、行政院長連戰一九九四年度編列首長費五六六萬餘元、行政機要費一千七七六萬元。立法院長劉松藩則編列六〇〇萬首長機要費。

這些特別費與機要費、依規定只有一半須檢具報銷、另一半則不必報銷、主要用途是首長招待或贈送、所以被稱爲首長的「**私房錢**」、甚至可稱爲「**變相加薪**」、上從總統、下至各級國立校長、各級單位主管、都領有這種「**私房錢**」特別費。並且、予以優待免稅。

這種使人難以接受的「**私房錢**」、不論中央或地方、長久以來、年年巨幅膨脹、今後亦將繼續增加（以上參考張啓楷「國庫潰堤」資料）。

四、原負責審查總預算的中央民代立委諸公、卻爲己謀利不遺餘力、加薪三級跳、短短兩年間（一九九三—九四）、加薪幅度超過五〇％。到了一九九五年、立委年薪已超過六〇〇萬元（公費與議事津貼等收入、每月超過二〇萬元）、然而立委加薪、多花於個人費用、努力於提升問政品質少。其他、公費助理費調高一倍（每人月薪四萬元、員額增爲六名）。另外、自一九九四年開始、除了調高公費・歲費之外、每月新增三萬元駕駛津貼及若干外交事務經費等。立委的加薪（每月薪資已超過五〇萬元、立委個人實際收入已超過三〇萬元）、無一不爲個人花費。這樣、還有不少立委辯稱「入不敷出」「立委難爲」、反而問政品質深受各界指責弊病（參閱表181）。

五、地方首長購買座車都逾百萬元。根據審計部調查而向監院指出、台灣省各縣市政府・議會與鄉鎮市公

表 182　1995 年度租用辦公室年度租金

排行	單位	每年租金（元）	預算員額（人）
1	國道工程局	85,003,000	488
2	衛生署	84,480,000	460
3	北區國稅局	78,134,000	1,686
4	環保署	75,148,000	558
5	南區國稅局	64,846,000	1,365
6	勞委會	61,628,000	319
7	外交部領事事務局	58,565,000	272
8	陸委會	54,948,000	243
9	公平會	39,950,000	229
10	中區國稅局	39,940,000	1,462

（資料）　張啓楷「國庫潰堤」P.80

表 183　對外租用辦公室機關平均每人每月租金

排行	單位	平均每人每年租金（元）	機關預算員額（人）	單位預算（千元）
1	文建會	20,732	121	30,100
2	陸委會	18,843	243	54,948
3	外交部領事事務局	17,778	272	58,565
4	勞委會	16,099	319	61,628
5	衛生署	15,304	460	84,480
6	營建署	15,192	206	37,555
7	高鐵	14,726	169	30,271
8	公平會	14,537	229	39,950
9	國道工程局	14,515	488	85,003
10	青輔會	13,400	185	13,400

（資料）　張啓楷「國庫潰堤」P.80

所・代表會、從一九九五年至九七年度一月底、購置的公務小客車、合計有五四四輛。其中、價格在一百萬以上者、共有二九九輛、佔五五%、其中、一〇〇萬至二〇〇萬元有二四三輛、二〇〇萬至三〇〇萬元有三四輛、三〇〇萬元以上有二二輛、主要是以歐美進口名車賓士・寶馬・富豪・凱迪拉克爲主、約佔六〇%。値得注意的是、雖然都買賓士三二〇、價格卻不一、高低差額達五三萬元、以雲林縣議長的賓士座車三六七萬餘元居冠。地方貪官如此浪費民脂民膏、徒增民怨、何況中央大官乎（參閱　自由時報一九九七年九月一二日）。

表 184　1994,95 年度總預算中優惠存款利率補貼（千元）

名　　稱	1994 年度預算	1995 年度預算	利　率
資深國代退職給付	307,438	304,721	18%
資深立委退職給付	66,044	58,426	18%
資深監委退職給付	9,845	8,476	18%
公務人員退休金	690,000	720,000	18%
政務官退職酬金	13,000	18,000	18%
軍人儲備	630,000	500,000	現約 12%
學校教職員退休金	313,288	396,827	18%
公教人員優惠存款	不詳	不詳	9-10%
退除役官兵優惠	5,551,850	6,301,053	18%
合　　計	7,681,465	8,307,509	

（資料）　張啓楷「國庫潰堤」P.118

六、各單位機關、動輒即在外鬧區租用更貴且更大的辦公廳。甚至有財大地廣的某些「部長級大官」利用職權、以超過市價的價格、將其太太名義的房地產轉賣或轉租給公營機關、形成嚴重的利益輸送。如一九九五年度中央總預算中、各單位向外租借辦公廳預算、高達一六億元以上。事實上、這是浪費人民納稅血汗錢的冰山一角而已（參閱表182、表183）。

七、以民脂民膏優惠公教人員利率

「一般大眾縮衣節食、好不容易蓄積一點錢拿到銀行定存、一年期的年息爲八—九%、可是、卻有不少軍公教人員享受年息一八%的優惠利率、其中資深中央民代光是靠存在銀行的五〇〇萬退職金、每人每月就可以領到高達七、八萬元的利息」（參閱張啓楷「國庫潰堤」P.102）。

一九九五年度總預算中、編列：⑴政務官退職酬勞金優惠存款利息補貼、⑵資深國代・立委・監委三項分屬退職金優惠存款利息補貼、⑶銓敘部退休公務員優惠利率、⑷教育部退休教職員優惠利息補貼、⑸國防部現役軍人儲蓄利息補貼、⑹退輔會退除役官兵優惠利息補貼等九項補貼優惠存款利息預算。

這些項目中、除了公務人員按存款當時二年定期儲蓄存款利率、均爲年息九－一〇%之外、其他全部可以享受年息一八%的優惠、比目前一般行庫一年定存年息七－八%、超過一倍以上、其差額都由「**政府**」編列預算補貼。如果以人爲單位分析、目前各銀行年息以八%計算、「**國庫**」另補貼一〇%。以退職中央民代每人五〇〇萬元退職金（事實上更高）計算、每人每月可領利息七萬五千元、其中四萬一千元由「**國庫**」支付。退職政務官每人有三六六萬元退職金、可享受一八%利率、「**國庫**」每人每月補貼三萬多元。教職員・公務員退休金同樣受到優惠補貼、官位愈高、退休金愈多、「**政府**」補貼則愈多。而且、這九項其所謂補助金額、遠高於對殘障與低收入戶社會福利預算（參閱表184）。

八、軍公教官員享有子女教育補助與購屋優惠、軍公教人員（約有七五萬人、其中、中央官員一三萬人）享受專屬的優惠還很多、如在一九九五年中、公教部份、編列了「**公教人員實物代金**」一〇億元、「**眷屬生活補足**」二億二千一八三萬元、「**婚喪生育及子女教育補助**」一七億元、總計高達二九億餘元。國防部所屬、編列「**眷屬實物代金**」七億九千多萬元、「**軍眷生活補助**」八千多萬元、「**生育補助**」兩億一千八百多萬元、「**子女教育補助**」三億兩千多萬元、「**軍眷喪葬補助**」兩億八千多萬元、總計超過一七億元、如此對軍公教人員的項目及金額之多、眞是令人咋舌（參閱　張啓楷「國庫潰堤」P.112）。

依照教育部規定的補助標準、公教人員每位子女從國小一直到大學、能受到一三萬餘元到三一萬元的所謂「**學雜費**」補助。

另外、公務人員還可以享受購屋優惠利率、金額約為二〇〇萬元、利率為三・五%（一般民衆購屋時、只能申請年息九%）。

這樣、在中國國民黨外來集團統治下的台灣、儘管統治者的軍公教人員、其所受到「**政府**」的照顧優惠、幾乎是與現代世界福利國家的北歐四國或英國等同樣、可說是「**從搖籃到墳墓**」、無所不至。

九、高官跨海取經成習

財政困窘、但中央編列出國旅運費預算、卻居高不下、僅一九九五年預算書中可以查獲者即高達一三億九〇〇多萬元、出國總人次高達九千三八四人、亦即中央機關的公務員・平均每天二五・七人在國外（張啓楷「國庫潰堤」P.130）。

出國名堂百出、至少包括進修・考察・實習・訓練・研習・訪問・洽談・諮商・觀摩・督導・出席會議等。但是不少單位派員出國地點、卻包括世界知名的渡假聖地、如關島・拉斯維加斯・夏威夷・邁阿密・塞班島・摩納哥等地。

全國中央公務員（一三萬餘人）、在一九九五年總預算中、編列出國考察費一三億餘元。四七三人中央民代（立委與國代）、卻編了幾億萬元出國預算、其中立委平均每人每年要出國一・四次、每人花費二六萬元。不少機關的出國人員集中在中高層主管、反而專業與勤奮的基層人員少有出國考察的機會。由於中央高層主管去的地方是觀光勝地、回來後又拿不出「**出國取經**」的具體貢獻。

表 185　各級財政收入淨額（各級別）

	國民所得（百萬元）①	國民所得成長率%	各級財政收入計（百萬元）②	前年比增加率%	②/① %	中央財政收入			台北市財政收入			高雄市財政收入			省財政收入			縣市財政收入			鄉鎮市財政收入		
						百萬元	百分比%	增加率%	百萬元	百分比%	增加率%	百萬元	百分比%	增加率%	百萬元	百分比%	增加率%	百萬元	百分比%	增加率%	百萬元	百分比%	增加率%
1975	541,001	4.8	134,033	15.7	24.8	87,886	65.6	13.2	9,128	6.8	23.9				20,974	15.6	32.8	12,494	9.3	0.2	9,570	2.7	39.3
80	1,368,574	22.1	368,921	28.4	27.0	243,633	66.0	30.2	29,089	7.9	22.2	8,083	2.2		48,157	13.0	38.1	30,143	8.2	-12.3	9,813	2.7	32.1
85	2,282,388	4.7	576,039	7.8	25.0	348,592	60.5	14.7	52,569	9.1	6.1	17,272	2.7	7.9	83,974	14.6	-15.9	57,654	10.0	11.4	17,235	3.0	13.1
90	4,032,640	8.3	1,203,170	-13.0	30.0	687,550	57.1	11.1	94,286	7.8	-33.6	38,031	3.2	-3.95	224,763	18.7	-42.5	130,691	10.9	-1.9	27,847	2.3	-19.6
91	4,492,667	10.5	1,438,686	19.6	32.0	870,056	60.5	26.5	130,431	9.1	38.3	33,754	2.3	-11.2	238,519	16.6	6.1	134,170	9.3	2.7	31,754	2.2	14.0
92	4,955,836	9.3	1,710,801	18.9	35.0	1,059,880	62.0	21.8	139,280	8.1	6.8	41,957	2.4	24.2	215,288	12.6	-9.7	215,420	12.6	60.6	38,954	2.3	22.7
93	5,431,164	8.7	1,894,369	10.7	35.0	1,149,053	60.7	8.4	162,335	8.6	16.6	43,969	2.3	4.7	257,313	13.6	19.5	231,915	12.2	7.7	49,783	2.6	27.8
94	5,880,831	7.1	1,924,496	1.6	33.0	1,062,508	55.2	-7.5	163,505	8.5	0.7	45,741	2.4	4.0	317,041	16.5	23.5	283,747	14.7	22.3	51,952	2.7	4.4
95	6,336,983	7.0	2,102,736	9.3	33.0	1,158,549	55.1	9.0	140,069	6.7	-14.3	50,790	2.4	11.0	442,924	21.1	39.5	255,500	12.2	-10.0	54,901	2.6	5.7
96	6,865,391	7.6	2,023,976	-3.7	30.0	1,081,257	53.4	-6.7	163,993	8.1	17.1	53,362	3.0	9.6	417,751	20.6	-5.7	250,020	12.4	-2.1	57,592	2.9	4.9

（資料）　財政部統計處編印「1996 年財政統計年報」，Taiwan Statistical Data Book

表 186　債券發行概況表

年月	政府債券		金融債券									
	種類	淨額（億元）	種類	淨額（億元）	種類	淨額（億元）	種類	淨額（億元）	種類	淨額（億元）	淨額（億元）	淨額（億元）
1986	125	4,773.8	14	37.9	22	313.7	-	-	-	-	-	-
91	26	3,276.4	3	116.0	36	522.0	10	67.9	1	300	-	-
92	31	5,336.0	5	185.5	35	501.1	20	125.6	2	600	-	-
93	35	7,077.4	0	0	29	371.4	20	106.5	3	600	30	-
94	34	7,871.1	0	0	23	227.1	18	93.2	3	600	30	-
95	38	8,609.5	0	0	28	417.9	16	69.5	4	600	30	26
96	42	9,950.5	0	0	95	1083.0	17	159.9	5	600	30	96
97	40	9,394.0	0	0	174	1,645.0	37	348.1	8	600	30	264
1	43	10,350.5	0	0	119	1,318.8	20	214.9	5	600	30	96
2	43	10,350.0	0	0	132	1,394.2	21	224.0	5	600	30	96
3	43	10,236.5	0	0	145	1,499.5	21	207.5	5	600	30	96
4	42	10,224.0	0	0	145	1,499.5	22	187.8	5	600	30	96
5	43	10,296.5	0	0	146	1,513.3	26	224.3	6	600	30	164
6	42	9,994.0	0	0	154	1,547.5	28	225.0	7	600	30	224
7	41	9,644.0	0	0	167	1,602.0	31	261.1	7	600	30	224
8	40	9,394.0	0	0	174	1,645.0	37	348.1	8	600	30	264

（資料）　財政部統計處編印「1996 年財政統計年報」，Taiwan Statistical Data Book

表 187　中央財政歲入總決算（主要來源）

	歲入總計 ① 百萬元	稅課收入					②/① %	公債收入 ③ 百萬元	③/① %
		合計 ② 百萬元	所得稅	關稅	貨物稅	證券交易稅			
1975	81,808	55,822	14,147	23,527	14,017	136	68.3		
80	218,668	152,312	39,151	57,002	41,677	439	69.5	3,000(1982)	2.0
85	361,987	211,639	75,888	66,873	54,503	580	60.0	18,000	6.0
90	707,906	527,906	225,752	81,879	85,060	106,727	74.5		
91	804,558	470,301	193,742	79,269	85,832	77,004	58.4	99,500	12.0
92	945,224	503,781	216,150	88,429	113,470	42,316	53.7	238,658	25.0
93	1,031,130	557,106	237,618	99,928	136,498	27,926	58.4	162,804	15.8
94	1,024,255	615,552	266,020	102,940	143,791	39,422	60.0	108,175	10.0
95	1,012,520	705,724	319,383	115,366	156,757	49,223	69.0	75,104	7.5
96	1,092,525	706,107	343,550	104,805	154,673	33,920	64.0	95,768	8.7

（資料）　財政部統計處編印「1996 財政統計年報」
Taiwan Statistical Data Book 1997

表 188　中央財政歲出總決算（政事別）

	合計 ① 百萬元	一般財政支出 ② 百萬元	②/① %	軍事支出 ③ 百萬元	③/① %	教育文化 ④ 百萬元	④/① %	社會福利 ⑤ 百萬元	⑤/① %	債務支出 ⑥ 百萬元	⑥/① %
1975	74,829	4,845	6.5	30,230	41.8	4,280	5.7			3.071	4.0
80	201,792	11,732	5.8	78,141	38.6	13,669	6.7			4.363	3.0
85	353,870	25,256	7.1	135,155	38.0	40,608	11.2			12.151	3.3
90	673,201	58,447	8.7	210,974	31.3	101,013	15.0	56.914	7.0	45.234	5.6
91	804,588	74,433	9.2	227,099	28.3	120,511	14.7	65.826	6.9	52.189	6.5
92	945,224	106,455	11.0	239,397	24.2	147,785	15.6	84.576	8.9	52.487	5.7
93	1,031,130	98,540	9.7	253,510	24.6	156,911	15.2	89.834	8.7	92.264	9.6
94	1,024,255	94,414	9.4	242,489	23.0	158,586	15.3	91.045	9.0	106.729	14.0
95	996,698	93,135	9.5	234,073	20.3	156,582	15.1	134.181	13.4	87.714	9.0
96	1,085,076	104,737	9.6	244,124	20.5	166,634	15.3	143.737	13.1	141.365	13.4

（資料）　財政部統計處編印「1996 財政統計年報」
Taiwan Statistical Data Book 1997

(4) 外來統治下的殖民地經濟

一九八〇年末葉以後的李登輝「總統」時期、台灣因外匯存底膨大（一九八九年達七三二餘億美元、而後繼續增加、一九九四年增加爲九二四餘億元、世界上排第二）、國際上保護主義加強、美國繼續要求開放外匯管制、台灣產品在世界市場競爭力降低等、在島內、則游資充斥、卻傾注於投機買賣、大殺風景大炒地皮、以致自然生態更加毀壞、社會環境更加污染、物價上漲引起工資上升、生產成本提高、促使產業更加外移、以致島內產業漸趨空洞化。

蔣經國・李登輝國民黨統治集團、爲了挽求台灣的經濟危機、即加強「**新竹科學工業園區**」（一九八〇年開始）、「**十年經濟建設計劃**」（一九八〇—八九年）、及「**六年經濟建設**」等。他們企圖由此擬以發展通訊・電子・半導體・自動化機械・航空太空科學・特殊化學及精密儀器等高科技工業。但是、其所需資金龐大、僅在一次「**六年經建**」（一九九〇—九五年）所需建設資金、竟達八兆二千三〇〇餘億元的天文學數字、都是由政府財政（依靠稅金收入與國債）調度。然而、其實際成敗仍屬未知數。

李登輝推行如上的「**經濟重建計劃**」、完全依靠台灣人所繳納的血汗錢、反而其成果大多爲所謂「**官營**」「**黨營**」或民間大亨巨大企業所利用、至於有關台灣大衆生活所迫切的物價・住宅・遊樂、甚至於有關社會生活的空氣・水・污染・公害・防洪・排水・垃圾、以至自然生態等、所謂近代的「**社會投資**」、卻罔顧一切、任其自生自滅、所以引起台灣大衆的忿怒與長期抗爭。

原來、台灣在國民黨外來集團統治之下的這四〇年間、雖然經濟發展令人注目、被稱爲「**新興工業經濟地區**」（Newly Industrialising Economies ＝ NIES）、或者「**台灣經驗**」「**亞洲四小龍**」、但是這種經濟發展、完全是以台灣人刻苦耐勞勤勉不懈的歷史傳統（移民開拓者子孫的特質）、及日據時代所遺留的工業基礎爲前提、才實現的。尤其日本曾在台灣進行土地調查・林野調查・米糖生產・水利開發・

圖 69　台灣國民生產毛額（GNP）1986-1995 年成長圖

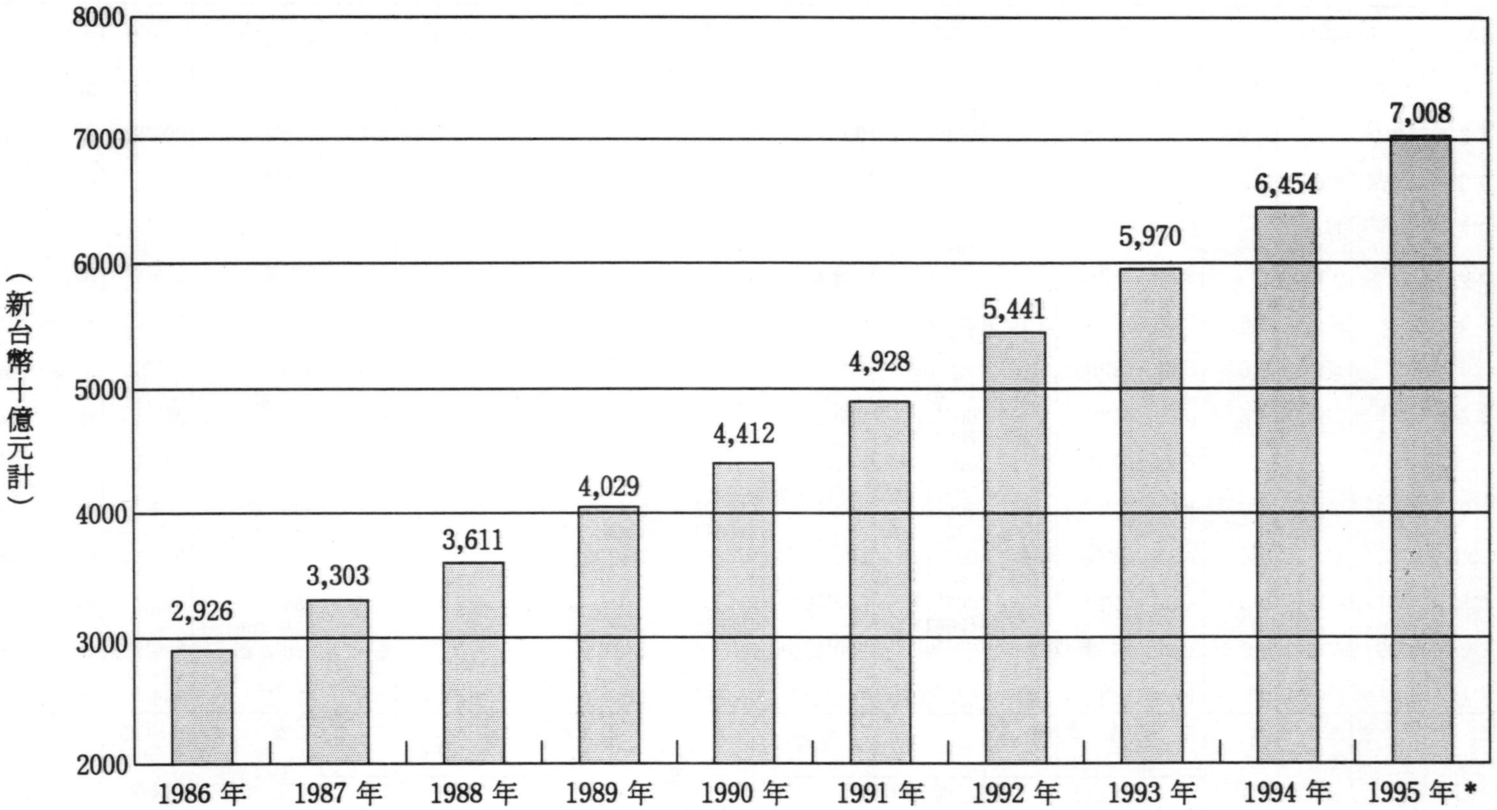

（資料）　「中華民國」台灣地區國民經濟動向統計季報（1995 年 11 月）
（註）　* 1995 年爲預測値

表 189　亞細亞經濟 1997

	面積	人口	主要經濟生長率（前年比%）			GDP	GDP 每人平均	貿易收支 百萬美元		產業結構（GDP 比）			失業率	實際 GDP 成長率	財政赤字	收支 GDP 比
	萬 km²	萬人	94	95	96	百萬美元	美元	出口	進口	第一產業	第二產業	第三產業	%	%	億美元	
台灣	3,0596	2,147	12.6	10.5	9.7	275,144	11,731	115,942	102,370	3.3	35.7	61.1	3.0	5.7	191.01	7.5
中國	956,546	12 億 7,880 (1994 年)	6.5	5.5	6.0	63,020 (1994)	530 (1994)	121,000	115,700 (1994)	20.0	48.9	31.1	3.0	9.7	66.0	0.8
香港	1,050	631	5.4	4.7	4.7		10,548	151,400	161,800 (1994)	0.1	16.0	83.8	2.9	4.7	19.5	1.3
韓國	10,000	4,525	8.6	8.9	7.1	366,500 (1994)	8,220 (1994)	95,900	102,200 (1994)	6.3	26.0	67.7	2.0	7.1	22.3	0.05
新加坡	641	304	10.5	8.8	7.0	65,800 (1994)	23,360	96,700	102,600 (1994)	0.2	24.5	75.4	3.0	7.0	62.2	6.7
印尼	191,000	1 億 9,530	7.5	8.2	7.8	167,600 (1994)	2,210 (1994)	40,100	32,000 (1994)	17.2	32.6	50.2	-	7.8	3.4	
泰國	51,000	5,940	8.8	8.6	6.7	129,900 (1994)	1,140	37,200	46,100 (1994)	10.9	30.2	59.0	2.6	6.7	41.2	2.2
馬來西亞	33,000	2,014	9.2	9.5	8.2	68,700 (1994)	966	58,800	59,600 (1994)	13.5	40.6	45.9	2.6	8.2	5.6	0.7
菲律賓	30,000	7,190	4.4	4.8	4.5	63,300 (1994)	960 (1994)	12,900	17,300 (1994)	21.7	23.9	54.4	8.5	5.5	2.4	0.3
越南	33,000	7,520	8.8	9.5	9.5	13,800 (1994)	190 (1994)	3,600	5,000 (1994)	27.8	30.4	40.8		9.5		0.9
印度	329,000	9 億 1,600	7.2	7.1	6.8	278,700 (1994)	310 (1994)	25,100	26,800 (1994)	28.8	29.2	42.0		7.1	46.1	4.3
緬甸	68,000	4,474	6.0	7.5	9.8					45.8	16.0	25.2		9.8	176.0	5.0
澳洲	768,000	1,829	4.4	4.1	4.1	320,700 (1994)	17,930 (1994)	47,600	53,400 (1994)	3.7	18.4	77.9	8.6	4.1	78.1	2.1
紐西蘭	27,000	357	4.5	2.5	2.6	46,600 (1994)	13,190 (1994)	13,200	11,900 (1994)	8.0	18.7	73.3	6.2	2.5	22.6	2.6
日本	37,775	1 億 2,416	6.5	6.0	5.7		34,630 (1994)	443,000	335,900 (1995)					3.6	6,666	5.2

（資料）　「亞細亞開發銀行」發表；「各國政府」發表；日本政府經濟企劃廳調查局「亞細亞經濟 1997」；「日本國勢圖會」；Taiwan Statistical Data Book 1997

表 190　台灣重要經濟指標（參考表 175）

時日	經濟成長率 %	國民生產毛額 (GNP) 百萬美元	每人國民生產毛額 US$	產業結構(占GDP%) 合計	產業結構 農業	產業結構 工業 合計	產業結構 工業 製造業	產業結構 服務業	消費者物價 總指數 1991=100	消費者物價 與上年比 %	失業率 %	中央銀行外匯存底 百萬美元	新台幣匯率 台/美元	海關對外貿易統計(百萬美元) 進口 金額	進口 與上年比 %	出口 金額	出口 與上年比 %	差額
1970	11.4	5,660	369	100.0	15.5	36.8	29.2	47.2	26.5	3.6	1.7	540	40.05	1,524.0	25.7	1,481.4	41.2	-42.6
75	4.9	15,429	964	100.0	12.7	39.9	30.9	47.4	47.1	5.2	2.4	1,074	38.00	5,951.7	-14.6	5,308.8	-5.9	-642.9
80	7.3	41,360	2,344	100.0	7.7	45.7	36.0	46.6	71.5	19.0	1.2	2,205	36.01	19,733.1	33.6	19,810.6	23.0	77.5
81	6.2	47,955	2,669	100.0	7.3	45.5	35.6	47.2	83.1	16.3	2.4	7,235	37.84	21,199.6	7.4	22,611.2	14.0	1,411.6
82	3.6	48,550	2,653	100.0	7.7	44.3	35.2	48.0	86.6	3.0	2.1	8,532	39.91	18,888.4	-10.7	22,204.3	-1.8	3,315.9
83	8.5	52,503	2,823	100.0	7.3	45.0	35.9	47.7	86.7	1.4	2.7	11,859	40.27	20,287.1	7.4	25,122.7	13.1	4,835.7
84	10.6	59,780	3,167	100.0	6.3	46.0	37.5	47.5	86.7	-0.02	2.5	15,664	39.47	21,959.1	8.2	30,456.4	21.1	8,497.3
85	5.0	63,097	3,297	100.0	5.8	46.3	37.6	47.9	86.6	-0.2	2.9	22,556	39.85	20,102.0	-8.5	30,725.7	0.9	10,623.6
86	11.6	77,299	3,993	100.0	5.6	47.1	39.4	47.3	87.2	0.7	2.7	46,310	35.50	24,181.5	20.3	39,861.5	29.7	15,680.0
87	12.7	103,641	5,298	100.0	5.3	46.7	38.9	48.0	87.6	0.5	2.0	76,748	28.55	34,983.4	44.7	53,678.7	34.7	18,695.4
88	7.8	126,233	6,379	100.0	5.0	44.8	37.2	50.2	88.8	1.3	1.7	73,897	28.17	49,672.8	42.0	60,667.4	13.0	10,994.6
89	8.2	152,565	7,625	100.0	4.9	42.3	34.6	52.8	92.7	4.4	1.6	72,224	26.16	52,265.3	5.2	66,304.0	9.3	14,038.6
90	5.4	164,076	8,111	100.0	4.2	41.2	33.3	54.6	96.5	4.1	1.7	72,441	27.10	54,716.0	4.7	67,214.4	1.4	12,498.4
91	7.6	183,736	8,982	100.0	3.8	41.1	33.3	55.1	100.0	3.6	1.5	82,405	25.74	62,860.5	14.9	76,178.3	13.3	13,317.8
92	6.8	216,254	10,470	100.0	3.6	39.9	31.7	56.5	104.5	4.5	1.5	82,306	25.40	72,006.8	14.6	81,470.3	7.0	9,463.5
93	6.3	226,243	10,852	100.0	3.7	39.0	30.5	57.3	107.5	2.9	1.5	83,573	26.62	77,061.2	7.0	85,091.5	4.2	8,030.3
94	6.5	243,934	11,597	100.0	3.6	37.3	29.0	59.1	111.9	4.1	1.6	92,454	26.24	85,349.3	10.8	93,048.8	9.4	7,699.5
95	6.0	262,978	12,396	100.0	3.6	36.3	28.1	60.2		3.7	1.8	90,310	27.27	111,659	30.0	103,550.0	12.3	8,109
96	5.7	275,144	12,872	100.0	3.3	35.7	28.1	60.1		3.1	2.6	88,038	27.49	115,942	30.8	102,370.0	-1.2	13,572
97 (11月)													31.00					

（資料）　「自由中國之工業」第八十三卷第四期 1995 年 4 月，p.72-76
張勝彥等「台灣開發史」p.332　Taiwan Statistical Data Book

肥料・品種改良等、及交通運輸・金融系統・度量衡統一・農會制度等近代化設施、以及近代工業化、並以文化教育與技術教育而培養人力資源等、這些基本建設即成爲終戰後經濟發展第一的重要基礎。有了如上的近代化・工業化的基本建設（在現今中國大陸仍然尙未有）、到了一九八〇年代、才能進入經濟的自由化・國際化・高科技工業化的境地、而招來機械工業（電機・精密機械・運輸工具等）・電子資訊工業（電腦・電子・半導體）・特殊化學（製藥・醫療・防治污染）等萌生發芽（參閱190、191、192，圖69）。

表 191　1996 年亞洲太平洋主要國經濟動向（億美元，%）

	經濟成長率		消費者物價上升率		經常收支	
		評價		評價		對 GDP
中國	9.7	△	8.3	◎	20.6	0.3
韓國	7.1	×	5.0	×	▲237.2	▲4.9
台灣	5.7	△	3.1	△	104.8	3.8
香港	4.7	○	6.0	○	-	-
新嘉坡	7.0	×	1.4	△	141.4	15.0
印尼	7.8	△	7.9	△	-	-
泰國	6.7	×	5.9	×	▲147.0	▲8.2
馬來西亞	8.2	×	3.5	×	▲51.7	-
菲律賓	5.5	○	8.4	×	▲34.7	▲4.2
越南	9.5	○	6.0	◎	▲28.8	▲12.2
印度	6.8	△	8.9	○	-	-
孟加拉	4.7	○	4.0	△	▲9.6	-
斯里蘭卡	3.8	×	16.0	×	▲5.2	-
巴基斯坦	6.1	◎	10.4	◎	▲42.4	-
澳洲	4.1	○	4.2	○	▲159.0	▲4.3
紐西蘭	2.5	×	3.3	×	▲23.2	▲3.9

（資料）　亞細亞開發銀行（ADB）「Asian Development Outlook」1997, 98
日本經濟企劃廳調查局「亞細亞經濟 1997」

（注）　1. 經濟成長率：◎前年比成長率 1.0% 以上，○0.1% 以上，△0.0% 未滿，▲1.0% 減，×1.0% 以上減。
2. 消費者上升率：◎比前年 5.0% 以下底下，○2.5-5.0 底下，△0.0-0.2% 底下，×上升。

表 192　台灣主要出口品目構成比率（%）

	1960	1970	1980	1990
農產物	12.0	8.6	3.6	0.7
農產加工品	55.7	12.8	5.6	3.8
纖維品	17.1	42.2	31.1	20.6
化學・藥品	4.9	2.5	4.1	4.5
金屬製品	0.6	1.9	4.4	6.0
機械	0	3.2	3.8	6.3
電機	0.6	12.3	18.2	26.6
輸送機器	0	0.9	3.2	5.1

（資料）　Taiwan Statistical Data Book, 1991

表193　台灣主要出口品目（億美元）

	1990	1991	1992	(%)	1993	(%)
農出產加工品	29	35	34	4.2	34	4.1
製品	74	52	55	6.7	57	6.7
纖維	103	120	118	14.5	120	14.2
鐵鋼・金屬製品	52	58	65	7.9	71	8.4
電子・電氣・機械	231	263	297	36.4	333	39.4
精密機械	34	39	42	5.2	47	5.5
輸送機器	17	20	22	2.7	22	2.5
雜製品	70	75	76	9.4	62	7.3
化學	13	16	18	2.2	19	2.3
其他	48	84	88	10.8	84	9.9
計	672	762	815	100.0	849	100.0

（資料）　Taiwan Statistical Data, 1995

表194　台灣與美・日・香港・新加坡貿易額（1996年1月～10月）

	出口			進口			出入超	
金額	台幣（億元）	美幣（百萬元）	%	台幣（億元）	美幣（百萬元）	%	台幣（億元）	美幣（百萬元）
合計	26,133.6	95,426.0	100.0	23,291.7	84,735.0	100.0	2,841.9	10,691.0
美國	6,126.6	22,366.9	23.4	4,560.9	16,595.1	19.6	1,565.7	5,771.8
香港	5,876.8	21,460.2	22.5	383.8	1,396.8	1.6	5,493.0	20,063.4
日本	3,129.1	11,425.7	12.0	6,278.7	22,844.2	27.0	-3,149.6	-11,418.5
新加坡	1,037.0	3,787.0	4.0	643.7	2,343.0	2.8	343.3	1,444.0

（資料）　財政部統計處「進出口貿易統計快報」1996.11.7

(5) 台灣對外貿易

台灣經濟是以「進口↓加工製造↓出口」的模式發展起來、所以自一九六五年經濟「起飛」開始、外貿總額年成長率高達三〇%、直至一九九四年進出口總額爲一千七八四億美元（自一九五二年增爲將近六〇〇倍）。自一九六四年以來年年出超（一九七四、七五年除外）、所以累積外匯龐大（參閱表189、190）。

台灣外貿主要集中於美國與日本、美國乃是台灣的主要出口市場、日本則台灣的主要進口市場、而且長期對美順差對日逆差。以一九九〇年爲例、出口貿易三二・三%往美國、一二・四%往日本、進口貿易二三%來自美國、二九・三%來自日本。一

表 195　進出口貿易額比較（按美元計算）

金額單位：百萬美元

	本年 1997			上年 1996			增減比較			
	出口金額	進口金額	出超或入超	出口金額	進口金額	出超或入超	出口		進口	
							金額	%	金額	%
1-12 月	122,073.8	114,434.4	7,639.4	115,942.1	102,370.0	13,572.1	6,131.7	5.3	12,064.4	11.8
1 月	10,343.6	9,287.2	1,056.4	10,689.7	9,648.5	1,041.2	-346.1	-3.2	-361.3	-3.7
2 月	7,753.9	7,551.3	202.6	7,549.2	6,939.7	609.5	204.7	2.7	611.6	8.8
3 月	10,658.5	10,112.5	546.0	9,011.6	8,127.0	884.6	1,646.9	18.3	1,985.5	24.4
4 月	9,829.1	10,042.0	-212.9	10,093.1	9,248.0	845.1	-264.0	-2.6	794.0	8.6
5 月	10,148.4	8,555.8	1,592.6	9,551.4	7,767.8	1,783.6	597.0	6.3	788.0	10.1
6 月	9,940.5	9,640.6	299.9	9,694.7	9,284.7	410.0	245.8	2.5	355.9	3.8
7 月	10,694.9	10,141.7	553.2	9,464.1	8,119.3	1,344.8	1,230.8	13.0	2,022.4	24.9
8 月	9,533.8	9,229.5	304.3	9,705.3	8,590.0	1,115.3	-171.5	-1.8	639.5	7.4
9 月	10,853.1	9,744.0	1,109.1	9,812.5	7,716.5	2,096.0	1,040.6	10.6	2,027.5	26.3
10 月 (R)	10,391.7	9,381.9	1,009.8	9,813.1	8,723.6	1,089.5	578.6	5.9	658.3	7.5
11 月 (P)	11,405.3	10,146.9	1,258.4	10,268.7	8,994.7	1,274.0	1,136.6	11.1	1,152.2	12.8
12 月 (P)	10,520.9	10,601.0	-80.1	10,288.3	9,210.3	1,078.0	232.6	2.3	1,390.7	15.1

附註：1. 總值中包括海外售魚及港口售油之金額在內。
2. 因四捨五入關係各月數字加總與累計數用未盡相同。
3. (P) 表初步數字；(R) 表修正數字。

（資料）　財政部統計處「進出口貿易快報」1987 年 12 月份

九九〇年以後、由普通工業製品轉爲高科技製品爲出口的主要產品、機器設備・農工原料爲進口的主要項目。如此、台灣・日本・美國的三方貿易流向中、台灣卻成爲日本產品加工裝配地與貿易中繼站（參閱表191、192）。

台灣爲了分散外貿市場、從一九九〇年代初、開始加強與歐洲市場國家、與東歐社會主義國家、及越南・北韓等國的外貿關係或進行直接貿易。在亞洲、香港是台灣的第三出口市場、第四進口市場。台灣雖然以香港爲中繼站、除了中國大陸外、漸與東南亞諸國家也推廣貿易關係。但是新加坡・泰國・印尼及馬來西亞、因各國產業開發進展、所以已成長爲台灣貿易的競爭對手。一九九七年香港歸還中國（中共）、所以台灣的大陸貿易亦將有極大變化（參閱表191、193）。

台灣對外貿易保持長期出超、外匯累積巨大、反而促使台幣升值、島內物價上漲、游資泛濫、公害污染嚴重、社會倫理規範荒廢、對外也招來貿易摩擦、遭到先進高科技工業與後進國低成本工業的夾攻。尤其因「**中華民國**」不受國際諸國所認同、想加入世界性經貿組織如「**世界貿易機關**」（WTO）・「**關貿協定**」（GATT）或「**亞太經濟合作會議**」（APEC）均受阻、所以、台灣經濟外貿的未來好壞（發展）會到甚麼程度、簡直無法想像（參閱表195）。

(6) 台灣金融機構與證券交易

國民黨「**中華民國**」統治下的金融機構、其特性極爲複雜且不正常、其種類可分爲：一、銀行（包括一般銀行・信託投資公司及外國銀行在台分行）、二、信用合作社、三、農會信用部、四、漁會信用部、五、票券金融公司、六、證券金融公司（包括漁船產物保險合作社）、七、保險公司等七類。

一九九六年底爲準、台灣各種金融機關總行分行計有四千三六六單位、加上金馬地區一三單位、國際金融業務分行（OBU）六五單位、國外地區分行五〇單位、總計四千四九四單位之多（一九九六年「金融機構業務概況年報」、參閱圖70、71、72、73，表196、197、198、199）。

資本主義社會的金融機構、是各種金融機關（主要是銀行）把社會的「**游資**」（idle funds）集中起來、加以統一管理、再把其貸給需要資金的產業資本家、供給使用在經濟活動、這是金融機構初期的機能。然而、在資本主義體制下的金融機能到後來、必然的會發展爲「**金融寡頭支配**」（Financial Oligarchy）、控制生產手段與原料資源等、促使資本與生產集中、金融寡頭把金融獨佔與產業獨佔相結合、形成壟斷性「**金融資本**」（Finance Capital）而君臨於產業界。特別是中國的銀行業、是滿清朝代以來所遺留下的中國封建殘餘「**錢莊**」金融的後身、其思想意識及經營方式具有濃厚的「**前近代性**」（ex-modernism）與封建性、所以重私輕公、把持壟斷的特質更加深厚、因此、台灣的金融機構卻成爲政客政商貪官污吏爲私利搶奪資金的屠宰場、也成爲操縱股票與炒地皮炒房產的異常財力。這不外是國民黨外來統治者除了以稅金苛酷劫掠台灣人之外、另以經濟發展及藉自由民主之名、更加搜刮台灣人的至極惡劣手段。

關於證券交易、在台灣則由「**國民黨七大控股公司**」（中央投資・光華投資・華夏投資・環宇投資・中華投資・建華投資・啓聖投資）、控制與操縱證券界、在股市翻騰期間、其操縱股票手段凶狠、全以內線交易

圖 70　各類金融機構存款

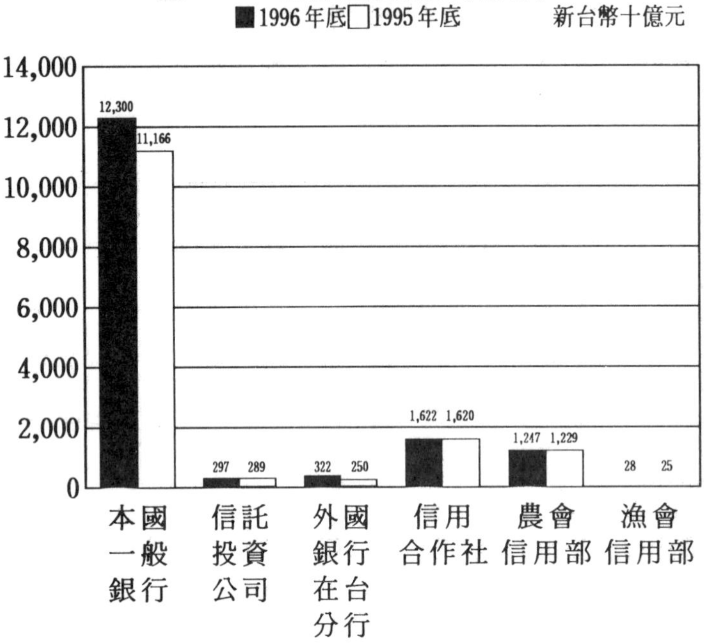

（資料）　財政部金融局

圖 71　全體金融機構存款變動趨勢

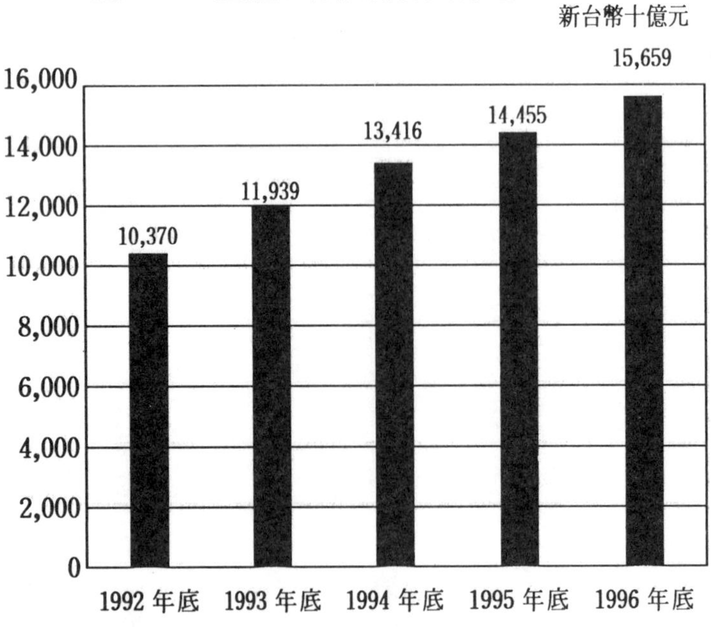

（資料）　財政部金融局

圖72　各類金融機構放款

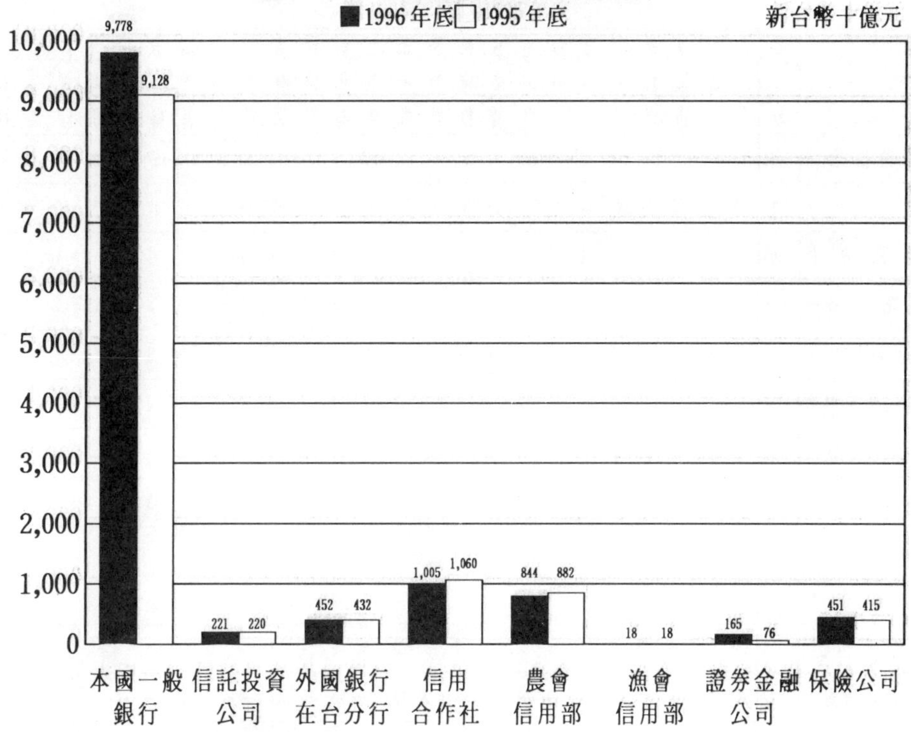

（資料）　財政部金融局

圖73　全體金融機構放款變動趨勢

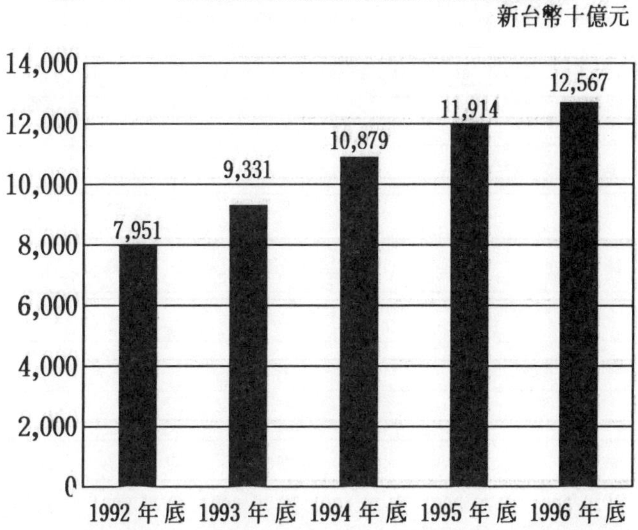

註：本表金額不包括國際金融業務分行及海外分支機構資料。

（資料）　財政部金融局

爲主、所以今日（一九九七年一〇月）、其總資產已超過一〇兆台幣以上（與政府財政收支年約一兆二千元相比）。隨著、民間的財團巨商、也仿傚國民黨而大炒股票掠奪暴利（參閱表200、201、202、203）。

表196　各類金融機構分佈情形統計表

1996年12月31日

		總計	台北市	高雄市	基隆市	新竹市	台中市	嘉義市	台南市	台北縣	宜蘭縣	桃園縣	新竹縣	苗栗縣	台中縣	彰化縣	南投縣	雲林縣	嘉義縣	台南縣	高雄縣	屏東縣	花蓮縣	台東縣	澎湖縣	金馬	OBU	國外
金融機構總計		4494	776	336	53	126	278	98	198	458	91	251	60	101	197	229	105	113	123	203	210	167	82	56	36	13	65	50
銀行	小計	2221	564	238	20	48	121	37	91	291	25	140	21	32	91	74	32	32	16	59	77	47	23	18	6	3	65	50
	臺灣銀行	103	23	12	1	2	6	1	4	10	3	5	1	2	7	2	3	1	1	1	4	2	1	1	1	2	1	6
	臺灣土地銀行	86	16	8	1	2	5	1	3	13	2	4	2	2	3	2	2	3	1	3	5	2	2	1	1	1	1	
	臺灣省合作金庫	129	37	14	2	1	6	2	6	17	2	7	1	2	5	10	2	2	1	2	3	3	1	1	1		1	
	第一商業銀行	146	37	12	3	2	5	2	6	17	3	8	3	3	7	3	3	4	1	7	4	4	1	1	1		1	8
	華南商業銀行	130	40	12	2	1	6	2	6	23	2	5	1	3	5	3	2	2		3	2	3	1	1			1	4
	彰化商業銀行	145	37	13	3	2	8	2	6	22	2	6	1	2	7	5	5	5	1	3	3	3	1	1			1	6
	臺北銀行	65	57	1			1		1	1		1															1	2
	高雄銀行	31	1	29																							1	
	臺灣中小企業銀行	115	20	8	1	1	6	1	4	18	2	11	3	3	6	5	4	3	2	6	4	3	1	1			1	1
	其他本國銀行	1117	233	111	7	33	67	24	49	160	9	87	9	15	50	43	11	12	9	34	50	27	14	11	2		27	23
	外國銀行	94	43	12		1	5		5	1		1															29	
	信託投資公司	60	20	6		3	6	2	4	9		5			1	1					2		1					
信用合作社		671	105	72	20	53	112	30	72	25	4	9	1	11	7	45	5	7		5	22	19	19	7	17	4		
農會信用部		1213	25	19	4	9	14	6	8	120	49	82	36	48	94	93	64	66	98	129	96	84	31	27	6	5		
漁會信用部		74		4	2	1			4	4	6	1		4		5		4	7	6	12	10		1	3			
票券金融公司		43	13	8		2	6	2	3	5		3				1												
證券金融公司		6	4	1			1																					
保險公司	小計	266	65	24	7	13	24	12	20	13	7	16	2	6	5	11	4	4	2	4	3	7	9	3	4	1		
	本國人壽保險公司	103	19	8	3	3	9	6	7	3	4	5	2	3	2	4	2	2	2	2	2	3	4	3	4	1		
	本國產物保險公司	137	20	16	4	10	15	6	13	20	3	11		3	3	7	2	2		2	1	4	5					
	產物保險合作社	1	1																									
	外國人壽保險公司	15	15																									
	外國產物保險公司	9	9																									
	再保險公司	1	1																									

（資料）　財政部金融局

表 197　各大財團持有新銀行股權比例

銀行別	代表財團名稱	持股率	開業期資本額（億）	目前資本額（億）	1996/12/31 收盤價（元）	目前總市值（億）	財團帳面潛在獲利（億）
萬通	台南幫	34.35%	126	126	34.4	433.44	105.61
大安	台聚、永豐餘、華新、台橡	27.05%	100	104	34.4	357.76	69.72
聯邦	聯邦集團	50.16%	120	123	25.5	313.65	97.13
中華	力霸集團	43.71%	100	100	27.3	273.00	75.62
遠東	亞東集團	28.92%	100	105	22.1	232.05	64.22
亞太	誠洲、櫻花、維他露、萬美等	14.66%	100	103	24.7	254.41	22.64
華信	國民黨營事業	18.85%	100	107	29.8	318.86	42.55
玉山	三商電腦、新東陽、益華	19.44%	100	106	29.6	313.76	41.55
萬泰	太子集團	20.54%	120	120	22.7	272.40	31.30
泛亞	長億集團	13.27%	100	103	19.0	195.70	12.70
中興	華榮集團	5.25%	135	135	22.2	299.70	8.65
台新	新光集團	39.32%	100	103	29.7	305.91	80.96
富邦	富邦集團	37.75%	100	107	26.1	279.27	67.67
大衆	陳田錨家族、台塑、南亞	23.17%	105	105	23.7	248.85	33.33
寶島	日盛集團	27.39%	100	100	21.9	219.00	32.59
安泰	宏泰集團	60.87%	100	107	25.8	276.06	107.17

註：總市價係以 1996 年 12 月 31 日收盤價計算所得

表 198　外國銀行在華設立分行及代表人辦事處地區別、國家別統計

1997 年 6 月底　　單位：家

機構別＼（地區別、國家別）	總計	北美洲 計	北美洲 美國	北美洲 加拿大	歐洲 計	歐洲 英國	歐洲 法國	歐洲 德國	歐洲 荷蘭	歐洲 瑞士	歐洲 西班牙	歐洲 瑞典	歐洲 比利時	歐洲 義大利	歐洲 希臘	亞洲 計	亞洲 日本	亞洲 泰國	亞洲 菲律賓	亞洲 新加坡	亞洲 香港	大洋洲 澳大利亞	非洲 南非
在華設立分行之銀行家數	44	18	14	4	11	1	5	1	2	1	-	-	1	-	-	12	5	1	1	3	2	2	1
分行家數	70	30	25	5	17	2	8	1	4	1	-	-	1	-	-	20	6	3	3	3	5	2	1
代表人辦事處家數	28	5	3	2	14	2	-	3	1	2	1	1	1	2	1	8	2	-	4	2	-	-	1

（資料）　金融局第五組

（說明）　本表係依據財政部核准數統計

表 199-1　台灣銀行排名表(一)

1997年6月底　　　　金額單位：新台幣百萬元

排名	銀行別	董(理)事長 理事主席	總經理	淨值	資產總額	存款餘額	放款餘額	國內分行家數	海外分支機構家數：分行	海外分支機構家數：代表辦事處	海外分支機構家數：其他分支機構
	總計			997,094	15,289,084	10,516,298	10,207,125	2,032	56	32	18
1	臺灣銀行	羅際棠	何國華	166,554	1,748,558	1,266,544	1,193,479	96	6	2	2
2	臺灣土地銀行	陳　棠	林彭郎	67,997	1,174,432	835,775	871,037	89	1	—	—
3	第一商業銀行	黃天麟	陳安治	46,760	993,641	717,035	646,364	136	8	3	1
4	華南商業銀行	曾文謙	簡弘道	46,411	931,016	683,051	602,100	127	4	4	—
5	彰化商業銀行	蔡茂興	鄒鴻圖	42,626	896,779	664,846	575,435	140	7	1	1
6	臺灣省合作金庫＊	李文雄	許德南	42,042	1,761,250	1,202,273	1,032,029	132	—	1	1
7	臺北銀行	廖正井	黃榮顯	36,324	486,917	381,253	329,641	65	2	3	—
8	臺灣中小企業銀行	黃海南	蕭介仁	35,670	764,571	489,796	544,681	114	1	3	—
9	中國國際商業銀行	彭淮南	袁德泰	34,298	563,964	310,881	310,090	54	15	3	5
10	中國信託商業銀行	辜濂松	駱錦明	32,814	456,858	301,086	281,543	34	3	6	7
11	世華聯合商業銀行	林來榮	汪國華	31,358	511,014	369,249	272,803	55	1	1	—
12	交通銀行	俞　政	趙捷謙	27,759	447,957	119,510	346,398	31	3	—	1
13	上海商業儲蓄銀行	榮鴻慶	周慶雄	24,719	225,145	162,202	148,352	38	—	—	—
14	農民銀行	李庸三	陳文林	22,226	441,668	271,719	331,657	70	—	—	—
15	臺北區中小企業銀行	何壽川	游國治	18,940	249,356	199,253	162,496	70	2	—	—
16	臺中區中小企業銀行	劉松藩	葉健人	18,926	239,695	200,298	156,525	70	1	1	—
17	中興商業銀行	王玉雲	王宣仁	15,979	113,661	71,408	87,142	20	—	—	—
18	萬通商業銀行	吳尊賢	丁桐源	14,927	138,042	92,129	98,180	24	—	—	—
19	聯邦銀行	黃春鐘	李憲章	14,197	136,248	76,185	89,459	23	—	—	—
20	新竹區中小企業銀行	詹宣勇	吳志偉	14,112	229,975	202,845	160,295	62	—	—	—
21	萬泰商業銀行	許勝發	王紹慶	13,957	128,947	87,760	90,653	20	—	—	—
22	慶豐商業銀行	黃世惠	胡祖輝	13,477	153,754	105,346	96,076	22	2	—	—
23	玉山商業銀行	林鐘雄	黃永仁	13,081	141,085	108,285	104,316	24	—	—	—
24	華信商業銀行	林立鑫	盧正昕	13,076	159,424	105,737	103,370	22	—	—	—
25	富邦商業銀行	蔡萬才	王全喜	12,920	140,512	96,168	100,822	22	—	—	—
26	大安商業銀行	陸潤康	耿　平	12,622	117,990	69,798	92,112	23	—	—	—
27	中國輸出入銀行	朱增郁	符寶玲	12,583	98,727	—	95,171	2	—	3	—

表 199-2　台灣銀行排名表(二)

1997年6月底　　金額單位：新台幣百萬元

排名	銀行別	董(理)事長 理事主席	總經理	淨值	資產總額	存款餘額	放款餘額	國內分行家數	海外分支機構家數 分行	代表辦事處	其他分支機構
28	安泰商業銀行	倪德明	李捷程	12,539	97,682	68,274	79,181	18	—	—	—
29	台新國際商業銀行	吳東亮	陳淮舟	12,477	147,752	96,923	103,960	22	—	—	—
30	大衆商業銀行	陳田錨	邱仲洲	12,383	126,799	95,277	96,610	23	—	—	—
31	遠東國際商業銀行	徐旭東	洪信德	12,202	107,702	63,814	79,736	19	—	—	—
32	亞太商業銀行	邱家雄	江柏勳	12,046	103,590	77,623	75,909	25	—	—	—
33	泛亞商業銀行	張春雄	王財旺	11,990	117,189	80,329	86,789	17	—	1	—
34	中華商業銀行	王又曾	陳　份	11,641	122,679	96,861	86,648	21	—	—	—
35	華僑商業銀行	戴立寧	陳麗常	11,482	182,799	123,118	122,918	43	—	—	—
36	寶島商業銀行	陳重光	鍾達鎬	11,195	117,171	82,502	83,026	17	—	—	—
37	臺東區中小企業銀行	張光明	蕭廷焜	9,419	48,761	33,561	27,064	25	—	—	—
38	臺南區中小企業銀行	陳秉鈞	柯月輝	9,017	134,412	120,956	80,607	59	—	—	—
39	高雄銀行	許士軍	陳文章	6,192	143,547	99,897	96,793	29	—	—	—
40	誠泰商業銀行	林誠一	林正禮	5,772	76,324	67,273	45,308	27	—	—	—
41	高雄區中小企業銀行	陳田圃	吳必泰	5,102	100,385	89,690	58,738	57	—	—	—
42	中央信託局	邱茂英	李義燦	4,300	168,350	93,390	135,368	19	—	—	—
43	花蓮區中小企業銀行	廖和璧	曾　忍	2,982	42,756	36,378	26,244	24	—	—	—
				—	—	—	—	—	—	—	—

（資料）　金融局第二、四組暨各金融機構之業統計輯要表

（說明）　1. 本表按各銀行全行資料統計，並以淨值爲準依序排名。

2. 國內分行家數係依據中央銀行金融統計資料塡列，國外分支機構家數則爲外國主管機關核准數，由本局第二、四組提供。

3. 中國輸出入銀行爲專業銀行，未辦理存款業務。

4. 存款餘額未包括郵匯局轉存款在內。

5. 放款餘額包括放款、透支、貼現、進出口押匯及貸放會金。

6. 資產總額以減除備抵項目後之淨額列示，包括國外資產、放款、公債及票券、投資、存放及轉存央行存款、現金、存放及拆放同業，及其他資產。

7. 郵政儲金匯業局 1997 年 6 月底之存款餘額爲 22,918 億元。

（附註）　* 台銀、台灣企銀、土銀、合庫集資設立比利時台灣聯合銀行一家，列入合作金庫統計。

表 200-1　上市台灣人財團市值表(一)

排名 集團名稱	上市公司	960104			961219			增幅 (%)
		資本額 (百萬元)	市價 (元)	市值 (百萬元)	資本額 (百萬元)	市價 (元)	市值 (百萬元)	
1 蔡萬霖集團	國泰人壽	26411	125.00	330142	30373	174.00	528492	60.08
	國泰建設	13031	34.50	44957	14334	46.90	67227	49.54
	合　計			375099			595719	58.82
	佔總市值 %			7.75			8.15	
2 王永慶集團	台灣塑膠	20710	40.50	83877	22781	68.00	154913	84.69
	南亞塑膠	24368	41.00	99910	27171	65.50	177968	78.13
	台灣化纖	21825	23.70	51725	23243	42.40	98552	90.53
	福懋興業	10550	21.90	23104	11183	31.10	34778	50.53
	大衆電腦	3696	39.00	14414	5719	51.00	29167	102.34
	衆甲特	280	59.00	1652	280	63.00	1764	6.78
	合　計			274682			497141	80.99
	佔總市值 %			5.67			6.80	
3 吳東進集團 (吳火獅 吳家祿)	新光纖維	9648	23.40	22576	10874	21.20	3.54	2.12
	新光紡織	2904	24.00	6970	2904	51.50	14956	114.58
	大台北	3726	20.10	7489	3856	22.90	8831	17.92
	新光人壽	15085	67.50	101824	16593	104.00	172572	69.48
	新光保全	700	56.50	3955	805	93.00	7487	89.29
	台新銀行	10000	13.20	13200	10300	29.20	30076	127.85
	台証證券	0	0.00	0	4000	32.70	13080	0.00
	合　計			156013			270055	73.10
	佔總市值 %			3.22			3.69	
4 辜振甫集團 (繼林柏壽)	台灣水泥	12808	36.70	47005	14089	60.00	4532	79.84
	福聚公司	2123	46.60	9895	2272	48.80	11087	12.05
	國喬石化	5051	35.30	17829	5838	26.60	15530	-12.90
	國喬特	200	34.00	680	200	33.60	672	-1.18
	中國橡膠	1841	43.60	8026	2025	41.20	8343	3.94
	中信銀	15352	44.10	67701	18222	52.50	95664	41.30
	中國人壽	2674	62.00	16578	3059	64.50	19732	19.02
	中信證券	2669	14.50	3870	3000	34.00	10200	163.56
	合　計			171584			245759	43.23
	佔總市值 %			3.54			3.36	
5 台南幫集團 吳三連 (高清愿 陳查某) 候雨利	環球水泥	3709	23.50	8716	4006	5.10	10054	5.35
	統一企業	15384	32.90	50614	18461	42.80	79013	56.11
	台南紡織	11684	19.60	22901	12619	22.80	28772	25.63
	南帝化學	1332	25.60	3411	1426	24.20	3450	1.15
	太子建設	7037	22.70	15973	7389	25.90	19136	19.80
	統一實業	5992	36.60	21929	6950	33.50	23283	6.17
	統實特	500	19.60	980	500	23.70	1185	20.92
	萬通銀行	12600	14.00	17640	12600	33.00	41580	135.71
	合　計			142164			206473	45.24
	佔總市值 %			2.94			2.82	
6 徐有庠集團 (國防部 情報系)	亞洲水泥	13131	42.20	55414	14050	50.00	70252	26.78
	遠東紡織	17298	25.90	44801	18855	28.50	53735	19.94
	宏遠興業	2491	24.50	6102	3240	21.50	6965	14.15
	遠東百貨	4480	28.10	12589	5200	36.50	18980	50.76
	東聯化學	3611	42.80	15454	3976	37.60	14951	-3.26
	裕民航運	5517	28.50	15725	5931	26.90	15955	1.46
	遠東銀行	10250	12.80	13120	10548	22.10	23310	77.67
	合　計			163205			204149	25.09
	佔總市值 %			3.37			2.79	
7 張榮發集團	長榮海運	13915	43.50	60530	15585	53.50	83379	37.75
	立榮海運	3178	41.60	13220	3559	51.00	18153	37.31
	長榮運輸	770	44.10	3396	809	66.00	5336	57.14
	長榮貨櫃	2053	37.00	7596	2259	47.60	10751	41.53
	合　計			84743			117618	38.79
	佔總市值 %			1.75			1.61	
8 何壽川集團 (何傳 何儀)	永豐餘	9612	24.10	23166	10609	23.70	5144	8.54
	精業電子	764	34.90	2666	884	37.40	3305	23.97
	台北企銀	10127	71.00	71904	11053	68.00	75158	4.53
	合　計			97736			103607	6.01
	佔總市值 %			2.02			1.42	
上市股票總市值				48427 億			73088 億	50.92
加權股價指數				5146.04			6859.40	33.29

表 200-2　上市台灣人財團市值表(二)

排名 集團名稱	上市公司	960104 資本額 (百萬元)	960104 市價 (元)	960104 市值 (百萬元)	961219 資本額 (百萬元)	961219 市價 (元)	961219 市值 (百萬元)	增幅 (%)
9 蔡萬才集團 (蔡萬霖三弟)	富邦產險	5266	79.00	41601	7354	73.50	54051	29.93
	富邦銀行	0	0.00	0	10731	25.90	27794	0.00
	富邦證券	3610	24.00	8664	5000	39.60	19800	128.53
	合　計			50265			101645	102.22
	佔總市值 %			1.04			1.39	
10 施振榮集團 (李國鼎學生)	宏碁電腦	8589	63.50	54538	14169	50.50	71551	31.20
	明碁電腦	0	0.00	0	3715	50.50	18761	0.00
	宏碁科技	0	0.00	0	834	59.00	4922	0.00
	合　計			54538			95234	74.62
	佔總市值 %			1.13			1.30	
11 孫道存集團 (上海幫)	太平洋電	12771	19.60	25031	15500	23.60	36580	46.14
	台灣茂矽	7500	79.00	59250	13021	37.50	48827	-17.59
	合　計			84281			85407	1.34
	佔總市值 %			1.74			1.17	
12 焦廷標集團 (上海幫)	華新麗華	14430	28.40	40982	16766	21.80	36550	-10.81
	華邦電子	6225	81.50	50734	12904	28.40	36647	-27.77
	合　計			91716			73198	-20.19
	佔總市值 %			1.89			1.00	
13 王又曾集團 (浙江幫)	嘉食化	9283	16.00	14853	9933	17.30	17184	15.69
	友聯產險	1246	55.50	6917	1545	53.50	8268	19.53
	中國力霸	11806	14.15	16705	12455	15.40	19181	14.82
	中華銀行	10000	12.10	12100	10000	27.30	27300	125.62
	合　計			50575			71933	42.23
	佔總市值 %			1.04			0.98	
14 沈慶京集團 (威京集團)	中石化	9597	22.40	21497	9597	36.70	35221	63.84
	中華工程	4800	35.20	16896	6480	27.00	17496	3.55
	春池建設	0	0.00	0	2136	24.70	5277	0.00
	京華證券	0	0.00	0	3324	32.30	10736	0.00
	合　計			38393			68729	79.01
	佔總市值 %			0.79			0.94	
15 翁大銘集團 (翁明昌子)	華隆公司	18623	19.00	35384	20948	25.90	54256	53.33
	華隆特	750	35.50	2663	750	31.90	2392	-10.14
	嘉新畜產	5650	16.50	9323	8000	14.80	11840	27.00
	合　計			47369			68488	44.58
	佔總市值 %			0.98			0.94	
16 吳舜文集團 (嚴慶齡妻)	裕隆汽車	10600	21.10	22366	10600	30.10	31906	42.65
	中華汽車	5797	39.00	22607	6666	45.80	30531	35.05
	合　計			44973			62437	38.83
	佔總市值 %			0.93			0.85	
17 王玉雲集團 (高雄幫)	華榮電線	4663	20.70	652	4896	26.70	13073	35.43
	第一銅鐵	2831	17.80	5039	2972	18.40	5469	8.54
	華昭科技	0	0.00	0	380	24.30	923	0.00
	中興銀行	13500	11.90	16065	13500	21.70	29295	82.35
	元富證券	2649	13.10	3470	3232	29.40	9503	173.85
	合　計			34226			58263	70.23
	佔總市值 %			0.71			0.80	
18 林謝罕見 (謝樺盛妻)	泰瑞興業	1582	31.70	5014	2059	37.70	7763	54.83
	中聯信託	0	0.00	0	7515	59.50	44715	0.00
	合　計			5014			52478	946.66
	佔總市值 %			0.10			0.72	
19 苗育秀集團 (陳儀關係)	聯成石化	3563	32.60	11616	4169	31.20	13007	11.98
	聯華實業	5011	24.50	12277	5412	31.90	17264	40.62
	神達電腦	2851	25.50	7270	4388	28.60	12549	72.61
	聯強國際	581	32.60	1894	920	97.50	8970	373.68
	合　計			33057			51790	56.67
	佔總市值 %			0.68			0.71	
20 張虔生集團 (澎湖幫)	日月光	3998	66.00	26387	7290	52.50	38273	45.04
	宏環建設	3929	25.60	10058	4326	29.60	12805	27.31
	合　計			36445			51077	40.15
	佔總市值 %			0.75			0.70	
上市股票總市值				48427 億			73088 億	50.92
加權股價指數				5146.04			6859.40	33.29

表 200-3 上市台灣人財團市值表(三)

排名 集團名稱	上市公司	960104			961219			增幅 (%)
		資本額 (百萬元)	市價 (元)	市值 (百萬元)	資本額 (百萬元)	市價 (元)	市值 (百萬元)	
21 陳由豪集團 (高雄幫)	建台水泥	6678	18.00	12021	7346	18.60	13663	13.67
	東雲公司	17042	18.70	31868	19598	18.80	36844	15.61
	合計			43889			50508	15.08
	佔總市值 %			0.91			0.69	
22 陳朝傳集團 (陽明信用合作社)	士林紙業	2078	53.50	11116	2078	79.50	16518	48.60
	萬海航運	0	0.00	0	4500	74.00	33300	0.00
	合計			11116			19818	348.17
	佔總市值 %			0.23			0.68	
23 東元集團 (新光系統)	東元電機	6426	49.70	31936	7244	51.50	37304	16.81
	台安電機	853	48.60	4147	968	49.60	4801	15.75
	東訊公司	1189	31.10	3697	1355	36.30	4919	33.06
	合計			39780			47024	18.21
	佔總市值 %			0.82			0.64	
24 台聚集團 (香港誠利集團)	台灣聚合	4763	28.70	13671	5240	37.70	19754	44.49
	華夏海灣	3135	24.30	7617	3135	29.40	9216	20.99
	台達化學	1929	35.10	6769	1929	31.10	5998	-11.40
	亞洲聚合	1510	44.60	6735	1510	65.50	9891	46.86
	合計			34793			44859	28.93
	佔總市值 %			0.72			0.61	
25 楊天生集團 (台中幫)	長億實業	3000	38.60	11580	4477	35.30	15803	36.46
	興農公司	2582	24.50	6326	2788	20.10	5605	-11.40
	泛亞銀行	10376	12.30	12762	10586	18.80	19901	55.93
	合計			30668			41308	34.70
	佔總市值 %			0.63			0.57	
26 林嘉政集團 (林燈宜蘭)	國產建設	7899	20.10	15878	8294	20.80	17252	8.66
	大華建設	1154	26.40	3046	1699	32.00	5437	78.51
	中興保全	1300	72.00	9360	1690	96.50	16309	74.24
	合計			28283			38998	37.88
	佔總市值 %			0.58			0.53	
27 林堉璘集團	宏盛建設	0	0.00	0	2554	44.90	11468	0.00
	安泰銀行	10360	13.90	14400	10723	25.00	26806	86.15
	合計			14400			38275	165.79
	佔總市值 %			0.30			0.52	
28 宋恭源集團 (美國南僑 陳飛龍)	台灣光寶	2417	40.30	9741	2828	46.10	13037	33.84
	旭麗公司	1560	32.60	5087	1748	41.50	7252	42.58
	源興科技	1232	56.50	6961	2492	47.60	11862	70.41
	敦南科技	348	54.50	1897	617	65.50	4043	113.16
	合計			23685			36194	52.82
	佔總市值 %			0.49			0.50	
29 許淑貞集團 (許金德女)	士林電機	2825	54.50	15398	3476	61.50	21379	38.85
	國賓飯店	2500	30.50	7625	2500	45.80	11450	50.16
	合計			23023			32829	42.59
	佔總市值 %			0.48			0.45	
30 許勝雄集團	金寶電子	2404	30.10	7236	2771	31.90	839	22.16
	仁寶電腦	2583	29.60	7646	3676	59.50	21872	186.07
	合計			14881			30711	106.37
	佔總市值 %			0.31			0.42	
31 宏國集團							568300	
32 聯成集團 (苗育秀)							52500	
33 東元集團 (黃成雄)							47100	
上市股票總市值				48427 億			73088 億	50.92
加權股價指數				5146.04			6859.40	33.29

註：以上台灣財團全是國民黨利用、收買、勾結的對象。

表 201　國民黨七大控股公司基本資料一覽表

	年度	長期股權投資		稅後盈餘		資產總額		負債總額		淨值總額		股本	
		金額	成長率	金額	成長率	金額	成長率	金額	成長率	金額	成長率	金額	成長率
中投	92	217.1		22.6		249.0		44.5		204.6		37.8	
	93	235.3	8	39.3	74	302.9	22	58.6	32	244.3	19	37.8	0
央資	94	268.1	14	33.6	-15	308.5	2	54.5	-7	254.0	4	37.8	0
光投	92	63.0		2.2		81.5		46.3		35.2		4.0	
	93	67.6	7	6.2	186	95.7	17	50.7	10	45.0	28	4.0	0
華資	94	68.1	1	19.0	205	108.6	14	50.9	0	57.7	28	25.0	525
啓實	92	22.1		0.2		51.4		49.8		1.6		1.2	
	93	28.1	27	1.9	964	66.0	28	61.5	23	4.6	184	2.0	64
聖業	94	25.7	-9	1.0	-44	69.8	6	56.9	-7	12.9	182	10.8	447
悅投	92	3.7		0.3		11.5		1.2		10.3		10.0	
昇	93	4.6	25	0.5	58	12.8	12	2.2	80	10.6	4	10.0	0
昌資	94	10.0	119	0.5	-2	17.3	35	1.6	-28	15.8	48	15.0	50
景投	92	7.6		-0.2		7.8		6.7		1.1		1.8	
	93	9.7	27	1.4	—	9.9	27	7.5	12	2.4	116	1.8	0
德資	94	16.7	72	-0.3	—	11.6	17	9.7	30	1.9	-22	1.8	0
建投	92	30.0		-0.8		31.0		31.2		-0.1		1.5	
	93	35.7	19	1.2		37.0	19	35.3	13	1.7	—	1.5	0
華資	94	32.5	-9	8.0	569	33.7	-9	24.0	-32	9.6	461	1.5	0
華投	92	27.9		2.0		32.2		24.2		8.0		1.5	
	93	28.9	4	2.3	18	34.0	5	23.6	-2	10.3	29	1.5	0
夏資	94	58.4	102	17.5	647	48.9	-44	23.0	-3	25.9	150	1.5	0
合	92	371.4		26.1		464.4		203.8		260.6		57.8	
	93	409.9	10	52.8	102	558.3	20	239.4	17	318.9	22	58.6	1
計	94	479.9	17	79.3	50	598.3	7	220.6	-8	377.7	18	93.4	59

（說明）　單位：新台幣億元　成長率：%　基準日：1994 年 12 月 31 日
（資料）　1995 年財訊四月號

表 202　近五年上市股票統計要覽（1993－1998）

年度	交易量（百萬股）	交易值（百萬值）	成交筆數（筆數）	新上市家數	上市公司家數	上市股票種數	資本總額（百萬元）	上市股數（百萬股）	上市股份面值（百萬元）	上市股份市值（百萬元）
1998 年 1 月	26,094	1,453,174	6,612	1	405	470	2,139,682	210,340	2,103,402	9,699,670
97 年度	654,201	37,241,150	154,345	26	404	470	2,106,285	206,632	2,066,324	9,696,113
96 年度	350,738	12,907,562	73,659	36	382	425	1,661,270	162,680	1,626,795	7,528,851
95 年度	261,298	10,151,536	59,190	41	347	383	1,346,679	132,462	1,324,619	5,108,437
94 年度	351,240	18,812,112	78,719	31	313	354	1,099,814	107,171	1,071,713	6,504,368
93 年度	204,678	9,056,717	50,895	29	285	325	908,373	89,102	891,020	5,145,410

（資料）　台灣證券交易所「上市證券概況」1998 年一月份

表 203　近五年上市債券統計要覽（1993－1998）

年度	公債				公司債			
	當期上市		累積上市		當期上市		累積上市	
	種類	金額（百萬元）	種類	金額（百萬元）	種類	金額（百萬元）	種類	金額（百萬元）
1998 年 1 月	0	0	44	1,034,400	3	3,700	45	43,040（初步）
97 年 12 月	1	30,000	44	1,034,400	2	2,000	42	39,340（修正後）
97 年度	7	174,000	44	1,034,400	32	42,900	42	41,002
96 年度	11	245,000	42	995,050	8	17,150	17	15,586
95 年度	8	125,000	38	860,950	3	2,600	18	7,073
94 年度	5	148,000	33	786,791	1	1,500	24	8,171
93 年度	8	237,000	33	687,486	0	0	29	12,523

（資料）　台灣證券交易所「上市證券概況」1998 年一月份

表204　台灣產業別進出口比率（1989）（％）

	出口比率	進口比率
全產業	22.3	19.2
農　業	5.3	18.6
鑛　業	1.1	70.6
製造業	35.4	31.1
食　品	12.3	25.7
紡　織	52.0	14.9
雜　貨	79.8	35.9
其他輕工業品	22.1	16.9
化學原料	27.7	23.3
化學製品	17.6	28.2
石油石炭製品	6.5	19.2
鐵　鋼	7.8	24.6
其他金屬製品	34.8	30.9
機械電氣	59.8	50.4
輸送機器	26.4	31.9
其他重工業品	43.7	46.0

（資料）　行政院主計處「國民經濟動向統計彙報」1991年11月

（注）　出口比率＝出口額÷國內生產總額
進口比率＝進口額÷（國內生產總額＋進口－出口）

(7) 台灣對外投資與中國大陸經貿關係

台灣對外的直接投資、一九八六年以前是微乎其微。但是從一九八七、八八年開始、才有極大轉變。這個經貿發展的背景、是來自島內政情動盪、社會不安、及外匯存底膨大、台幣升值、土地飆漲、勞動力成本上升、勞工缺乏、工作倫理敗退、高科技升級遲遲不進、導致資本流出產業外移或開拓新商機爲因（參閱表204、205、206）。這種「**對外投資熱**」直到了一九九一年才稍有緩和、但是在另一方面的「**外資流入**」也見減少、所以台灣仍然居於對外投資佔優勢地位。尤其對中國大陸的直接投資、是始終保持著其積極表態。資本外流的對象地區、一九八九年以前是以美國爲首位。其後、繼續發展於歐洲諸國、都以金融・保險爲主。但是如上統計是以較大企業爲主要。其後的直接投資、爲了避免投資集中於中國大陸、開始所謂「**南進政策**」、即以泰國・馬來西亞・新加坡・菲律賓・印尼・越南等地爲對象（參閱表208）。

原來、從一九八〇年代開始、台灣與中國大陸的經貿關係發生極大變化。中共在一九七六年「**文化大革命**」結束、鄧小平上台後、改採「**社會主義市場制**」（實際上是把毛澤東時代的「共產主義階段」拉退到「資本主義經濟階段」）、並提倡「**四個現代化**」（周恩來的主張、即農業・工業・國防・科學技術的現代化）、

表 205　台灣資本收支（100 萬美元）

	$(A_1+A_2)-(B_1+B_2)$	流入			流出		
		長期資本 A_1	直接投資	短期資本 A_2	長期資本 B_1	直接資本	短期資本 B_2
1980	入 957	1,221	166			42	254
81	入 995	886	151	109		60	
82	入 739	1,268	104			33	529
83	入 646		149			19	397
84	出 828		201		739	70	89
85	出 493		340	284	777	80	
86	入 13		327	1,421	1,408	66	
87	入 1,627		715	4,013	2,386	704	
88	出 7,512		959		6,031	4,120	1,481
89	出 8,247		1,604		7,432	6,951	817
90	出 10,725		1,330		6,402	5,418	4,323
91	出 4,731		1,271		2,647	1,854	2,084
92	出 8,556		879		3,676	1,691	4,880
93	出 4,049				2,416		1,633

（資料）　台灣中央銀行統計

表 206　台灣業種別對外投資（只限許可部份）（100 萬美元）

	1989		1990		1991		1992		1993	
	件	款	件	款	件	款	件	款	件	款
農林水產業	1	0.4	1	5.0	1	7.5	1	0.7	1	0.9
製造業合計	94	649.8	166	915.3	171	885.8	130	378.5	120	881.4
食品・飲料	1	0.05	5	163.7	4	13.8		4	6	14.4
纖維・靴	7	37.6	23	52.9	10	55.1	14	82.4	15	95.3
竹・竹製品	1	1.5	8	8.9	5	10.2	4	8.4	3	13.8
紙・印刷	2	4.6	4	16.5		55.5	4	10.9	3	110.5
塑膠・橡膠	5	40.6	7	11.3	12	42.6	20	26.6	6	8.2
化學品	9	414.9	7	77.9	7	67.4	12	71.0	6	310.3
非金屬・金屬製品	1	1.3	8	121.8	4	63.3	2	3.6	4	23.8
金屬・金屬製品	9	20.4	11	32.5	23	360.3	9	33.8	12	20.9
機械・機器	3	6.9	2	4.9	10	7.9	8	6.6	9	179.4
電子・電氣	56	12.19	90	423.9	85	209.3	57	131.2	55	104.2
建設業	3	27.7	5	9.3	4	19.0	1	1.2	2	40.2
貿易業	26	10.7	81	61.8	134	84.3	120	142.9	65	135.8
金融・保險	11	172.4	35	498.5	28	403.7	27	305.4	60	451.8
運輸・倉庫	3	9.9	10	17.4	3	4.3	3	4.8	4	24.0
服務業	14	54.4	14	43.2	21	246.6	15	48.4	74	126.4
其他總計	153	931.0	315	1,552.2	364	1,556.0	300	887.3	326	1,660.9

（資料）　「交流」No.482, 1994 年 3 月 15 日，p.9

對台政策隨即從「軍事統一台灣」、改為「一國兩制」「兩黨談判」「三通政策」（直接通郵・通航・通商）等統戰政策（實際上是提議「第三次國共合作」）。台灣亦因游資充斥、島內勞動力成本上升、土地飆漲、勞工缺乏、政治混亂、社會不安、工作倫理不振等、所以廠商很快就轉至中國尋求新市場或成本低廉的生產環境（參閱表207、208）。

表207　台灣對中國大陸間接投資（100萬美元）

業種	1991		1992		1993	
	件數	金額	件數	金額	件數	金額
農林水產業	-	-	-	-	155	30
鑛業	-	-	-	-	-	3
製造業	217	168	242	231	8,419	2,951
食品・飲料	19	19	28	46	791	324
紡織	5	13	13	18	468	178
服裝・靴	26	13	22	11	438	104
木・竹製品	15	6	12	7	410	145
紙・印刷	5	1	7	6	250	94
皮革・製品	6	2	10	5	201	54
塑膠・橡膠	58	54	48	56	1,181	498
化學	9	2	17	14	607	186
非金屬・鑛物	12	5	14	6	413	185
金屬・製品	13	9	31	17	776	258
機械・機器	6	8	5	2	1,692	479
電子・電氣	42	31	35	37	1,190	443
建築業	-	-	-	-	75	10
貿易業	-	-	-	-	108	29
金融業	-	-	-	-	4	2
運輸業	-	-	-	-	70	8
服務業	-	-	-	-	470	127
其他	20	5	22	15	22	5
計	237	124	264	246	9,329	3,168

（資料）　「交流」No.482, 1994年3月15日, p.11

表208　台灣對南方諸國投資（100萬美元）

	台北批准（1952-1993）		對方國受付批准	
對方	件數	金額	件數	金額
泰國	183	457	1,098	4,502
馬來西亞	159	1,019	1,152	5,915
新嘉坡	78	148	62	90
菲律賓	65	247	688	442
印尼	88	332	266	4,043
越南	29	195	117	1,531

（資料）　「交流」No.480, 1994年2月15日

一九八一年、中國（中共）提議「台灣統一後、允許維持〝特別行政區〞、亨有高度自治」。中國國民黨不肯答應、仍然保持「三

不政策」（不接觸・不談判・不妥協）。

但是到一九八七年、蔣經國病重等中國國民黨紕漏百出、所以不得不放寬對中國的封閉政策、先由允許大陸出身中國人以非正式的返鄉探親開始、逐漸發展於在一九八九年容許傳播人員採訪大陸、並解禁與大陸間的電話・電報・傳眞等通訊。一九九〇年、進而再允許中國大陸的記者・學者・藝術家・運動選手・藝人等來台訪問。再進到一九九〇年一一月、國民黨即設立「**財團法人海峽交流基金會**」（「海基會」、會長辜振甫）、爲對大陸談判形式上的民間機關、授權處理雙方的經濟・民事爭紛、發給從大陸入境台灣的簽證等業務。一九九一年四月、「**海峽交流基金會**」的代表前往北京訪問中共當局、與「**中國（中共）國務院台灣辦公室**」主任王兆國之間、做了事務上的接觸。一九九二年一一月、中國亦設立了自稱是民間團體「**海峽兩岸關係協會**」（「海協會」、會長汪道涵）。到了一九九三年四月、兩會會長於新加坡進行會談、爲了擴大中台間民間交流、確定今後繼續接觸的機會。一九九五年一月於北京、舉行第三屆兩會首腦會談與第七屆業務協議、協定「**送返劫機犯**」與「**送還違法入國者**」的處理模式。

以如上政治關係轉變爲基礎、經貿方面亦有了極大轉變、台灣引起「**中國經貿熱**」、從一九八〇年代、經由香港的中台間接貿易快速增加、一九八九年五月、在北京舉行的「**亞細亞開發銀行**」總會、國民黨亦派遣代表前往參加。結果、一九八九年雙方的貿易總額達三四億美元（這是官方數字、實際上有其三倍以上）、一九九〇年七月、再在北京舉行「**海峽兩岸貿易投資共同研究會**」、此時台灣派遣五〇〇廠商人員參加。一九九四年、中台貿易總額被發表爲一六〇億美元（據說在香港「台灣工商會」幹部推測、實際上台灣在中國大陸投資設廠已達一萬件、投資總額估計已超過三〇〇億美元）、台灣對大陸的投資設廠迅速發展（參閱表209）、近來（一九九七年底）、台灣大小資本投資大陸已達五四〇億美元。

如上概觀中台經貿關係、可以看到如下的特點：

一、中共擴大並深化對台經貿關係、準備作爲「統一中國」的重要工具之一、就是統戰政策的一環。

二、中共即在一九八八年公佈「**鼓勵台灣同胞投資規定**」、擬以擴大並深化中台貿易規模、做爲吸收台灣資金與技術的途徑、並與台商建立政治關係。

三、中共以所謂「**糖蟻政策**」、收買或利誘更多的台資流向大陸。

四、中共運用「**以台制台**」政策吸收更多台灣資金、生產技術及企業管理經驗等、並發揮政治作用、做爲「**三通**」與「**統一**」的長遠計劃、或做爲「**武力犯台**」的補助作用。

五、中共積極獎勵與利誘台資流入大陸、以期牽制台灣的政治經濟等作用、必要時更可使台商受其控制。

如此、台灣與中國的經貿發展快速、香港已成爲台灣出口貿易僅次於美國的貿易地區。同時、台灣也成爲中國的第四外來資本來源(香港・美國・日本・台灣)。因此中台間經貿投資發展所造成的利弊得失須得深思。「**有些人**」認爲這種經貿關係可以解決台灣的資源與市場問題、以及勞工缺乏與資金充斥問題。

然而、中台經貿關係越擴大越深化、將可能造成台灣產業更加空洞化、資金更加外流、甚至經貿問題變成政治問題、而產生後患。因爲中台經貿非單純是經濟問題、中國(中共)一貫採取「**以商圍政**」、而擬在台灣島內外培植「**犯台**」時的政經「**內線**」、所以「**政治風險**」大於「**經濟風險**」。並且、台資過份流入大陸、造成臨到突然發生事情時脫離不掉險境而不能自拔。

近年來兩岸關係逐漸轉強、引發台灣資本對「**中國概念股**」已經投入中國市場。台灣股市所謂的「**中國概念股**」、指的是在中國大陸投資的個股。以目前三六〇餘家上市公司來統計、至中國大陸投

表 209-1　台灣上市公司大陸投資（中國概念股）一覽表(一)

公司名稱	總投資額(百萬美元)	總投資額佔股本比	96年認列盈餘(億元)	96年盈餘貢獻比率	97年認列盈餘(億元)	97年盈餘貢獻比率	96年認列每股盈餘(元)	97年認列每股盈餘(元)	96年投資報酬率	97年投資報酬率
亞泥	15.000	3.15%	0.00	0.00%	0.00	0.00%	0.00	0.00	0.00%	0.00%
嘉泥	30.000	15.62%	0.00	0.00%	0.00	0.00%	0.00	0.00	0.00%	0.00%
環泥	7.500	5.58%	0.00	0.00%	0.00	0.00%	0.00	0.00	0.00%	0.00%
味全	15.740	10.20%	0.50	34.48%	0.60	25.53%	0.12	0.14	11.51%	13.81%
益華	17.200	14.83%	0.00	0.00%	0.10	3.92%	0.00	0.03	0.00%	2.11%
大成	13.600	13.88%	0.40	11.43%	0.60	20.34%	0.15	0.22	10.66%	15.98%
中日	7.720	10.06%	0.40	38.10%	0.60	48.00%	0.19	0.28	18.77%	28.16%
卜蜂	3.620	6.38%	0.20	12.12%	0.40	21.05%	0.13	0.26	20.02%	40.04%
統一	130.000	23.32%	0.60	1.53%	1.50	5.43%	0.04	0.10	1.67%	4.18%
泰山	0.750	0.92%	0.00	0.00%	0.00	0.00%	0.00	0.00	0.00%	0.00%
福壽	2.360	3.26%	0.00	0.00%	0.10	5.88%	0.00	0.05	0.00%	15.35%
台榮	2.840	6.53%	0.00	0.00%	0.00	0.00%	0.00	0.00	0.00%	0.00%
久津	6.500	17.90%	0.05	-45.45%	0.10	100.00%	0.05	0.10	2.79%	5.57%
源益	2.400	4.70%	0.00	0.00%	0.10	6.25%	0.00	0.07	0.00%	15.10%
佳格	11.000	25.49%	0.20	3.60%	0.40	6.50%	0.17	0.34	6.59%	13.18%
南亞	306.200	34.68%	0.00	0.00%	0.20	0.21%	0.00	0.01	0.00%	0.24%
台聚	0.810	0.47%	0.00	0.00%	0.00	0.00%	0.00	0.00	0.00%	0.00%
聯成	5.600	3.44%	0.03	0.73%	0.15	5.79%	0.01	0.03	1.94%	9.70%
達新	2.804	4.22%	0.50	20.83%	0.75	21.87%	0.27	0.41	64.61%	96.91%
中紡	50.000	16.25%	3.60	363.64%	4.00	146.52%	0.42	0.47	26.09%	28.99%
廣豐	6.400	5.64%	0.00	0.00%	0.00	0.00%	0.00	0.00	0.00%	0.00%
嘉裕	15.000	16.56%	0.30	30.00%	0.50	38.46%	0.12	0.20	7.25%	12.08%
東華	5.930	6.51%	-0.02	-1.05%	-0.01	-0.56%	-0.01	0.00	-1.22%	-0.61%
民興	2.880	10.50%	0.00	0.00%	0.00	0.00%	0.00	0.00	0.00%	0.00%
利華	10.000	15.40%	0.50	35.14%	0.70	42.94%	0.28	0.39	18.18%	25.15%
福懋	75.940	19.87%	-0.18	-1.54%	0.00	0.00%	-0.02	0.00	-0.86%	0.00%
新藝	14.000	32.89%	0.50	39.68%	0.50	42.02%	0.43	0.43	12.94%	12.94%
士電	6.300	5.70%	0.00	0.00%	0.00	0.00%	0.00	0.00	0.00%	0.00%
永大	5.000	4.49%	0.00	0.00%	0.00	0.00%	0.00	0.00	0.00%	0.00%
元富	12.500	35.38%	0.00	0.00%	0.24	21.24%	0.00	0.25	0.00%	6.96%
華電	7.800	11.04%	0.00	0.00%	0.00	0.00%	0.00	0.00	0.00%	0.00%
聲寶	39.700	17.19%	0.37	4.07%	0.41	3.89%	0.06	0.06	3.38%	3.74%
華新	55.410	10.60%	1.00	8.16%	1.25	12.22%	0.07	0.09	6.15%	6.54%
中化	5.950	8.73%	-0.20	95.24%	0.40	26.49%	-0.11	0.21	-12.18%	24.36%
榮化	9.800	9.43%	0.00	0.00%	0.00	0.00%	0.00	0.00	0.00%	0.00%
葡萄王	4.900	15.56%	0.00	0.00%	0.08	6.96%	0.00	0.09	0.00%	5.92%
和益	0.300	0.72%	0.01	2.17%	0.02	1.37%	0.01	0.02	12.08%	24.15%
永光	0.343	0.48%	0.00	0.00%	0.03	1.26%	0.00	0.02	0.00%	31.69%
亞化	10.200	16.64%	0.36	10.53%	0.40	9.26%	0.21	0.24	12.79%	14.21%
永信	10.000	23.61%	0.00	0.00%	0.00	0.00%	0.00	0.00	0.00%	0.00%
長興	6.000	10.06%	0.00	0.00%	0.00	0.00%	0.00	0.00	0.00%	0.00%

表209-2　台灣上市公司大陸投資（中國概念股）一覽表(二)

公司名稱	總投資額(百萬美元)	總投資額佔股本比	96年認列盈餘(億元)	96年盈餘貢獻比率	97年認列盈餘(億元)	97年盈餘貢獻比率	96年認列每股盈餘(元)	97年認列每股盈餘(元)	96年投資報酬率	97年投資報酬率
台玻	58.000	20.88%	1.80	4.76%	2.80	7.25%	0.23	0.37	11.24%	17.49%
凱聚	5.000	5.18%	-0.20	13.33%	-0.10	8.85%	-0.08	-0.04	-14.49%	-7.25%
羅馬	9.000	10.89%	0.00	0.00%	-0.20	-20.00%	0.00	-0.09	0.00%	-8.05%
中釉	7.500	27.13%	0.24	13.33%	0.60	31.58%	0.31	0.79	11.59%	28.99%
永豐餘	65.000	18.66%	0.00	0.00%	0.00	0.00%	0.00	0.00	0.00%	0.00%
榮成	0.600	0.68%	0.00	0.00%	0.00	0.00%	0.00	0.00	0.00%	0.00%
大鋼	3.000	5.42%	NA	NA	NA	NA	NA	NA	NA	NA
友力	3.000	4.47%	NA	NA	NA	NA	NA	NA	NA	NA
春源	9.330	6.29%	0.05	0.88%	0.06	1.11%	0.01	0.01	1.94%	2.33%
名佳利	5.000	15.74%	NA	NA	NA	NA	NA	NA	NA	NA
台橡	63.000	47.03%	0.00	0.00%	0.00	0.00%	0.00	0.00	0.00%	0.00%
正新	137.900	75.89%	3.85	35.16%	4.20	34.04%	0.77	0.84	10.12%	11.04%
建大	43.150	73.29%	2.50	86.21%	3.00	81.08%	1.54	1.85	20.99%	25.19%
厚生	0.098	0.10%	0.00	0.00%	0.00	0.00%	0.00	0.00	0.00%	0.00%
中華	29.800	14.19%	-0.20	-1.05%	-0.10	-0.51%	-0.03	-0.02	2.43%	-1.22%
麗正	4.500	13.05%	0.33	-12.22%	0.36	-12.41%	0.35	0.38	26.57%	28.99%
誠洲	4.000	2.69%	0.71	12.66%	1.07	15.74%	0.17	0.26	98.73%	146.74%
全友	5.000	5.58%	-0.15	-3.07%	0.90	15.36%	-0.06	0.36	-10.87%	65.22%
台達電	13.870	12.85%	11.90	66.15%	13.50	65.57%	3.99	4.53	310.86%	352.65%
華通	26.000	32.68%	NA	NA	NA	NA	NA	NA	NA	NA
楠梓電	20.000	44.59%	0.02	0.30%	0.24	3.04%	0.02	0.19	0.36%	4.35%
鴻海	13.000	15.74%	3.80	23.17%	5.30	31.74%	1.67	2.33	105.91%	147.71%
致福	10.900	11.31%	0.65	4.81%	0.97	6.17%	0.17	0.27	44.21%	64.82%
廣宇	4.000	14.38%	-0.12	-17.65%	0.42	41.18%	-0.16	0.55	-10.87%	38.04%
致伸	0.770	2.15%	0.10	3.36%	0.25	6.60%	0.10	0.25	47.05%	117.64%
太設	19.700	6.13%	1.01	15.19%	0.81	11.52%	0.11	0.09	18.58%	14.90%
長榮	11.290	1.99%	0.55	1.58%	1.38	3.57%	0.04	0.09	17.65%	44.29%
高林	0.156	0.16%	0.0024	0.06%	0.003	0.06%	0.00	0.00	5.57%	6.97%
震旦行	8.050	9.38%	-0.20	-5.88%	0.60	16.39%	-0.08	0.25	-9.00%	27.01%
工礦	2.000	7.83%	NA	NA	NA	NA	NA	NA	NA	NA
寶成	2.970	3.71%	2.00	41.24%	2.50	48.83%	0.91	1.13	243.99%	304.98%
大華	20.000	24.37%	0.00	0.00%	0.50	9.62%	0.00	0.22	0.00%	9.06%
興達	12.700	12.05%	0.20	-20.00%	0.40	57.14%	0.07	0.14	5.71%	11.41%
統一實	45.834	21.03%	0.60	7.55%	1.40	9.73%	0.10	0.23	4.76%	11.11%
和成	15.500	12.33%	0.00	0.00%	0.20	1.53%	0.00	0.06	0.00%	4.68%
櫻花	13.000	25.20%	0.60	22.14%	0.90	32.97%	0.42	0.63	16.72%	25.08%
美式	2.000	4.81%	-0.49	-67.12%	0.50	52.08%	-0.42	0.44	-88.77%	90.58%
美利達	10.000	31.51%	0.65	42.42%	0.80	46.51%	0.80	0.91	25.53%	28.99%
巨大	12.000	24.53%	0.80	20.51%	10.00	4.39%	0.59	0.74	24.15%	30.19%
優美	30.000	67.32%	NA	NA	NA	NA	NA	NA	NA	NA

（資料）　「建弘證券投資月刊」第70期，1997年7月8日

資設廠者、計有八一家、佔對外投資總家數約二二・五%。若以產業別來區分、以食品業一二家最多、其他業一一家居次、電子業一六家排第三、其他紡織業及化工業各八家、塑膠・玻璃・陶瓷・鋼鐵及橡膠業各四家、水泥・機電及電器纜業各三家、造紙業及百貨業各二家、汽車・營建及航運業各一家（參閱表209）。

4　黨國資本主義（跛腳資本主義）

(1)　何謂「黨國資本主義」

「……依我們的瞭解、台灣所號稱的〝三民主義經濟〞制度、既不是被批評爲資本家樂園的〝資本主義〞制度、也不是被批評爲大政府式的〝統制經濟〞制度。甚至也不是市場經濟與計劃經濟兼而有之的〝混合經濟〞制度。它實在是一種舉世無雙的混血怪胎、具有一些極端危險的病變基因、是當年孫文提倡三民主義時未能預料、也未能防範的。這個劣質體制結體、由外到裡可以細細剝離爲四層：一、最外面披的是〝自由經濟〞外套、容許市場運作與私人經濟活動、但政府往往隨心所欲、或明或暗地做選擇性的干預限制；二、裡面穿的是〝資本主義〞內衣、與輸誠的大資本家與外國大財閥曖昧勾結、對其他弱勢階級與基層團體則除非有所利用、否則少有理睬；三、脫去衣物的裝扮、裡面長著〝國家主義〞（現代法西斯主義——本書著者註）的身軀、政府不只是對民間經濟活動管手管腳、本身更是經濟社會的壓倒性構成份子、實質上大規模從事各類經濟活動、使政府預算與公營事業預算俱皆龐大臃腫、較諸社會主義國家（蘇聯・中華人民共和國等共產國家——本書著者註）亦不多讓；四、最嚴重的是、台灣經濟體制在以上層層遮掩之下、卻包藏了一個〝集權主義〞（個人獨裁主義——本書著者註）一黨專政的禍心、所有政府藉管制法規所壟斷的市場特權、或是藉經濟理由所創設的事業單位、都難逃被執政黨工具化的命運、以致政府高度掌控經濟發展方向與大量介入經濟的〃好處〃、與其說是反哺〃全民共享〃的民主理念、不如說是養肥一黨之私的陳倉便道、甚至國庫與黨庫之間的利益輸送、都在〃黨國一體〃的口號下、被不當的合理化。雖說台灣四十年來國民所得成長快速、但只要與執政黨所囊括的政治・經濟・社會資源相較、就可以清楚認識執政黨、多年〃作威作福〃的法西斯心態與〃無孔不入〃的剝削事實。一個恩威並施的主子、終究還是一個高高在上的統治者；一個穿金戴銀的奴僕、終究只是一個聽命乞憐的被統治者。統治與被統治的冷血政治關係、才是台灣四十年來〃經濟奇蹟〃下的眞正本質。對這樣一個黨政權術與政治利害相互糾纏的體制、我們無以名之、姑且稱爲〃黨國資本主義〃、以描繪其政黨凌駕國家、資本排擠民主的惡質寫照；而解構黨國資本主義、才是我們心中台灣民營化政策的終極目標與意義」（參閱陳師孟・林忠正・朱敬一・張清溪・施俊吉・劉錦添合著「解構黨國資本主義」一九九二年 P.23）。

如上述自「解構黨國資本主義」引典的一文、是在不少學徒成爲統治者及其經濟機關的御用學者的台灣學術社會中、由一群擁有深厚的學問基礎、並富有純精學術良心與客觀公平的素養、且對於現實台灣的政治經濟有了深切理解的經濟學者、對於不公、不義甚至充滿罪惡的國民黨集團「中華民國」倣效日本帝國主義而殖民統治台灣的本質及其運行、加以學術分析與批判、一言道破其眞面貌。

本書著者把這所謂「黨國資本主義」、歷來稱之爲「殖民統治下的跛脚資本主義」。

讀了這一段文章之後、我們可以深入理解中國國民黨統治集團、即以「黨」所控制的政治結構與軍・警・特等情治暴力結構爲工具、壟斷台灣的整個經濟結構・資源及利益、反過來、再以所壟斷於掌中的經濟力量、做爲一人獨裁一黨專政統治的物質基礎、進而再以政治力量與經濟力量的總結合體制、全面支配社會・文化・教育・思想・宗教等一切生活而來的軍閥法西斯殖民統治。

換言之、政治獨裁與經濟壟斷（參閱表210―240）、以及文化教育與大衆媒體掌控、就是中國國民黨集團及其幫兇台灣買辦份子爲了建立殖民統治體制所互保互助的三足鼎立。所以、若不把這三大抵柱一併推翻、光想只把所謂「**政治民主化**」、是不可能拔掉國民黨專政殖民統治的體制根源。在這個情況之下、今日國民黨所標榜的所謂「**民主改革**」、只是自欺欺人的「**假**」民主改革而已。

(2)　「黨國資本主義」的開端與肥壯

戰前、蔣家「**國民政府**」統治中國大陸時、已以「**四行聯合辦事總處**」（中國金融獨佔的最高組織、理事主席蔣介石、秘書長徐堪、副秘書長徐柏園）、做爲壟斷中國經濟命脈的工具。後來（一九四八年）、該總處改稱「**中央信託局**」（局長兪國華）、搬到台灣來、成爲初期壟斷整個台灣經濟體系與運行的中心機關（參閱P.733）。

繼之、第二次大戰後、在重慶的國民政府、公佈「**台灣省接收日產企業處理實施辦法**」、以中央經濟部直屬的「**資源委員會**」（經濟部長翁文灝兼任主任）、接收日本在台殖民經濟體系的日本企業・工廠・土地・房地產等整個產業設施、尤其近代企業包括金融銀行・交通通訊・運輸倉庫・工鑛業・金屬冶金・機械工業・化學工業・水力電力・造船航業・土木工程、以及農業加工業的糖米・菸酒・林務等重要產業。日帝末期、資本規模二〇萬日幣以上的近代企業將近六〇萬家（其中、台籍企業只佔總企業數二一%、總資本的九%而已）。這些日本的近代化巨大企業、經過「**國民政府**」以「**敵產**」名目總數接收或併呑、都歸國民政府與國民黨所有或控制（參閱P.734）、這成爲中國國民黨全面壟斷台灣經濟體系的本錢。

一九四九年、蔣家國民政府敗退台灣、南京政府的所謂「**公營企業**」（中央信託局・招商局・中國石油・中國紡織・中央銀行・中國銀行・交通銀行・農民銀行等）、亦跟隨國民政府轉移來台。這些自日本接收產業爲主要、加上從大陸轉移來台的極少數企業、就是構成後來肥壯爲「**黨國資本主義**」骨幹的早期「**官營事業**」。

爾後四〇年來、官營黨營事業一貫是壟斷台灣經濟命脈、控制台灣經濟資源、並成爲殖民統治經濟基礎的重要工具。這種情況之下、官營黨營事業不斷膨脹、並普遍滲透於各行各業、這些早期的官營黨營事業、主要目的在於控制軍事物資與剝削生產剩餘。

後來（一九六〇年代）、台灣經濟隨著客觀環境的變化、以新成立的公營事業（一九六八年設立「中國石油化學工業開發公司」、一九七〇年設立「中台化工公司」「中國磷業公司」「中國鋼鐵公司」「中國造船公司」等）、並以軍方直接或透過「退除役官兵輔導委員會」（一九六四年依法令成立、早期之壟斷軍需工業・土木營建工事・天然氣供銷系統）、從新侵入經濟領域、控制生產、與民爭利。

在往下（一九七〇年代以後）、黨公營事業更加猖獗、除了軍方成立各種各樣事業之外、所謂「**隱藏性**」黨公營事業蓬勃發展。什麼叫著「**隱藏性**」黨公業事業？即、政府及黨透過「**公營財團法人**」、直接從事營利事業、尤其是「**公營財團法人**」「**公營事業**」以及「**國民黨**」「**退輔會**」「**救國團**」轉投資而成立。這些均被以法歸類爲「**民營事業**」。這些所謂「**民營事業**」、因依「**法**」不算是公營事業、所以不必受法律上的審計與監督、其實、經營權卻完全受「**政府**」「**黨**」所控制、與檯面上的黨國營事業並無兩樣、只使黨國營事業「**隱藏化**」而已。

這些名義上「**民營**」但實際上是黨國營公司、數以百計、每公司企業資本額平均五億元以上、其總資本額已高達一〇〇兆元、它們「**隱藏化公營事業**」、均大舉利用政府權力與資本特權滾利、所以獲利額外巨大、都遭國民黨集團分贓下去。

還有就是「**國民黨投資事業管理委員會**」（主委劉泰英）的「**黨營事業**」。隨著公營事業與隱藏性公營事業在經濟・社會上深化廣化、「**黨營**」在政府無聲無息的滋養與栽培下開始茁壯、與公營事業體系形成了一個裡應外合的「**共犯合作**」。爲了國民黨集團的利益、以經濟財力養護政治權力、以政治權力再斂收經濟財力、甚至不惜包攬公權力爲私用等等、爲當今自由世界無雙的異例。

目前（一九九六年現在）已知的純國民黨黨營事業約有一七一家、直屬國民黨部財委會管理、其未重估的總資本約在一〇〇兆元左右。而總資產在股市狂漲前爲一千一四六・三億元。由於國民黨在這幾年股市翻騰期間、炒作手段狠準、內線傳聞不斷、時至今日、其總資產應已超過一〇兆元以上（一九九七年八月數字）、至於再由這一七一家黨營事業轉投資的企業、總數可能以千家數、因而「**黨財委會**」可能已成爲僅次於公營金融投資機構的最大控股集團（參閱表233）。

從「**國民黨黨營事業要覽**」中、可以歸納出國民黨黨營事業的基本特質如下：

一、「**中華開發**」（董事長劉泰英）與公營事業共同出資經營（將要開設「工業銀行」）台灣證券交易所、復華證券金融、台灣船舶清艙公司、中華票券、中鼎工程、中國鋼鐵結構、台灣石化合成等。其他、合作對象包括中油・台電・中鋼・台銀・交銀・土銀・行政院・退輔會・行政院開發基金會等。

二、「**中央投資**」「**中華信託投資公司**」（將要開設「環球商業銀行」）寡佔事業金融業、保險業及證券投資信託業等、中華信託投資公司（一九五九年成立）獨家包攬美援相對基金轉貸業務、中央銀行與經合會貸款轉貸業務等、中華開發信託轉投資公司、國際證券投資信託公司、中國商業銀行等。

三、傳播事業

中國廣播公司・中國電視公司・聯合報・中央通訊社・中央日報社・正中書局・中央電影公司等。

四、「**光華投資公司**」以民間大企業大財團爲合作對象

一九八八年七月徐立德主掌國民黨財委會以來、轉爲以民間大財團爲合夥對象、太子與聲寶電訊公司、與東帝士、光男等企業集資籌組「**華信銀行**」、與東雲・永豐餘・新光・台塑・台泥・大同・裕隆・華隆・長榮等大企業建立合資關係、而建立「**黨・政・資本家**」的結合體。這就是以前或明或暗的「**官商勾結**」「**利益輸送**」愈加緊密、藉以使「**黨國資本主義**」更爲顚撲不破。

五、「**青年反共救國團**」、是黨營事業中的一個台柱

青年反共救國團、在全省各地的一八個團委會、都以特權佔用公有「**機關用地**」(參閱表217)。救國團在全國著名風景區均劃地建立活動中心、對外收取租金或服務費、成爲台灣旅遊一個得天獨厚的壟斷事業。除此之外、救國團另有一些從屬單位、如「**幼獅文化出版事業**」等。

六、「**退除役官兵輔導委員會**」、也是與國民黨「**同根生**」、屬於高度寡佔的特權集團

其中、大型公共工程的「**榮工處**」或幾家客運公司等、都屬高度寡佔的特權公司(參閱216)。「**退除役官兵安置基金會**」、可以擺脫「**國會**」民意監督、成爲「**經濟租界**」。

中國國民黨長期殖民統治台灣、從初就造成「**黨政不分**」「**國庫通黨庫**」、使得黨營事業實爲國營事業的變種。就是說、所謂「**黨**」營事業、只披著「**民**」營的羊皮、經常與「**隱藏性**」公營事業同流合污、利用政府的各種特權、壟斷台灣經濟、奪取特定利益(以上敘述參考「黨國資本主義」)。

如此、公營事業、黨營事業、以及隱藏性公黨營事業(民營事業)、共同構成著國民黨統治下壟斷性

台灣經濟體系、成爲殖民統治體系不可缺欠的經濟壟斷部份。

今日台灣、黨國資本主義體系、已成爲少數既得利益者的禁臠。所謂「**既得利益者**」、包括黨・政・軍、與民意機關、與公營事業掛勾的特權企業、以及公營事業工會等。

寄生於這種黨團混合體的國民黨人及其同路人、爲了堅守這個壟斷的經濟特權體系、絕不能放棄維護這些經濟特權存在的政治權力、必須以「**假**」民主政治中的政客政商等（買辦台灣人在內）而來掩蓋與維持、與其經濟利益緊密糾纏的權力體制、才能存在下去。

「**台灣黨國資本主義**」、也以一大群「**台灣人買辦財團**」爲其幫手、互相勾結互相分贓、把台灣近代企業壟斷於掌中、其控制全台灣經濟規模之大、其政治基礎之堅固、由如下諸表可以窺看之端倪。國民黨是以「**控股公司**」與「**台灣買辦財團**」、把黨國資本的龐大企業化整爲零、四處分散、而來使人無法看到其壟斷整個台灣的經濟體系。

表210　與黨國企業勾結的台灣人買辦財團系統

一	辜振甫財團	日帝時台奸辜顯榮之子、國民黨中常委、台灣人第一號經濟買辦、台灣水泥公司獨霸經營者、辜振甫財團資本市值佔台灣股票上市總市值三・五四%、負責黨國集團的國際金融外交
二	辜濂松財團	辜顯榮之孫、台灣人經濟買辦、和信財團負責人、中國信託商業銀行董事長、黨國財團台灣北部財團的重要財團
三	王又曾財團	浙江財團、中國力霸財團負責人、負責在台中國人財團的重要財團
四	高清愿財團	吳三連台南幫統一財團負責人、台人經濟買辦、台灣南部財團的重要財團
五	曾振農財團	台灣中部國民黨樁腳、台灣中部財團的重要財團

六　中華開發信託公司　負責人劉泰英、辜振甫・謝森中系統、負責黨營事業總策劃、與李登輝有熱線電話、企圖新設「台灣工業銀行」、擬把整個國有企業名目上「民營化」、藉以隱藏黨國資本與企業
七　中央投資公司　負責人陳鑫、國民黨第一控股公司、負責國民黨的炒作台灣股票交易
八　華夏投資公司　負責國民黨的中國大陸投資連絡工作
九　光華投資公司　負責台灣土地・建築事業操縱
一〇　啓聖實業公司　負責國際貿易、控制台灣進出口事業之操縱
一一　威京財團　負責人沈慶京、執行中華開發信託公司劉泰英的指示、炒作股票・土地
一二　勤業會計師　負責做假帳及股票上市帳目
一三　中國國際商業銀行　負責外匯調節
一四　侯雨利台南幫財團　負責人侯貞雄、航太事業（漢翔）
一五　王玉雲高雄財團　台灣人政治買辦、中興銀行董事長
一六　陳田錨財團　日帝時代買辦陳仲和之孫、高雄市議會議長、群益證券公司・大衆銀行董事長
一七　峰安財團　負責人朱安雄、峰安鋼鐵負責人
一八　尖美建設財團　國民黨外圍椿腳（高・屏・澎湖）
一九　華王財團　負責人吳耀庭、高雄大統百貨公司・大新百貨公司・伊勢丹百貨公司・華王大飯店負責人
二〇　宏國財團　負責人林榮三、三重幫土地財團負責人、聯邦銀行、財團、證券、自由時報發行人與自立報系負責人、控制台灣媒體
二一　國泰集團　總裁蔡萬霖
二二　台塑集團　總裁王永慶、總經理李志村（李科永之子）
二三　新光集團　董事長吳東進、副董事長（財務長）吳家祿

表211 經濟部直接投資事業、所屬財團法人及其轉投資事業

一、經濟部直接投資事業（共9家）

1.中毅潤滑油
4.中興紙業
7.耀華玻璃（管理委員會）
2.中華紙漿
5.台灣自來水
8.朱拜爾肥料
3.海外林業開發
6.聯華電子
9.盟立自動化

二、經濟部所屬財團法人及其轉投資事業

1.中國技術服務社	＊中鼎工程公司（57%，259m）
	泛亞工程建設公司（35%，37m）
	台北世貿中心公司（8.3%，5m）
2.中華電腦中心	＊華經資訊公司（10%，10m）
	華興資訊公司（10%，10m）
	中華誠豐電腦（33%，7m）
	國際電腦（0.6m）
3.工業技術研究院	前瞻科技開發公司（20%，0.2m）
	創新工業技術移轉公司（100%，200m）
4.台灣機電工程服務社	沙烏地阿拉伯電力服務公司（50%，53.7m）
5.資訊工業策進會	宏基資訊公司（99%，100m）
6.外貿協會	世貿中心國貿大樓公司（31%，280m）
	世貿中心公司（100%，74m）
7.台灣雜糧發展基金會	遠東倉儲公司（14%，121m）
	＊保生製藥（4%，10m）
8.生物技術開發中心	＊保生製藥（5%，11.9m）
9.台灣糖業協會	糖福企業（55%，5.5m）
10.紡織業外銷拓展會	全聯國際貿易（98%，19m）

11.食品工業發展研究所
12.中興工程顧問社
13.聯合船舶設計發展中心
14.中華經濟研究院
15.中國生產力中心
16.台灣手工業推廣中心
17.中國紡織工業研究中心
18.金屬工業發展中心
19.台灣大電力研究試驗中心
20.非破壞檢測協會
21.欣然氣體燃料事業研究社
22.台灣電子檢驗中心
23.中華聯合徵信中心
24.農業工程研究中心

（說明） 括弧內爲持股比例及資本總額（m代表新台幣百萬元）；
＊爲參有國民黨投資之企業；台灣糖業協會與台糖公司雖無法律上的資金關係，但業務上仍被經濟部歸爲公營捐助性質。

（資料） 「卓越」(1989, 3) P.25；「國家政策季刊」4,(1989,12)P.51-52；「黨國資本主義」P.76

表212　台灣主要公營事業機關國營部份（共55家）

經濟部（共10家）
- 台灣糖業股份有限公司
- 台灣製鹽廠
- 台灣肥料股份有限公司
- 中國鋼鐵股份有限公司
- 台灣機械股份有限公司
- 台灣造船股份有限公司
- 中華工程股份有限公司
- 中國石油股份有限公司
- 台灣電力股份有限公司
- 中國石油化學工業開發股份有限公司

財政部（8家）
- 交通銀行
- 中國農民銀行
- 中國輸出入銀行
- 中央信託局
- 中國再保險股份有限公司
- 中國產物保險股份有限公司
- 中央存款保險股份有限公司
- 交銀歐洲股份有限公司

交通部（共5家）
- 郵政總局
- 電信總局
- 陽明海運股份有限公司
- 招商局輪船股份有限公司
- 郵政儲金匯業局

行政院主管（共3家）
- 中央銀行
- 中央造幣廠
- 中央印製廠

行政院衛生署
- 麻醉藥品經理處

行政院退輔會（共28家）
- 楠梓工廠
- 榮民製毯工廠
- 台北榮民技術勞動中心
- 高雄榮民技術勞動中心
- 台中港船舶服務中心
- 清境農場 ┐
- 福壽山農場 ├ 農業開發處
- 武陵農場 ┘
- 榮民工程事業管理處
- 台中木材加工廠及新竹分廠
- 食品工廠
- 台北鐵工廠
- 森林開發處
- 海洋漁業開發處
- 魚殖管理處
- 榮民礦業開發處
- 農業開發處
- 榮民印刷廠
- 榮民製藥廠
- 榮民氣體廠
- 榮民化工廠
- 彰化工廠
- 塑膠工廠
- 冷凍加工廠
- 台北紙廠
- 桃園工廠
- 岡山工廠
- 龍崎工廠

（資料）　「黨國資本主義」P.51
　　　　　「國家政策」4, 1989, P.46

表213　台灣主要公營事業機關省營部份（共35家）

高雄硫酸錏公司	石門水庫管理局
中興紙業公司	曾文水庫管理局
唐榮鐵工廠	台灣省自來水公司
台灣農工企業公司	台灣省政府印刷廠
台灣省林務局	台灣新生報業公司
台灣省糧食局	台灣書店
台灣省物資局	台灣電視公司
台灣省林業試業所	台灣省菸酒公賣局（由財政部主管、台灣省政府經營）
台灣省鐵路管理局	
台灣汽車客運股份有限公司	高雄市與台北市經營（共7家）
台灣省航業公司	台北市銀行
台灣省鐵路貨物搬運公司	台北市公營當舖
基隆港務局	台北市政府印刷所
高雄港務局	台北市公共汽車管理處
花蓮港務局	台北市自來水事業處
台中港務局	高雄市銀行
台灣銀行	高雄市公共車船
台灣土地銀行	縣市營事業（共8家）
台灣省合作金庫	基隆市公共汽車
第一商業銀行	台北縣印刷所
華南商業銀行	新竹縣瓦斯
彰化商業銀行	台中縣示範林場
台灣中小企業銀行	雲林縣經濟農場
台灣土地開發信託投資公司	嘉義市公庫
台灣人壽保險公司	台東輪船
台灣產物保險公司	澎湖縣公共車船
台閩區勞工保險局	

（資料）　「黨國資本主義」P.52
　　　　　「國家政策」4, 1989, P.46

表 214　公、官營事業資產營運比較表

項　　目	資產總額（台幣億元）	營收總額（台幣億元）	盈餘總額（台幣億元）	獲利率（盈餘÷營收）	資產生產力（營收÷資產）
國營事業（26家）	45980	6938	1059	0.15	0.15
（非金融業部份17家）	(12978)	(5011)	(745)	(0.15)	(0.38)
省營事業（34家）	34586	3511	638	0.18	0.10
〔不包括公賣局的33家〕	[33814]	[2785]	[165]	[0.16]	[0.08]
（非金融業部份23家）	(3831)	(1599)	(527)	(0.32)	(0.41)
公營事業合計（60家）	80566	9909	1697	0.17	0.12
（非金融業部份40家）	(16809)	(6610)	(1272)	(0.19)	(0.39)
民營製造業前500大	10436	12605	1110	0.09	1.2
公營與民營比	7.7倍	0.78倍	1.53倍	1.8倍	0.1倍
（非金融公營事業與民營比）	(1.6倍)	(0.52倍)	(1.15倍)	(2.1倍)	(0.3倍)

（說明）　1. 公營事業之數字爲 1988 會計年度（自 1987 年 7 月 1 日－ 1988 年 6 月 30 日）預算數；

2. 民營事業之數字爲 1987 年（自 1987 年 1 月 1 日－ 1987 年 12 月 31 日）；

3. 民營 500 大中，至少包含台苯、中興電台、中美和等 10 家以上的隱藏性官方事業或黨營事業，其營收總額約爲 270 億；

4. 本表中國、省兩者資料均不包含退輔會（營收額估計約 650 億，其中榮工處即佔 270 億）；

5. 官方資料上，省營事業只列 33 家，本表加上菸酒公賣局後爲 34 家，該年度公賣局資產 772 億，營收 726 億，盈餘 473 億，獲利率爲 65%，盈餘獨佔全體省營事業盈餘合計的 74%；

6. 經 1988 年度決算結果，國營事業營收爲 7741 億，較預算數超出 11%，盈餘爲 1387 億，超出 31%。省營事業盈餘 810 億，超出預算 27%。

（資料）　「卓越」(1989, 3), 第 27 頁；「黨國資本主義」p.113

表 215　經濟部所屬國營事業與前三百名民營企業之績效比較

年代	國營			民營		
	營業獲利率	淨值獲利率	資產獲利率	營業獲利率	淨值獲利率	資產獲利率
1977	3.53	9.51	3.79	5.51	13.77	5.12
1978	2.01	4.95	2.05	7.43	21.22	7.90
1979	3.58	9.94	4.04	7.65	23.11	8.55
1980	2.64	8.03	2.94	5.06	15.45	5.61
1981	3.25	10.62	3.62	2.47	7.07	2.56
1982	2.45	7.29	2.69	2.10	5.36	1.95
1983	2.66	6.62	2.71	5.04	14.35	5.25
1984	5.64	13.31	5.81	5.86	16.66	6.35
1985	5.87	12.46	5.93	4.65	12.05	4.86

（資料）　顏吉利 (1989), 第 135 頁；「黨國資本主義」p.112

表216　官營事業與政府之資本毛額、生產毛額營業盈餘與雇用人數（新台幣百萬元，千人）

項　　　目	1951	1960	1970	1980	1990
國內資本形成毛額	1,779	12,618	57,886	503,911	942,609
民　　營	799	6,908	34,709	259,544	495,240
	(44.9)	(54.7)	(60.0)	(51.5)	(52.5)
公　　營	767	4,272	16,586	177,415	223,380
	(43.1)	(33.9)	(28.6)	(35.2)	(23.7)
政　　府	213	1,438	6,591	66,952	223,989
	(12.0)	(11.4)	(11.4)	(13.3)	(23.8)
國內生產毛額	12,328	62,507	226,805	1,491,059	4,245,685
					3,878,547*
民　　營	8,860	45,470	160,859	1,119,766	3,000,864*
	(71.9)	(72.7)	(70.9)	(75.1)	(77.4)
公　　營	2,130	10,380	39,967	227,019	493,329*
	(17.3)	(16.7)	(17.6)	(15.2)	(12.7)
政　　府	1,338	6,657	25,979	144,274	384,324*
	(10.9)	(10.7)	(11.5)	(9.7)	(9.9)
營業盈餘總計	6,145	26,801	80,688	448,984	1,135,921*
民　　營	5,516	23,616	66,810	396,382	1,039,577*
	(89.8)	(88.1)	(82.9)	(88.3)	(91.5)
公　　營	629	3,185	13,798	52,602	96,344*
	(10.2)	(11.9)	(17.1)	(11.7)	(8.5)
總　就　業	2.893	3,473	4,576	6,547	8,258*
受公部門雇用	361	487	578	815	943*
	(12.5)	(14.0)	(12.6)	(12.4)	(11.4)
受私人雇用	632	907	1,750	3,400	4,624*
	(21.8)	(26.1)	(38.2)	(51.9)	(56.0)

（說明）　括號內的數字，是公、民營企業與政府部門在各年該項所佔之百分比；就業之公部門包括公營事業與政府部門；＊爲 1989 年資料。

（資料）　「中華民國台灣地區國民所得」(1990), 第 35 、 82-83 、 121 頁；「台灣地區勞動力各行業就業及失業人口資料銜接與調整說明」(1982)；「台灣地區人力資源統計月報」205(1990,11)；「黨國資本主義」p.111

表217　退輔會事業轉投資之「民營」企業（共43家公司）

＊1.欣欣天然氣	16.欣欣客運	31.美國華安
＊2.欣高天然氣	17.欣欣通運	32.中國國貨推廣中心
＊3.欣隆天然氣	18.大南汽車	＊33.欣欣大衆
4.欣中天然氣	19.欣欣電子	34.欣欣水泥
5.欣彰天然氣	20.欣電電信	35.中心醫療用品工業
6.欣桃天然氣	21.邦信電器	36.華良股份
7.欣南天然氣	22.榮電公司	37.欣欣木業
8.欣林天然氣	23.榮裕裝訂	38.榮僑投資
＊9.欣泰天然氣	24.華欣綜合印製工業	39.榮友貿易
10.欣湖天然氣	25.華欣文化	40.欣欣實業
11.欣雄天然氣	26.中華紙漿	41.萬邦電子
12.欣屏天然氣	27.欣欣蠶業	42.欣亞電子
13.欣嘉石油氣	＊28.國華海洋	43.中國土地開發
14.欣營石油氣	29.遠東氣工業	（另有中國海產貿易公司已
15.欣雲石油氣	30.泰欣冷凍	結束清算）

（說明）　國營事業部份原為1988年資料；＃表示在1989年總預算內新設；＊表示已知參有國民黨投資之企業；@表示該企業已不在1991年預算內，其中東聯化學、中國物產、台灣民生實業與復興實業等四家公司，在1990年中央政府總預算內明列撤資。

（資料）　「卓越」55(1989,3) P.24-25；「自由時報」1990年4月7日；「中華民國八十年度中央政府總預算案附屬單位預算及總計表（營業部份）」；行政院主計處第J36-J39頁；「八十一年度中央政府總預算」；「黨國資本主義」P.75

表218　救國團在各縣市辦公廳使用土地情形

縣　市	地主	有無取得同意	用地類別	建築物所有人
基隆市團委會（青年育樂中心）	陸總部	已取得同意	運動場	市政府
台南市團委會（台南學苑）	退輔會	教育部同意	住宅區	市政府
台中市團委會	市政府	借用	機關	救國團
台北縣團委會	縣政府	同意	機關	救國團
新竹團委會	縣政府	同意	機關	與縣府合建
苗栗縣團委會	縣政府	同意	行政區	救國團
台中縣團委會	縣政府	同意	商業區	與縣府合建
彰化縣團委會（青年育樂中心）	市公所	承租	風景區	市公所
南投團委會	縣政府	訂約租用	文教區	救國團
雲林縣團委會	縣政府	訂約使用	機關	救國團
嘉義團委會（嘉義學苑）	教育部	同意	住宅區	與教育部合建
台南縣團委會（文化中心）	縣政府	借用	公園	縣政府
高雄縣團委會	陸總部	撥借	機關	救國團
屏東縣團委會	縣政府	同意	公園	與縣府合建
花蓮縣團委會（花蓮學苑）	縣政府	同意	文教區	與縣府、教育廳合建
台東縣團委會	縣政府	同意	公園	與縣府合建
宜蘭縣團委會	市公所	同意	機關	救國團
澎湖縣團委會	教育部	代管	公園	救國團

（資料）　「民衆日報」1991年1月12日；「黨國資本主義」P.86

表 219　國營事業轉投資之「民營」企業（共 59 家公司）

1.台灣氰胺	31.國際證券投資信託
＊2.台灣證券交易所	32.世華聯合商銀
＊3.台灣建業	33.世貿中心國貿大樓
4.中美嘉吉飼料	34.建弘證券投資信託
＊5.國際票券金融	35.中國建築經理
＊6.中國鋼鐵結構	36.農業教育電影（停業）
@ 7.重機工程顧問	37.大輝國際貿易（停業）
8.台灣米漢納	＊38.大通建築經理
＊9.聯合大地工程顧問	39.中國航聯產物保險
＊10.國際視聽傳播	40.匯僑貿易
11.福聚公司	41.台灣國際標準電子
＊12.中美和石油化學	42.台灣吉悌電信
@＊13.東聯化學	43.美台電訊
＊14.中華票券金融	44.榮電公司
＊15.永嘉化學	45.中國貨櫃運輸
＊16.聯亞電機	@＊46.昆達福益電子
17.加拿大鄧昇資源	@＊47.中華貿易開發
18.高雄塑脂化學	@＊48.中興票券
＊19.台灣石化合成	@＊49.聯華電子
20.合迪化學	＃50.金鼎綜合證券
21.信昌化工（籌設中）	＃51.中鋼碳素化學
@ 22.台灣氰酸酯	＃52.台比
@ 23.高雄氟碳化學	＃53.大成證券
24.台灣志氯化學	＃54.台灣證券集中保管
@ 25.中國物產公司	＃55.國際建築經理
@ 26.台灣民生實業	56.桃園航勤服務
27.太平產物保險	57.台灣航業
＊28.中華開發保託	58.中宇環保（籌設中）
@ 29.復興航業	＊59.台翔航太（籌設中）
30.交運通租賃	

（資料）　「黨國資本主義」P.74；「卓越」55, 1989, P.24-25
「自由時報」1990 年 4 月 7 日；「中華民國八十年度中央政府總預算案附屬單位預算及總計表（營業部份）」
行政院主計處第 J36-J39 頁；「八十一年度中央政府總預算」

（說明）　國營事業部份原爲 1988 年資料；
＃表示在 1989 年總預算內新設；
＊表示已知參有國民黨投資之企業；
@表示該企業已不在 1991 年預算內，其中東聯化學、中國物產、台灣民生實業與復興實業等四家公司，在 1990 年中央政府總預算內明列撤資。

表 220　「假民營、真國營」——由各級政府投資持股雖未超過 50% 但已實際控制該公司者

公司名稱	官股持股情形	
中華紙漿公司	中央政府：19.17%	
	退輔會：6.04%	
	省政府：19.17%	合計 44.38%
合迪化學公司	中化公司：25%	
	交銀：20%	合計 45%
海外林業公司	經濟部：23.81%	
	省政府：23.81%	合計 47.62%
台視公司	台銀：14.84%	
	合庫：4.15%	
	一銀：7.49%	
	土銀：7.49%	
	華銀：7.49%	
	彰銀：7.49%	合計 48.95%
台灣米漢納公司	台機：24.5%	
	中船：24.5%	合計 49%

（資料）「中國時報」1990 年 11 月 3 日；「黨國資本主義」P.77

表 221　「假民營、真國營」——軍用國營事業轉投公司模式而實際持股比例達 50% 以上

公司名稱	官股持股情形	
朱拜耳肥料公司	台肥：50%	
	中央政府：19.17%	
	省府：19.17%	合計 88.34%
聯合大地工程顧問公司	中華工程：12.5%	
	中鋼結構：18.75%	
	榮工處：31.25%	合計 62.5%
中華票券金融公司	中油：5.19%	
	台電：5.75%	
	交銀：10.38%	
	行政院開發基金：36.7%	合計 58.02%
交運通租賃公司	交銀：40%	
	彰銀：10%	合計 50%

（資料）「中國時報」1990 年 11 月 3 日；「黨國資本主義」P.78

表 222　「假民營、真國營」——政府資本結合財團政黨資金持股比例達 50% 以上

公司名稱	官股持股情形	
華視公司	教育部：10.39%	
	國防部：29.36%	
	黎明文化公司：26.57%	合　計 66.32%
中美和公司	台　糖：41.03%	
	中央投資公司：25%	合　計 66.03%
國際視聽傳播公司	台視、中視、華視	
中國碳素化學公司	中　鋼：40%	
	中華開發：25%	
	中鼎工程：5%	合　計 70%
中國鋼鐵結構公司	中　鋼：23.6%	
	榮工處：19.19%	
	中央投資：17.6%	
	中華開發：13.08%	合　計 73.56%
聯亞電機製造	台　電：45.59%	
	中央投資：8.82%	合　計 54.41%
台灣石化合成公司	中國石化：37.88%	
	光華投資：18.94%	合　計 56.82%
大通建築經理公司	農民銀行：30%	
	中央投資公司：53.3%	合　計 83.3%
桃園航勤公司	民航局：45%	
	華　航：55%	合　計 100%
世貿中心國貿大樓	交　銀：25%	
	農　銀：12.5%	
	貿　協：31.25%	
	中央投資：31.25%	合　計 100%

（資料）　「中國時報」1990 年 11 月 3 日；「黨國資本主義」P.79

表223　高科技集團及傳統集團市值概況表

高科技集團

集團名稱		市值（億元）	總市值（億元）
光寶集團	光寶	448	962
	旭麗	172	
	源興	307	
	敦南	35	
宏碁集團	宏碁	1015	1405
	明碁	309	
	宏科	81	
日月光集團	日月光	1444	1571
	宏璟	127	
金寶集團	金寶	181	698
	仁寶	517	
華泰集團	華統	308	442
	矽統	134	
力捷集團	力捷	228	291
	精英	63	
台積電			5673
聯電			3362
國巨			646
鴻海			1110
華碩			1696
英業達			915
矽品			608
華通			664
旺宏			962
茂矽			953
華邦			986
聯強			396

傳統集團

集團名稱		市值（億元）	總市值（億元）
新光集團	新纖	173	2228
	新紡	134	
	新壽	1387	
	台新銀	244	
	台證	290	
燁隆集團	燁興	44	230
	燁隆	74	
	華輝	112	
霖園集團	國壽	4261	4847
	國建	586	
中信集團	台泥	597	1960
	福聚	70	
	國喬	114	
	中壽	173	
	中信銀	821	
	中信證	185	
亞東集團	亞泥	602	2160
	遠紡	763	
	宏遠	100	
	東聯	156	
	遠百	231	
	裕民	186	
	遠東銀	122	
台南幫	環泥	69	1704
	統一	893	
	南紡	240	
	南帝	29	
	太子	178	
	萬通銀	295	
華隆集團	華隆	401	590
	嘉畜	128	
	欣欣	61	
東帝士集團	建台	109	441
	東雲	332	
台塑集團	台塑	1365	4799
	南亞	1896	
	台化	792	
	福懋	294	
	大眾	452	

（資料）　台灣證券交易所

表224 國民黨黨營事業要覽

- 中央財委會
  - *1.* 中央投資
    - 1 台灣證券交易所（獨佔）
    - 2 中華開發信託（寡佔）
    - 3 中聯信託（寡佔）
    - 4 中國信託（寡佔）
    - 5 中華票券（寡佔）
    - 6 中加開發投資
    - 7 台苯石化（寡佔）
    - 8 東聯化學（寡佔）
    - 9 永嘉化學（寡佔）
    - 10 中美和（寡佔）
    - 11 厚生
    - 12 中國鋼鐵結構
    - 13 安鋒熱軋鋼廠（寡佔）
    - 14 建台水泥（寡佔）
    - 15 中華貿易開發
    - 16 中鼎工程（寡佔）
      - 中國鋼鐵結構
      - 中國碳素
    - 17 陽明海運
    - 18 國華海洋
    - 19 保生製藥
    - 20 國善電子
    - 21 環宇投資
      - 華煜紡織
      - 環宇科技
      - 環宇環保
      - 皓華
    - 22 昆達福益電子
    - 23 台灣積體電路
    - 24 聯亞電機
    - 25 台灣船舶清倉（獨佔）
    - 26 華經資訊
    - 27 國冀興業
    - 28 光男
    - 29 裕豐紗廠
    - 30 欣欣天然氣（獨佔）
    - 31 欣隆天然氣（獨佔）
    - 32 大通建築經理（寡佔）
    - 33 中央貿易開發
    - 34 台灣電訊網路（寡佔）
    - 35 華信銀行（籌備中）
    - 36 中加投資
    - 37 環宇財務顧問
    - 38 國際創業投資
    - 39 國際信託投資
    - 40 漢谷建設
    - 41 台翔航太
    - 42 華煜紡織
    - 43 環宇環保
    - 44 世貿中心國貿大樓
  - *2.* 光華投資
    - 1 復華證券金融（獨佔）
    - 2 聯華電子
    - 3 萬邦電子
    - 4 台灣石化合作（獨佔）
    - 5 欣欣大衆
    - 6 欣高石油氣（獨佔）
    - 7 永進生物科技
    - 8 金泰建設
    - 9 欣南天油氣（獨佔）
    - 10 欣嘉石油氣（獨佔）
    - 11 欣雲石油氣（獨佔）
    - 12 欣泰天油氣（獨佔）
    - 13 欣雄天油氣（獨佔）
    - 14 欣欣天然氣（獨佔）
    - 15 欣隆天然氣（獨佔）
    - 16 興業建設
    - 17 華信銀行
  - *3.* 齊魯企業
  - *4.* 裕台企業
  - *5.* 中央產業物保險（寡佔）
  - *6.* 中興電工
  - *7.* 中興票券金融（寡佔）
  - *8.* 景德製藥
  - *9.* 欣興電子（新興電子改組）
  - *10.* 台灣建業
  - *11.* 建華投資—大華證券
  - *12.* 啓聖投資—華信銀行

- 黨營文化事業——中央文工會
  - 中央通訊社
  - 中央日報社（政府機關、學校、官營事業必訂）
  - 中國廣播公司（寡佔）
  - 正中書局
  - 中華日報社
  - 香港時報社
  - 中央電影公司
  - 中國電視公司（寡佔）

救國團—各縣市、風景區、學校分部

（資料）　「財訊」(1989,11) 第56頁；「黨國資本主義」P.80, 81

表 225　黨官股份超過 50% 公司一覽表

合資公司名稱		官股部份			黨股部份			總計
		持股名義		小計	持股名義		小計	
1	國際投信	交銀 中信局 農銀 台銀	8 8 8 8	32	中投	22.4	22.4	54.4
2	國貿大樓	交銀 農銀	25 12.5	37.5	中投	31.25	31.25	68.75
3	永嘉化工	中油	2	2	中投	49	49	51
4	大華創投	交銀	25	25	中投	33.32	33.32	58.32
5	復華證金	台銀 土銀	14.77 14.77	29.54	光華	42.31	42.31	71.85
6	台視	台銀 合庫 土銀 一銀 華銀 彰銀	14.84 4.15 7.49 7.49 7.49 7.49	48.95	華夏	2.77	2.77	51.72
7	中興票券	台銀 一銀 土銀 華銀 台企銀	14.54 3.89 3.64 3.89 3.04	29	中投	39.82	39.82	68.82
8	中美和	中油	25	25	中投	25	25	50
9	聯亞電機	台電	45.59	45.59	中投	45.59	45.59	91.18
10	欣屏石油氣	退輔會	30	30	華夏	30	30	60
11	欣嘉石油氣	退輔會	39	39	華夏	30	30	69
12	欣營石油氣	退輔會	28.8	28.8	華夏	28.8	28.8	57.6
13	欣雲石油氣	退輔會	28.8	28.8	華夏	28.8	28.8	57.6
14	欣南石油氣	退輔會	28.2	28.2	華夏	28.2	28.2	56.4
15	欣高石油氣	退輔會	28.07	28.07	華夏	28.01	28.01	56.08
16	欣泰石油氣	退輔會	29.19	29.19	華夏	27.69	27.69	56.88
17	欣雄石油氣	退輔會	27.55	27.55	華夏	27.55	27.55	55.1
18	欣隆石油氣	退輔會	41.91	41.91	中投	10	10	51.91
19	國華海洋	退輔會	49.68	49.68	中投	18.31	18.31	67.99

（註）　①不含國民黨本身持股超過五〇％的黨官合資公司。②單位：％
（資料）　1995 年「財訊」四月號

表 226

劉泰英（本名）　1936 年 5 月 14 日生於台南縣

台北市（已遷入）

學歷：⑴台灣大學經濟系畢業

⑵美國羅徹斯特大學經濟碩士

⑶美國康乃爾大學經濟博士

經歷：財政部關務署副署長

淡江大學商學院院長

台灣經濟研究院院長

台灣綜合經濟研究院院長

現任：中華開發信託公司董事長

簽名、印章如下（大印是中華開發公司印）：

中 華 開 發 信 託 股 份 有 限 公 司

董　事　長 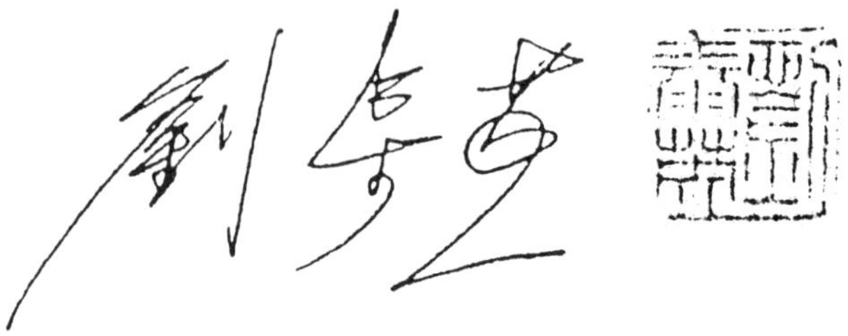

表 227　中華開發信託股份有限公司公開說明書摘要

實收金額：16,840 百萬元	總公司地址：台北市南京東路五段一二五號中華開發大樓	電話：(02)7638880

設立日期：1959 年 5 月 14 日　　公開發行日期：－年－月－日　　上市日期：1962 年 2 月 9 日

負責人：董事長 劉 泰 英 先生 總經理 胡 定 吾 先生	發言人：(姓名)陳 崑 永 先生 (職稱)執行副總經理
董事選任日期：1995 年 5 月　任期：3 年	監察人選任日期：1995 年 5 月　任期：3 年
全體董事持股比例：8.64%（1997 年 5 月 12 日）	全體監察人持股比例：3.70%（1997 年 5 月 12 日））

董事、監察人及持股前二十名股東及持東比例：（1997 年 5 月 12 日）

職稱	姓名		持股比例
董事長	昌泰投資股份有限公司代表人	劉泰英	0.01%
常務董事	中國國際商業銀行總管處代表人	白培英	2.01%
董事	〃	鄭世松	
常務董事	交通銀行總管理處代表人	趙捷謙	3.17%
常務董事	〃	陳寶川	
監察人	〃	陳國根	
常務董事	啓聖實業股份有限公司代表人	柯文福	0.53%
董事	〃	陳崑永	
董事	〃	王金平	
董事	〃	陳哲芳	
董事	〃	林瀚東	
董事	〃	郭 哲	
董事	〃	徐正冠	
董事	〃	劉維德	
董事	〃	張宗楝	
常駐監察人	〃	吳文曉	
監察人	〃	葉潛昭	
常務董事	台灣銀行代表人	何國華	2.40%
常務董事	潤泰紡織股份有限公司代表人	徐志漳	0.11%
董事	〃	柯順雄	
董事	〃	施大邵	
董事		胡定吾	0.01%
董事	上海商業儲蓄銀行代表人	周慶雄	0.40%
董事	金寶國際投資股份有限公司代表人	嵇國忠	0.00%

持股前二十名股東及持股比例

姓名	持股比例
交通銀行總管理處	3.17%
台灣銀行	2.40%
中央投資股份有限公司	2.21%
中國國際商業銀行總管理處	2.01%
齊魯企業股份有限公司	1.29%
中國石油化學工業開發股份有限公司	1.07%
光華投資股份有限公司	1.06%
陳重義	0.98%
耀華玻璃股份有限公司管理委員會	0.96%
裕台企業股份有限公司	0.85%
郵政儲金匯業局	0.69%
建華投資股份有限公司	0.58%
啓聖實業股份有限公司	0.53%
匯豐銀行託管英商盟球利資產管理公司專戶	0.50%
上海商業儲蓄銀行	0.40%
南山人壽保險股份有限公司	0.31%
陳重慶	0.30%
渣打銀行受託保管施羅德投資管理基金專戶	0.28%
陳明祥	0.28%
中央信託局－國甲	0.28%

主要營業項目：中長期授信、生產事業投資、資本市場、專案顧問、海外業務、信託資金。

營業概況	去（1995）年度	本（1996）年度	參閱本文之頁次
存款數額（千元）－信託資金	14,001,977	23,835,557	83、108 頁
放款數額（千元）	11,639,313	7,702,924	79、105 頁
營業收入（千元）	6,340,663	7,157,426	71、97 頁
稅前純益（千元）	4,189,281	5,323,524	71、97 頁
每股盈餘（元）	2.41（追溯調整後）	2.91	97、97 頁

本次公開說明書編印日期：1997 年 7 月 8 日　　編印目的：增資發行新股用。

表228　中華開發信託股份有限公司綜合持股比例

（1997.2.28）

轉投資事業	本公司投資		董事、監察人、經理人及直接或間接控制事業之投資		綜合投資	
	股數	持股比例(%)	股數	持股比例(%)	股數	持股比例(%)
中興電工機械公司	11,895,697	4.34	16,172,330	5.89	28,068,027	10.23
中亞創業投資公司	37,500	99.98	1	0.00	37,501	99.98
中歐創業投資公司	7,723,048	37.13	1,000	0.00	7,724,048	37.13
華夏租賃公司	39,199,560	49.00	31,956,000	39.95	71,155,560	88.95
佳鼎科技公司	1,200,000	3.26	2,000	0.01	1,202,000	3.27
台光電子材料公司	12,533,023	17.75	12,720,023	18.01	25,253,046	35.76
京華城投資公司	120,000,000	10.00	6,000,000	0.50	126,000,000	10.50
錸德科技公司	5,747,460	7.66	366,320	0.49	6,113,780	8.15
聯昌電子公司	2,671,600	6.55	1,578,000	3.87	4,249,600	10.42
佳茂精工公司	20,651,356	34.42	699,256	1.17	21,350,612	35.59
矽豐公司	8,510,994	4.88	6,564,365	3.76	15,075,359	8.64
耐能電子公司	5,100,000	10.20	4,860,000	9.72	9,960,000	19.92
新寶科技公司	2,703,447	2.44	1,352,400	1.22	4,055,847	3.66
三通精密公司	6,300,640	10.37	945,096	1.56	7,245,736	11.93
卓越光纖公司	5,000,000	12.50	2,000,000	5.00	7,000,000	17.50
美國英特格公司	1,458,630	4.48	2,331,353	7.16	3,789,983	11.64
宏碁電腦	14,001,888	0.99	50,000	0.00	14,051,888	0.99
證交所	22,376	7.01	41,559	13.02	63,935	20.03
倫飛電腦	4,000,000	2.50	13,621,195	8.51	17,621,195	11.01
中德電子材料	25,500,000	10.00	25,500,000	10.00	51,000,000	20.00
台灣汽電共生	15,000,000	15.00	10,000,000	10.00	25,000,000	25.00
欣興電子	7,376,398	6.07	14,015,157	11.53	21,391,555	17.60
台灣光罩	1,271,900	1.44	7,603,298	8.61	8,875,198	10.05
康晉宇宙	102,717	0.80	751,530	5.85	854,247	6.65
德碁半導體	155,793,428	14.29	18,375,000	1.69	174,168,428	15.98
聯友光電	17,248,000	4.54	35,200,000	9.27	52,448,000	13.81
東展興業	75,300,000	15.69	90,300,000	18.82	165,600,000	34.51
上銀科技	4,625,841	3.94	4,166,357	3.55	8,792,198	7.49
合興石化	5,120,000	10.24	4,365,000	8.73	9,485,000	18.97
弘一科技	3,000,000	2.50	9,600,000	8.00	12,600,000	10.50
瑞智科技	16,537,960	9.19	24,291,480	13.50	40,829,440	22.69
台翔航太	26,211,260	5.00	31,552,800	6.02	57,764,060	11.02
大強鋼鐵	800,000	11.11	1,600,000	22.22	2,400,000	33.33
頻率科技	2,670,000	23.02	2,670,000	23.02	5,340,000	46.04
光磊科技	1,643,985	1.92	5,871,269	6.86	7,515,254	8.78
普生公司	734,996	2.84	875,000	3.38	1,609,996	6.22
光華開發	10,000,000	50.00	6,000,000	30.00	16,000,000	80.00
華開租賃	35,000,000	70.00	7,500,000	15.00	42,500,000	85.00
世正開發	10,500,000	6.36	2,375,000	1.44	12,875,000	7.80
國華海洋	1,670,900	6.47	2,145	0.01	1,673,045	6.48
中輝建設	9,600,000	6.00	8,000,000	5.00	17,600,000	11.00
國際建經	3,840,000	37.10	1,500,000	14.49	5,340,000	51.59
關貿網路	10,500,000	7.00	7,500,000	5.00	18,000,000	12.00
中華投信	24,917,155	57.72	2,280,547	5.28	27,197,702	63.00

表 229　中華開發信託公司沿革

本公司成立於 1959 年五月十四日（參閱舊 p.959），成立之前，由於國內外資金極爲有限，企業無法順利取得發展所需之長期資金，從而影響整體經濟之成長。於是各界乃倡議創立專門承辦長期投資及授信的金融機構，以紓解長期資金不足所引發的問題。經多方研議，乃在行政院經濟安定委員會與世界銀行合作推動下，結合民間力量，共同創立了國內第一家民營型態的開發性金融機構－中華開發信託股份有限公司。

本公司創立初期主要利用美援會相對基金、美國開發貸款基金、國際開發協會及國際復興開發銀行等所提供之資金，辦理中長期生產事業放款及生產事業投資業務。斯時，島內中長期資金一直處於供不應求的狀態，本公司適時成立，正好紓解中長期資金不足的部份壓力。嗣後，本公司資金來源更擴及我國中央銀行、行政院開發基金、經建會中美基金；此外，亞洲開發銀行、美國進出口銀行、摩根銀行（Morgan Guaranty）、富國銀行（Wells Fargo Bank）及邁隆銀行（Mellon Bank）等亦加入資金提供的行列，服務的層面亦逐步擴大。由於本公司負有開發性金融機構的使命，對於授信、投資案件的評選，除確保股東權益外，亦兼顧國內經濟之發展與整體效益。因此，此段期間內，本公司所參與投資創辦或提供授信的事業，目前大多已發展成爲國內知名的上市公司或未上市的優良企業。

尤其在 1971 年代前期，本公司配合政府發展石油化學工業的政策，全力推展石油化學工業新創事業的投資與授信業務。目前上市公司中，如台灣聚合、華夏海灣、亞洲聚合、台灣合成橡膠、中國合成橡膠、聯成石油化學、東聯化學、國喬石油化學、華隆等公司，皆爲本公司當時參與創導設立之事業。

在我國金融制度發展史上，本公司擔負了兩項特別值得一提的任務。一爲 1960 年時，財政部指示試辦信用調查業務，由本公司負責邀集各銀行及相關機構組成徵信聯合小組，首創國內信用調查制度。迄 1970 年改制爲中華聯合徵信中心爲止，該小組共提供徵信資料一千五百餘件次，編印徵信叢書十餘種，爲我國金融界聯合徵信制度奠定良好基礎。其次，爲促進我國資本市場的發展，本公司除於 1961 年前後參與籌設台灣證券交易所，並率先將股票公開上市外，更負責籌組中華證券投資公司（日後改組爲中國信託投資公司），促成國內資本市場之進一步發展。

當初政府與世界銀行規劃本公司以民營型態籌組時，爲使本公司與既有公營行庫有所區別，刻意在名稱上冠上「信託」兩字，但事實上本公司與其他公營行庫一樣，均持領財政部所頒發之「銀行」執照。及至 1976 年間，財政部在推動金融改革聲中，對全國金融機構進行重分類時，始因本公司名稱上冠有「信託」兩字，而將之劃歸爲「信託投資公司」類。惟事實上，本公司所辦理之業務與持銀行執照時完全相同。目前，本公司之主要業務包括中長期授信、生產事業投資、資本市場、專案顧問、海外業務及信託資金等六大類，以提供國內外企業及政府機構完善的投資、授信、理財及顧問服務。

其他依主管機關規定應揭露事項：

本公司於 1994 年八月開辦信託資金業務，配合此項業務之開辦，本公司亦辦理收受、經理及運用各種信託資金及投資公債、短期票券、公司債券、金融債券及上市股票等業務。而爲配合信託資金業務之開辦暨擴充客戶服務網路，本公司於 1995 年成立台中及高雄分公司，1996 年成立台北忠孝及新竹科學園區分公司。本（1997）年亦計畫成立皮橋及台南分公司；其中高雄與台南分公司之行舍爲購置，價款分別爲新台幣 135,457,000 元及 116,845,305 元（地址如前「總公司、分公司地址地址及電話」所述），最近五年內本公司並無「新金融產品之推出」、「董事、監察人或主要股東股權之大量移轉或更換」、「經營權之改變」、「辦理公司合併」及「其他足以影響投資人權益之重要事項」等情形。

表 230　中央投資股份有限公司公開說明書摘要

實收金額：11,340,000,000 元	公司地址：台北市八德路二段 232 號 6 樓	電話：(02)771-9998
設立日期：1971 年 6 月 4 日	公開發行日期：1995 年 7 月 1 日	上市（上櫃）日期：－
負責人：董事長　楊宗哲 總經理　陳　鑫	發言人：姓名：高克明 職稱：法務經理	
董事選任日期：1994 年 5 月 27 日　任期：三年	監察人選任日期：1994 年 5 月 27 日　任期：三年	
全體董事持股比例：99.99%（1996 年 8 月 31 日）	全體監察人持股比例：99.99%（1996 年 8 月 31 日））	

董事監察人及持股 10% 以上股東及持東比例：（1996 年 8 月 31 日）

職稱	姓名	說明	持股比例
董事長	楊宗哲	法人股東社團法人中國國民黨之代表人	99.99%
副董事長	蔣孝勇	法人股東社團法人中國國民黨之代表人	99.99%
董事	王紹堉	法人股東社團法人中國國民黨之代表人	99.99%
董事	謝振華	法人股東社團法人中國國民黨之代表人	99.99%
董事	姚正中	法人股東社團法人中國國民黨之代表人	99.99%
董事	王炳南	法人股東社團法人中國國民黨之代表人	99.99%
董事	余憲光	法人股東社團法人中國國民黨之代表人	99.99%
董事	簡松棋	法人股東社團法人中國國民黨之代表人	99.99%
董事	陳　鑫	法人股東社團法人中國國民黨之代表人	99.99%
董事	張鍾濮	法人股東社團法人中國國民黨之代表人	99.99%
常駐監察人	唐立生	法人股東社團法人中國國民黨之代表人	99.99%
監察人	黃福初	法人股東社團法人中國國民黨之代表人	99.99%
監察人	馬永駿	法人股東社團法人中國國民黨之代表人	99.99%

本（85）年度預估	營業收入：9,344,287,000 稅前純益：4,418,786,000　　每股盈餘：3.78 元
上（84）年度	營業收入：12,643,059,647 稅前純益：5,251,501,194　　每股盈餘：4.46 元
本次募集與發行有價證券種類及金額	發行第三次（無擔保浮動利率）公司債參拾億元，每張票面金額壹佰萬元。
募集資金用途及預計產生效益概況	用於償還短期借款，改善公司財務結構，提高流動比率。
本次公開說明書編印日期：1996 年 11 月 25 日	編印目的：發行公司債

表 231　中央投資公司最近三年財務及營運業績

單位：新台幣仟元

項　　　　目	1992 年	1991 年	1990 年
資產總額	24,904,473	23,180,455	20,831,305
負債總額	4,446,831	4,477,173	4,730,798
股東權益總額	20,457,642	18,703,282	16,100,507
營業收入	4,405,187	5,547,697	6,167,649
營業外收入	130,344	156,036	214,362
稅後盈餘	2,255,101	2,305,080	2,219,265
資產報酬率（％）	10.68	12.51	13.67
股東權益報酬率（％）	11.02	12.32	13.78

註：上項數據係依據勤業會計師事務所查核簽證出具無保留意見之查核報告書摘錄。

表 232　中央投資公司投資事業一覽表

1992 年 12 月 31 日

公司名稱	持股比例（％）	公司名稱	持股比例（％）	公司名稱	持股比例（％）
衛豐保全	30.30	台灣積電	3.68	欣欣瓦斯	16.41
裕台企業	95.67	清宇環保	40.00	福合工程	30.00
華信銀行	5.00	台苯	25.15	華禹實業	26.15
齊魯企業	94.80	幸福人壽	*21.00	台灣建業	58.51
景德製藥	87.45	中鼎工程	17.48	建台水泥	22.92
中央產保	84.67	華信投顧	33.33	國際投信	22.40
衛宇環保	50.00	永嘉化學	49.00	東聯化學	21.51
台灣電訊	35.00	大華創投	33.33	復華證券	**0.00
中信投資	3.31	中興電工	30.91	金泰建設	45.00
中鋼結構	7.91	證交所	2.00	環宇投資	20.00
中加投資	45.39	國貿大樓	31.25	大通建築	53.30
中聯信託	41.87	新興電子	88.89	捷和建設	1.58
聯亞電機	8.82	欣隆瓦斯	10.00	厚生	3.41
中央租賃	10.00	保生製藥	8.04	大華證券	1.22
欣興電子	18.86	聯華電子	0.08	興建東	90.00
中興票券	44.87	中華開發	9.58	台灣糖業	0.14
國華海洋	18.31	全球創投	6.98	中國信託	1.22
安鋒鋼鐵	12.00	中美和	25.00	國際創投	10.96
		友邦財顧	5.00	裕豐紗廠	11.62

*　：幸福人壽公司於 1992 年 12 月 31 日尚在籌備中。

**　：復華證券公司，本公司僅持有一千股，持股比例為 0.0002% 。

表 233　中央投資公司公司概況

1.本公司於 1971 年六月設立，初創之時資本總額為三千五百萬元，而後分別於 1973 年十月現金增資一億六千五百萬元，資本總額為二億元；1976 年二月盈餘轉增資六千萬元，資本總額為二億六千萬元；1977 年三月現金增資三億四千萬元，資本總額為六億元；1978 年六月現金增資三億六千萬元及盈餘轉增資四千萬元，合計增資四億元，資本總額為十億元；1982 年六月盈餘轉增資四億元，資本總額十四億元；1990 年八月盈餘轉增資二十三億八千萬元，資本總額為三十七億八千萬元；1995 年七月盈餘轉增資七十五億六千萬元，分為一十一億三仟四百萬股，每股壹拾元，實收資本總額為新台幣一百一十三億四千萬元，並同時補辦公開發行。

2.本公司成立宗旨在於合法協助政府，帶動民間企業，並配合政府政策，從事於起頭作用之投資，以帶動台灣經濟之發展與起飛。

3.本公司主要業務係對生產事業、證券、金融、保險、文化事業及興建商業大樓與國民住宅之投資。

4.本公司成立之時，因政黨尚未具有法人資格，故先以個人名義投資本公司，後轉為以光華投資股份有限公司、其他控股公司及部份個人名義持有本公司股份，現政黨已取得法人資格，故各股東於 1994 年將其名下持有本公司股權轉讓予社團法人中國國民黨，因此社團法人中國國民黨成為本公司主要股東。

表 234　國民黨七大控股公司權力結構

	董事長	副董事長	總經理	董　事	監察人
中央投資	徐立德	蔣孝勇	殷文俊	王紹堉、姚正中、余憲光、殷文俊、張　嚴、王炳南、丁善理、許卓司、謝振華	馬永駿、黃福初、唐立生
光華投資	徐立德	詹春柏	殷文俊	王紹堉、姚正中、余憲光、張嚴、王炳南、謝振華	朱　靖
華夏投資	宋楚瑜	徐立德	周康美	陳長文、馬樹禮、余憲光、許卓司、李祖源、周康美	祝基瀅
環宇投資	姚正中	黃文盛	從　缺	徐立德、許勝發、張國安、何壽川、吳東進、余正雄、傅鴻林、唐義方、陳　航、王春桓	許卓司、蘇有富
中華投資	何壽川	傅祿科	施大邵	常董：徐立德、陳由豪、張鍾濮、劉曾華、李庸三 董事：王永慶、辜振甫、徐旭東、侯貞雄、吳澄清、康高登、黃政旺、談開章、唐義方、賴瑞文、蔣孝勇、羅唯禮、黃宗文、南亞倫	劉泰英、吳大剛、莊有田、林富美
建華投資	殷文俊	從　缺	劉曾華	姚正中、王炳南、余憲光、黃福初	朱　靖
啓聖投資	謝振華	從　缺	朱　靖	王炳南、余憲光、尹政堯、游傑士	殷文俊

（資料）　1991 年「財訊」五月號

表 235　國民黨七大控股公司基本資料一覽表

	年度	長期股權投資		稅後盈餘		資產總額		負債總額		淨值總額		股本	
		金額	成長率	金額	成長率	金額	成長率	金額	成長率	金額	成長率	金額	成長率
中投	92	217.1		22.6		249.0		44.5		204.6		37.8	
	93	235.3	8	39.3	74	302.9	22	58.6	32	244.3	19	37.8	0
央資	94	268.1	14	33.6	-15	308.5	2	54.5	-7	254.0	4	37.8	0
光投	92	63.0		2.2		81.5		46.3		35.2		4.0	
	93	67.6	7	6.2	186	95.7	17	50.7	10	45.0	28	4.0	0
華資	94	68.1	1	19.0	205	108.6	14	50.9	0	57.7	28	25.0	525
啓實	92	22.1		0.2		51.4		49.8		1.6		1.2	
	93	28.1	27	1.9	964	66.0	28	61.5	23	4.6	184	2.0	64
聖業	94	25.7	-9	1.0	-44	69.8	6	56.9	-7	12.9	182	10.8	447
悅投	92	3.7		0.3		11.5		1.2		10.3		10.0	
昇	93	4.6	25	0.5	58	12.8	12	2.2	80	10.6	4	10.0	0
昌資	94	10.0	119	0.5	-2	17.3	35	1.6	-28	15.8	48	15.0	50
景投	92	7.6		-0.2		7.8		6.7		1.1		1.8	
	93	9.7	27	1.4	—	9.9	27	7.5	12	2.4	116	1.8	0
德資	94	16.7	72	-0.3	—	11.6	17	9.7	30	1.9	-22	1.8	0
建投	92	30.0		-0.8		31.0		31.2		-0.1		1.5	
	93	35.7	19	1.2		37.0	19	35.3	13	1.7	—	1.5	0
華資	94	32.5	-9	8.0	569	33.7	-9	24.0	-32	9.6	461	1.5	0
華投	92	27.9		2.0		32.2		24.2		8.0		1.5	
	93	28.9	4	2.3	18	34.0	5	23.6	-2	10.3	29	1.5	0
夏資	94	58.4	102	17.5	647	48.9	-44	23.0	-3	25.9	150	1.5	0
合	92	371.4		26.1		464.4		203.8		260.6		57.8	
	93	409.9	10	52.8	102	558.3	20	239.4	17	318.9	22	58.6	1
計	94	479.9	17	79.3	50	598.3	7	220.6	-8	377.7	18	93.4	59

（說明）　單位：新台幣億元　成長率：%　基準日：1994 年 12 月 31 日
（資料）　1955 年財訊四月號

表 236　國民黨親密生意伙伴一覽表（政府與公營機構部份）

國民黨 公營事業盟友	合作投資之事業
中國石油公司	中美和、福聚、東聯、中華票券、中宇環保
中信局	國際投信、證交所
中華工程	中宇環保
中石化公司	聯成、台灣石化合成
經濟部	聯電
耀華玻璃	聯電
行政院開發基金	中華票券、保生製藥、台灣基體電路、昆達福益
中國農民銀行	國際投信、大通建築經理公司
彰化銀行	中華票券、證交所、台視
國庫	中廣、中央社、中央日報
第一銀行	證交所、中聯信託、台視
土地銀行	證交所、中聯信託、復華證券金融、台視
合作金庫	台視
台灣電力	聯亞電機、中華票券、中宇環保
中國鋼鐵	中鋼結構、中宇環保
台灣機械	中宇環保
台灣省政府	台灣電視公司
交通部	陽明海運
榮工處	中鋼結構、中宇環保
台灣糖業	台灣建業、保生製藥、中宇環保、永進生物科技
交通銀行	國際創業投資、聯電、國際投信、中華票券、中華開發、證交所、安鋒鋼鐵、中興電工
證輔會事業	新宇號石油氣公司、欣欣大衆
行政院開發基金	台翔、東聯
台灣銀行	中華開發、中聯信託、復華證券金融、台視
華南銀行	證交所、中聯信託、台視
台灣中小企銀	中聯信託、台視

（資料）　1991 年「財訊」五月號

表 237　國民黨親密生意伙伴（私營企業部份）

國民黨商業盟友	合作投資之事業
聯廣 葉明勳	中國信託、台視、中華日報
侯貞雄	中國信託、中加投資、中華票券（伸原投資代表）
大同	台翔、中華電工
潤泰	金泰及興業建設、大華證券、華信銀行
台塑	中加投資、台翔、永嘉
宏國	中聯信託
三洋	中興電工
東元	聯電
國際	中興電工
陳重光	台視
李成家	興建建設
僑銀	大華證券
上海商銀	中聯信託
吳德美	安鋒鋼鐵
林義守	安鋒
新光	環宇投資、台苯、建台
林商號	中國信託
台隆工業	中國信託
廣豐	裕豐
中央日報	台視
國內及僑界媒體負責人	中央社
松甫投資	安鋒
士林電機	台視
亞新工程	聯合大地
郭茂林	漢谷開發
黃文盛	環宇

（資料）　1991 年「財訊」五月號

表 238　國民黨親密生意伙伴（國外部份）

國民黨國外商業盟友	合作投資之事業
加拿大皇龍銀行集團	中加投資
新加坡溫氏	環宇投資
美商底特律銀行	中華票券
華熊營造	漢谷開發
鹿島建設	漢谷開發
郭茂林	漢谷開發
底特律銀行	中華票券
美國奇異公司	聯亞電機
美國 AMOCO 公司	中美和
巴商	台苯
日本電氣株式會社	台視

（資料）　1991 年「財訊」五月號

表 239　國民黨親密生意伙伴（特殊部份）

國民黨特殊盟友	合作投資之事業
中國商銀	大華證券、國際投信、中華開發、證交所、陽明海運
世華銀行	大華證券、國際投信、中華票券
台灣貿易 (原屬力行小組)	華煜紡織、深澤實業
中技社	中鼎工程
中鼎工程	聯合大地工程顧問、中鋼碳素化學

（資料）　1991 年「財訊」五月號

表 240-1　國民黨重要企業族譜(1)（新台幣億元）

財委會主委	企業	成立時間	董事長	總經理	(88 年度)		股東結構	備註
					營業額	資本額		
財委會改革前	齊魯公司☆	37 年	游傑士	朱　靖		1.9		
	裕台☆	40 年	宋時選	尹政堯	11.2	2.5		
	裕豐紗廠	44 年	李生楝	王亞民	5.2	6.43	廣豐實業 14.2%, 六和紡織 14%, 中央 4%, 裕台 3.1%	67 年廣豐及六和介入;77.12 上市
	中興電工☆	45 年	蔣孝勇	黃　忠	46.2	9.67	中央投資佔 50% 以上，其他股東有中華開發．交銀．大同．聲寶．松下	
	中華開發信託	48 年	林永樑	江萬齡	13.1	30.82	中央投資 12.2%, 交銀 6.7%, 中銀 2.7%, 台銀 2.6%, 啓聖投資 0.6%, 中一 0.5%	
	台灣證券交易所	51 年	吳祺芳	趙孝風	25.9	11.99	台泥等數十家公民營機構及中央投資 2400 萬元，齊魯公司 2400 萬	
	中央產物保險☆	51 年	蘇曾覺	曾明仁	22	3.6	中央日報 80% 以上，其他有中央日報．中華日報．裕台．齊魯．正中書局	
	中華貿易開發☆	54 年	張仁滔	何守綱	20	2.8	中央投資 17%, 美國加州銀行 12%, 歐文銀行 12%, 新加坡亞美銀行 6%, 台銀．土銀各 6%, 北企銀 3%	歐文銀行股份已轉給某公司；中央投資正收購 50% 以上股份
	國華海洋企業	54 年	朱致遠	蘇曾覺	1.1	1.06	行政院退輔會 49%, 中華開發 29%, 中央投資 14%, 榮僑公司 8%	
	景德製藥	54 年	金明儒	洪政興		1.9		
	建台水泥	55 年	劉戈崙	陳由豪	17.84	18.74	中央投資 32%, 陳清曉 4%, 齊魯 7.6%, 劉盛起 3.7%, 鄭榮陞 6.7%, 陳由賢 2.5%, 陳由豪 5.7%, 鄭壽星 0.2%	
	台灣建業☆	56 年	魏綸洲	林萬發	3.4	11	裕台 50% 以上，台糖 40% 以上	
	中央再保險	57 年	陽肇昌	劉建光	41.26	10	財政部 87.06%, 含中央產物保險之各保險公司 13%	
	光男企業	58 年	羅光男	羅光男	31.6	14.5	羅光男 20.6%, 大越投資 20.7%, 中央投資 7.4%	74 年中央投資介入使其起死回生；76.12 股票上市
	中興工程顧問	59 年	陳蘭皋	程　禹				
	新興電子	59 年	曹興誠	黃顯雄	1.5	1.8	財委會 30%, 聯電 30%, 宏基 20%, 黃顯雄 10%	78.11 改組爲欣興電子，原爲 100% 財委會擁有
	萬邦電子	59 年	焦佑鈞	石　修	1.8	2.01	光華投資 14.9%, 中華開發 19.9%, 華新 55.8%	原行政院退輔會 55% 股權退出，華新自 78.8 進入
	中聯信託☆	60 年	莫家慶	江家傳	41.8	10	中央投資 52.21%, 宏國投資 32.40%, 永豐餘 1.56%, 上海商銀 0.75%	
	中央投資☆	60 年	徐立德	殷文俊		14	財委會投資	

（說明）　☆爲已知財委會擁有 40 %以上股權之企業；「財委會改革」指 61 年正式掌管國民黨生產事業，文化事業則交由文工會管理。

（資料）　「商業週刊」 109(1989,12), 第 27~28 頁；176(1991,4,) 第 26~29 頁
「黨國資本主義」 P.82, 83, 84, 85

表 240-2　國民黨重要企業族譜(2)（新台幣億元）

財委會主委	企業	成立時間	董事長	總經理	(88 年度) 營業額	資本額	股東結構	備註
俞國華時期（61・5・→73・5）	陽明海運	61 年	歐陽位	陳庭輝				
	昆達福益電子	64 年	汪貴生	汪貴生	0.7	0.665	行政院開發基金 10%, 中華開發 10%, 六銀 10%, 大成長城 10%, 中央投資 12%	
	東聯化學	64 年	徐有庠	林振鈴	38.77	24.9	中央投資 24.9%, 遠紡 11.7%, 開發基金 9.9%, 中油 5.6% 遠鼎投資 0.5%	
	中興票券☆	65 年	汪成偉	汪樂山	7.22	15	中央投資 58.2%, 交銀 18.76%, 台電 10.32%, 中油 9.38%, 世華 . 彰銀各 4.69%	79 年股票上市
	中美和石油化學	65 年	胡新南	布進文	88	21.54	中央投資 25%	
	中國鋼鐵結構	67 年	陳樹勛	陳振榮	21.83	2.34	中鋼 23.5%, 榮工處 19.9%, 中央投資 18.31%, 中華開發 13.6%, 日本亞細亞貿易服務 9.06%, 中國信託→禾豐投資 15.42%	79 年增資 ,80 年上市
	中華票券	67 年	錢龍韜	徐通德	5.04	11.15	中央投資 36.58%, 交銀 18.7%, 台電 10.32%, 中油 9.38%, 世華 . 彰銀各 4.69%	
	光華投資☆	68 年	王炳南	殷文俊		4		
	永嘉化學☆	68 年	夏功權	王永慶	30.24	9.8	中央投資 49%, 台塑 49%	
	中鼎工程	68 年	王國琦	童亞牧	37.73	6	中央投資 17.76%, 中華開發 13.32%, 財團法人中國技術服務社 57.74%, 員工入股 11.18%	
	聯華電子	69 年	張忠謀	曹興誠	30.27	26.25	交銀 7.2%, 經濟部 6.5%, 東元 5.5%, 光華投資 4.9%, 聲寶 1.2%, 創新工業 0.5%, 林茂宗 0.2%, 曹興誠 0.1%	
	復華證券金融☆	69 年	沈柏齡	林孝達	20.70	12.5	中國信託 15.2%, 光華投資 47.2%, 土銀 . 台銀各 15.2%, 台灣證券交易所 2.4%	預計 79 年股票上市
	台苯	69 年	王紹堉	王紹堉	48	18.03	中央投資 30%, 奇美實業 4.4%, 巴商林士 0.1%	
	華經資訊	71 年	周森滄	陳澤燦	7.7	0.8	中國電子 70%, 中央投資 10%, 永安租賃 10%, 中華電腦 10%	
	台灣石化合成	71 年	李勳蓀	吳澄清	-	7.09	光華投資 18%, 中化 38%	
	台灣船舶清倉☆	72 年	王志雄		-	-	中央投資佔多數股權	將承攬林園十八家工業處理工程
鍾時益時期（73・6・→77・6）	國善電子	73 年	白俊男	邱再興	-	6.2	美國國善 48.12%, 宏大投資 4.81%, 交銀 12.83%, 中華開發 12.83%, 行政院開發基金 12.83%, 中央投資 3.2%, 光華投資 4.81%	77.7 結束營業
	安鋒鋼鐵	75 年	吳德美		-	20	中央投資 12%, 交銀 15%, 樺興 12%, 高興昌 15%, 安貿投資 37%, 伊莉特 7%	79.7,8 開始生產
	環宇投資	76 年	張　嚴	劉夢達	-	5	中央投資 20%, 新加坡溫氏兄弟 49%, 新光人壽 . 永豐餘 . 豐群投資 , 太子汽車 . 資宇投資各 5-7%	徐立德爲創始人兼第一任董事長

（說明）　☆爲已知財委會擁有 40 %以上股權之企業；「財委會改革」指 61 年正式掌管國民黨生產事業，文化事業則交由文工會管理。

（資料）　「商業週刊」109(1989,12), 第 27~28 頁；176(1991,4,) 第 26~29 頁
「黨國資本主義」P.82, 83, 84, 85

表 240-3　國民黨重要企業族譜(3)（新台幣億元）

財委會主委	企業	成立時間	董事長	總經理	(88 年度) 營業額	資本額	股東結構	備註
	金泰建設	77 年	方恩旭	羅天行	-	2	光華 45%, 東雲 30%	
	興業建設	78 年	陳由豪	尹衍樑	-	10	光華 45%, 東雲 28%, 潤泰 24%, 李成家 2%, 其他 1%	
	大華證券☆	77 年	王炳南	張孝威	-	15	建華投資 45%, 錦安投資 25%, 中國國際商銀．世華．僑銀各 10%	
	中央貿易開發☆	78 年	丁善理	丁善理	-	2.5	中央投資佔 50% 以上	
徐立德時期（77・7↓）	台灣電訊網路	78 年	陳玉開	周肇隆	-	4	中央投資 30%, 中國電視 15%, 電信協會 10%, 士嘉投資．太子投資．華友投資．聲寶．瑞新投資．欣蘭企業．利政．永利投資．聯亞投資．兆世投資等各 2-3%	
	華信銀行	80－81 年	林立鑫	盧正昕		100	中央．光華．啓聖各 5%, 東帝士．厚生．福懋．美吾髮	
	中加投資					30	中央投資．台塑．台泥等	
	環宇財務顧問					(不詳)	中央投資 20%, 新加坡溫氏兄弟 49%, 新光人壽．永豐．豐群．太子汽車等各 5-7%	
	國際創業投資					(不詳)	中央投資 11.5%, 錦安投資 25%, 中國國際商銀．世銀．僑銀各 10%	
	國際信託投資					2	中央投資 49%	
	漢谷建設		張國安	淺野興一		1	中央投資 30%, 張國安 5%, 華熊營造．鹿島建設．郭茂林	
	澧水營造	(籌備中)						
	衛宇環保☆			俞力文		1.2	環宇 50%, 中央 50%	
	衛宇科技						環宇	
	華禹環保公司	(籌備中)						
	皓華					(不詳)	環宇	
	清宇環保公司					約3	籌備中	
	建東精密科技					(不詳)	(不詳)	
	台翔航太					100	行政院開發基金 29%, 大同 5%, 長榮 5%, 華隆 5%, 裕隆．台塑．中央投資．婦聯會 5%	
	華煜紡織☆					(不詳)	環宇投資 30%, 中央投資 70%	
	深澤實業					(不詳)	(不詳)	

（說明）　☆爲已知財委會擁有 40 %以上股權之企業；「財委會改革」指 61 年正式掌管國民黨生產事業，文化事業則交由文工會管理。

（資料）　「商業週刊」109(1989,12), 第 27~28 頁；176(1991,4,) 第 26~29 頁
「黨國資本主義」P.82, 83, 84, 85

5　國民黨「中華民國」的軍事力量

台灣人口二千一〇〇餘萬人（中國人一四％）之中、男（一三—一七歲）一〇一萬五千餘人、男（一八—二二歲）九三萬二千人、男（二三—三二歲）一八七萬四千餘人、女（一三—三二歲）三六一萬五千八〇〇人（參閱 The Military Balance, London 1995-1996. The International Institute for Strategic Studies 1995）。

台灣以這種人口構成爲基礎、實施兵役制度。「**中華民國**」擁有總兵力三七萬六千人（兵役期間二年）、預備役一六五萬七千五〇〇人（陸軍一五〇萬人）、其中、海軍三萬二千五〇〇人、海軍陸戰隊三萬五千人、空軍九萬人（The Military Balance 1995-1996）。

「**中華民國**」即採取所謂「**軍備近代化計劃**」、但其預算措施的實狀態無法窺知。現在能想像得到的近代化計劃就已相當大規模、尤其在海軍艦艇裝備計劃中、擬投入一〇〇億美元、短期內在世界海軍史上可說是 最大規模的艦隊整備計劃。

「**中華民國**」得採取軍備近代化是必然的趨勢。由於空軍戰鬥機已是以第二代以前的舊式飛機爲主力、海軍的主力艦、是美國海軍在第二次大戰中所建造的舊式驅逐艦。陸軍裝甲車隊、也是屬於一九五〇年代美國製的舊戰車所編成、所以、不但都很腐舊、簡直是老朽不堪的武力軍備。

(1)　空軍

「**中華民國**」擁有空軍六萬八千人、作戰機四三〇架。

美國在一九九二年變更對台政策、決定賣給「**中華民國**」新式的F—16戰鬥機一五〇架。但是、美國承認賣給的F—16型戰鬥機（Fighting Falcon）、並不是最新型的C／D型、而是其舊型的A／B型戰鬥機。所以、其制空戰鬥力及對地／對艦攻擊能力不很高、其所登載的雷達、對海上或地上目標的攻擊能力、亦非最新式的優秀戰鬥機、但有能力對付中共的蘇聯制SU—27・MIG（Fighters）31等型戰鬥機的機能。

然而、爲了防衛台灣、並不一定是只提高防空能力即可。爲了防備中國（中共）軍事侵犯台灣、有必要裝備具有優越的對地／對艦的飛機、也要具有能發射雷達引導空對空飛彈。從北京方面來說、實際上、假若不能確保台灣地域的制空權、地上部隊的登陸台灣作戰是不可能。所以、無論「中華民國」或「中華人民共和國」、爲了確保航空優勢、制空戰鬥是比任何都來得重要。

「中華民國」、爲了維持保障國家安全的軍事主力的戰鬥機、只依存美國一國早就感到有些危險。因爲已預知何時何日華盛頓與北京的關係會好、而來疏離與台北的外交・軍事關係。此時、美國若把給台北的戰鬥機零件中止、「中華民國」戰鬥機就不能飛行而成爲廢物。

因此、「中華民國」採購美國F—16的同時、也從法國訂購幻象（Mirage Fighters）2000—5型戰鬥機六〇架（另外預約再訂購四〇架）。幻象機是具有空對空戰鬥・對地／對艦兩用的最新裝備的戰鬥機。同時也一起購入九六〇發的MICA。但是、法國的幻象機、一架價格八千四〇〇萬元新台幣、非常高價、所以要買法國幻象機對於「中華民國」也有很大的經濟負擔。

一九九四年一二月二八日、「中華民國」國產的「經國號」、最初在台中基地完成編制而進入實戰配備態勢。但是因美國對台灣自製飛機沒有提供最有機能的最新技術、「經國號」性能不能達成所期水準、所以當初生產二五〇架的計劃、後來改爲製造半數的一三〇架。

「中華民國」於一九九五年、購進美海軍的中古改造E—2B型早期警戒機四架。從此、台灣才次於日本・新加坡、成爲亞洲第三保有早期警戒機、而擴大了廣域防空與海上哨戒的能力。

「中華民國」也發表將把現有的Ｆ—５Ｅ・Ｆ戰鬥機三〇〇改造爲現代化飛機的計劃、假如能完成、到了廿一世紀初、就成爲擁有近代戰鬥機六五〇架的大型空軍國。但因所需財政龐大、所以能否成功尚不能預料。

(2) 海軍

「中華民國」擁有海軍六萬八千人（包括海軍陸戰隊三萬人）、海軍軍區基地三（左營・馬公・基隆）、潛水艇四、飛彈驅逐艦一、驅逐艦一五、小型驅逐艦一六、沿海哨戒艦九八、內海哨戒艇四五、機雷對策艦一六、海軍陸戰隊師團二、如上弱勢的海軍配備。

因此、「中華民國」近來制訂海軍的現代化計劃、稱爲「光華計劃」、即以建造最新小型驅逐艦三二隻爲主的大規模計劃。這也和空軍一樣、將由美國與法國兩國採用技術提供。從美國是以美海軍的主力小型驅逐艦ＦＦＧ—７（Frigate）的設計爲準、建造「成功級」驅逐艦七隻、及其「改良型」四隻、再加上建造登載美國ＡＥＧＩＳ型最新雷達與艦對空飛彈系統的「大改造型」五隻。這個改造計劃的第一艘「成功號」已在一九九三年完成、到一九九八年其第一階段計劃將要完成、但其後卻尚未發表具有確定性的建造計劃。

另一方面、「中華民國」擬由法國購進的小型驅逐艦（Frigate）、是法國海軍剛就役的最新型LaFayette（拉法葉）級Ｆ３〇〇〇型、第一階段已以二一億美金訂購六隻、最初一隻已在一九九四年三月一日完成進水、法國決定賣給「中華民國」總計一六隻的 LaFayette 級小型驅逐艦。

但是、「中華民國」的所謂「海軍現代化計劃」不限於此、即：⑴擬從美國買進因美海軍縮小所剩餘的 Knocks 級小驅逐艦一六隻、⑵建造五〇〇噸級外洋哨戒艇（登載雄蜂工型對艦飛彈）二隻、⑶從美國購進 aggressive 級中型掃海艇四隻（外洋作戰級）、(4)從荷蘭購進最新設計的「**海龍級**」（二千六六〇噸）潛水艇二隻。

「**中華民國**」曾在一九五〇年代、以「**大陸反攻**」爲號召、極力整備「**登陸作戰艦艇**」。但是這大規模的戰艇現已舊式化、成爲無用之廢物。

其他、一九九〇年完成一隻「**艦隊補給艦**」（美國設計、在高雄建造、二萬〇六一一噸）。從此、可以看到「**中華民國**」海軍所指向的是「**外洋作戰**」（對潛艇作戰・防空作戰・對水上艦作戰）、而不是大陸反攻的登陸作戰或長距離外洋作戰。

(3) 陸軍

「**中華民國**」政府曾在一九五〇年代、爲了防備中國（中共）侵犯台灣、以陸軍爲重而造成國防整備計劃。但是、後來一進到冷戰時代、逐漸變爲以空海軍爲重的整備計劃。台灣海峽雖然狹隘、但是中國（中共）若不確保其制海權與制空權、是不可能軍事侵犯台灣。反過來說、「**中華民國**」只要充分準備海軍與空軍的力量、而在制海制空佔優勢、雖然陸軍戰力不大、防衛台灣也是十分有可能。所以、所謂「**陸地裝備現代化**」、還是以海軍陸戰隊爲主要。因此、「**中華民國**」從美國購進的剩餘M60A3型主力戰車、也優先配備於陸戰隊。在陸軍方面繼而想從美國追加購進一六〇輛剩餘戰車來補上陸軍劣勢、但因財政問題、被延遲到一九九五年五月、才只能購進二〇輛而已。此間、陸軍的主力戰車、卻擬以舊有的M48H戰車改造予以充當、結果、其戰車隊主力、乃即以M60戰車登載M48H戰車的這種舊式戰車四五〇輛爲主力、這從世界水準看來、是落伍的陸軍力量。

其他、擁有美國所提供的M41輕戰車（德國與日本曾由美國得來所使用過的中古戰車）六五〇輛、還有更舊型的M24輕戰車二三〇輛、都屬於老朽不堪的報廢物。

在這種惡劣的軍備情況之下、美國務院爲了對付中國（中共）的軍備日益上升、已承認賣給「**中華民國**」最新型戰車M８七〇〇輛、但尚未知「**中華民國**」在財政能力上能否獲得多少輛。

「**中華民國**」自從在國際上處於孤立的一九七〇年代初、就開始所謂「**兵器國產化**」、尤其注重於飛彈兵器的開發、所以、其國防部乃創立了「**中山研究所**」（人員一萬八千人）的大研究機關。結果、產生了「**雄蜂11型**」對艦飛彈、其射程一〇〇公里、供於沿海防衛。繼之製造「**天弓**」地對空飛彈、然而從一九九四年之後、還得購進美國的「**愛國者飛彈**」（Patriot）、才能應付現實的軍事危機。一般而言、台灣的兵器國產化過於注重宣傳性、所以、有了那麼龐大的研究開發機構、反而很多浪費人材與資源（參閱 The International Institute for Strategic Studies; The Military Balance 1995-96.　江畑謙介「軍事大國日本の行方」1995　志方俊之「極東有事」1996）。

回想一九世紀初、普魯士的名將克勞塞維茨（Clausewitz, K.S. 1780-1831）、在其名著「**戰爭論**」（Com Kriege, 1833）說一句名言、「**戰爭是政治的延長**」。台灣這幾十年來、在蔣家國民黨「**中華民國**」法西斯殖民統治之下、特務橫行、黨官貪污腐化、加上台灣人大衆怒不可遏、怨聲載道、尤其是近年台灣民族自覺漸起、反而國民黨集團的軍隊久困海島、幾十年來已無實戰的經驗、所以軍隊無爲而師衰、士兵的九〇％又是台灣人子弟擔任、誰都無意爲國民黨外來統治者拼命打仗而犧牲自己、因此、任其有多大優秀的武力裝備、實際上很難起作用、所以防衛台灣以「**中華民國**」簡直無望。

凡是軍事力量、都屬相對的、沒有打過仗的軍隊、當與實戰豐富的軍隊衝突時、雖說不一定會打敗戰、但是、戰爭進行中偶發的現象非常得多、所以、有實戰經驗的軍隊、才能善於處理而得到勝利、這是常情。

表 241　國防預算比較表

單位：新台幣／萬元

類	項目	1995 年度	1996 年度	1997 年度
政戰	政治作戰	35,353.9	-34,920.2	-31,376.9
情報	情報工作	80,738.3	-80,063.2	+80,549.4
	大陸工作	471,070.7	-214,350.5	-202,350.5
	測量製圖	6,575.7	6,575.7	6,575.7
	駐外軍事工作	6,923.9	+6,973.9	6,573.9
	定遠專案		260,068.9	+300,438.1
作戰訓練	部隊訓練	141,854.7	+144,563.5	-128,118.9
	作戰工作	70,168.1	+70,627.4	+83,436.7
	通信電子	12,009.0	+17,622.8	+18,891.4
動員	動員裝備	27,610.2	+50,342.6	65,839.6
	物力動員	996.3	+1,023.7	
補給修護	彈藥購製	181,652.1	+184,652.1	184,652.1
	武器裝備基地修護	308,814.6	-283,739.4	-274,079.1
武器裝備	裝備整備購置	6,328,211.0	-5,995,184.0	+6,056,518.1
	主要戰備支援裝備整備購置	487,493.3	-431,648.6	+756,549.3
	軍品研究發展	16,553.6	-10,760.4	-8,673.1
設施	防空疏散工程	9,061.0	+16,709.0	+23,271.7
	作戰設施	40,191.6	+159,925.8	-106,448.3
特種軍事人員薪給		546,245.1	-522,370.1	+534,534.9
科學研究		666,574.3	+769,008.6	-756,939.4
科學研究設備		33,138.0	-20,756.6	-3,096.2
軍事工程設備	製造機器設備	157,562.0	-53,666.6	+67,723.6
	戰備交通工程及設備	6,500.4	+25,232.0	+42,752.8
	資訊設備	54,506.3	-29,934.5	-14,245.4
總計		9,689,804.1	-9,390,320.1	10,175,825.1

（資料）　國防部送立院審查之機密預算書

（附記）　表中數字均爲年度編列預算（＋）（－）表示與上年度比較增減情形。

諸如國民黨「**中華民國**」軍隊、幾十年沒有戰爭經驗、士兵又缺乏戰意、那能保衛中國（中共）侵犯台灣、這是不可能、任其有多大多好的近代軍備、簡直是無謂的廢物、要靠這個玩意兒想來保衛台灣、是緣木求魚、而幾乎不可能。

圖 74　中華民國戰鬥機（美國製 F-16）

（資料）　江畑謙介「世界軍事 Watching」1997, p.235 東京

圖 75　中華民國小型驅逐艦（法國製 LaFaette）

（資料）　江畑謙介「世界軍事 Watching」1997, p.77 東京

圖 76　中華民國之「愛國」飛彈（美國製）

（資料）　江畑謙介「使える兵器」1997, p.96 東京

6　一九八〇年代以後的台灣獨立運動

凡是世界各地各時代的各種革命運動、都是以「**革命浪漫主義**」（革命理想主義、Revolutionary Romanticism）爲底子開始並進行的。如「**法國大革命**」時代、革命領袖布朗基（Blanqui, Louis Auguste, 1805-81）、即以革命浪漫主義的熱血、前後坐牢三〇餘年。菲律賓獨立運動家李撤爾（Rizal Jose, 1861-96）、組織「**菲律賓民族同盟**」、反對西班牙殖民統治、也是懷著滿腔的菲律賓民族浪漫主義上刑場。「**獨立台灣會**」同志鄭評、也是抱著滿腔熱血、在刑場高唱「**台灣獨立萬歲**」、而遭國民黨槍斃。

但是、這樣開始進行的革命運動、除了擁有浪漫主義的滿腔熱血之外、必須把「**革命運動**」、由「**感性**」（Sensitivity）的浪漫主義（理想主義）、提升於「**知性**」（Intelligence）的「**理念體系**」（Ideologie、思想意識與行動）領域、而建立純潔無私且堅固不拔的「**理念**」（Idee, Ideologie、思想意識與行動）・「**立場**」（Standpoint）及「**觀點**」（Point of View）、革命才能成功。不然、在其革命運動長期的鬥爭過程中、就會變成中途消失或變換初志的反革命者、如果再受到個人利益問題所影響、更加容易陷入敵人陷阱而投敵叛變。如廖文毅在一九五〇年舉起「台灣獨立」的第一把烽火、算是台灣人先覺者、不過、於一九六五年因私人利害問題反台投敵、邱永漢・辜寬敏等海外台灣獨立運動健將、也因私人利益返台投敵輸誠、而成爲台灣獨立革命的叛變者（參閱舊本p.1107, 1113）。

台灣獨立革命運動、在一九五〇—八〇年代、如上所述（參閱舊本p.1100~1125）、因蔣家國民黨外來集團的軍閥法西斯黑網密佈台灣、利用這些特務系統蠻橫殘暴且非理非道的進行大逮捕大屠殺、所以、許多台灣獨立運動、都得脫出於海外設立基地從事革命運動、其主要的有如：

一九五〇年

二・　廖文毅等在日本京都成立「台灣民主獨立黨」（廖文毅自一九四八年在香港有組織過「台灣再解放聯盟」）

一九五二年

五・　史明由基隆潛往日本、開始從事島內地下工作

一九五五年

二・　廖文毅等創立「台灣共和國臨時政府」於日本東京（邱永漢・王育德等參加）

一九五九年

四・　王育德以「成立臨時政府時機過早」爲由、退出臨時政府派、召集一班台灣留學生創立「台灣青年社」、出刊「台灣青年」

一九六二年

七・　史明著「台灣人四百年史」（日文版）出版於東京

一九六三年

六・　王育德著「台灣」（日文版）出版於東京

一九六四年

五・　史明發表「台灣―其現在與將來」（日文版）於東京

一九六七年

六・　史明等創立「獨立台灣會」、出版月刊「獨立台灣」、宣揚「台灣民族主義」「台灣社會主義」於島內外

如上所述、海外的台灣獨立運動、首先是在一九五〇―六〇年代公開開始於日本東京、即由居留日

本的台灣大衆社會人士主導創立「**台灣共和國臨時政府**」。其後、以台灣留學生爲主成員創立「**台灣青年獨立聯盟**」（「台灣青年社」後身）、及以島內爲主戰場的「**獨立台灣會**」相繼崛起、所以在日本的台灣獨立宣傳運動一時茁壯發展、成百台灣人士與留學生熱衷參與。「**獨立台灣會**」則從事公開宣傳活動之外、主要是在島內獨家發展地下組織、爲了打擊蔣家法西斯虐政、屢屢以地下秘密方式爆毀鐵路或官方建築物、也發生幾次「**事件**」、以致許多同志遭到逮捕、受刑求及坐牢以至遭搶斃成仁。這是早期在島內很稀少的地下鬥爭之例子。

然而、到了一九六〇年代末葉至一九七〇年代初期、因中了蔣家國民黨所謂「**國台合作**」（國民黨與台灣人合作）或「**革新保台**」（蔣經國倡導）的詭計、臨時政府派與台灣青年派的高級幹部、返台投敵者迭起而生、這猛然打擊了一般住日台灣人的愛台灣心志、尤其是大多數的台灣留學生唯恐危及個人安全問題、閉門自守而不敢出來活動、終使在日本的台灣獨立公開活動、退潮似的消聲匿跡、而成爲孤立的少數者運動。因此、台灣獨立的海外運動、自一九七〇年初、即把其中心轉移於美洲方面去。

在美國、早在一九五〇年代、就有台灣共和國臨時政府派的陳以德・林崇勳・盧主義等人、開始進行台灣獨立啓蒙運動。他們在「**彭明敏等被捕事件**」發生（一九六四年）之後、隨即宣佈成立「**全美台獨聯盟**」、到美洲各地做了較有組織的救援運動。

但是、在美國、還是得到了一九七〇年、全美台獨聯盟即「**台灣獨立聯盟**」（United Formosans For Independence）的留學生成員賴文雄・王秋森・蔡同榮・張燦鍙等、與「**日本台灣青年獨立聯盟**」（辜寬敏・許世楷・黃昭堂）、合併組成「**台灣獨立聯盟世界總本部**」於美國紐約（一月）、及彭明敏密航潛往海外到達美國（六月）、尤其黃文雄・鄭自才槍擊蔣經國（四月）、這樣、在幾個月內有關海外的台灣獨立運動相繼發生爆發性大事跡、才引起美洲台灣人社會空前絕後的支持獨立運動、並延伸於歐洲・

南美洲台灣人社會。即：

一九六七年
四・「獨立台灣會」月刊、開始發送於世界各地台灣人、每月發送六千本
一〇・劉明憲等創立「溫可華建台會」、發刊「建台」於加拿大西岸溫哥華

一九七〇年
一・「台灣獨立聯盟世界總部」（主席蔡同榮）成立
四・黃文雄・鄭自才槍擊蔣經國
五・彭明敏到達美國
六・黃文雄・鄭自才脫離美國、「獨立台灣會」護航

一九七一年
一・陳隆志著「台灣的獨立與建國」於紐約
三・美洲台灣人社會主義者創立「台灣社會研究社」於洛山磯
五・美洲社會主義者左雄等開始投稿於獨立台灣會的「獨立台灣」月刊

一九七二年
二・歐洲比利時台灣同鄉會創刊月刊「鄉訊」（吳榮義主編）、與日本「獨立台灣會」取得聯繫
三・「台灣獨立聯盟總部」「台獨」月刊創刊
一〇・美洲列寧斯大林主義者創刊「台灣人民」（後來改爲「台灣革命」、再改爲「台灣時代」）

一九七三年

五・　舊金山台灣人創立「台灣協志會」（石清正等）
一一・　海外台灣人基督教徒創立「台灣住民自決運動」（黃彰輝・黃武東・宋全盛・蕭清芬）

一九七四年
一・　巴黎成立「台灣協志會」（張維嘉・盧修一・徐雄彪・鄭白才等）
六・　「獨立台灣會」鄭評小組、企圖槍擊蔣經國未遂、遭捕被處死刑或坐牢
八・　「世界台灣同鄉聯合會」（第一任會長郭榮桔）成立於奧地利維也納

一九七五年
一二・　島內黨外人士創刊「台灣政論」被停刊

一九七八年
六・　「陳菊被捕事件」
一二・　「余登發被捕事件」

一九七九年
一・　郭雨新脫出台灣、成立「台灣民主運動海外同盟」於美國、「獨立台灣會」由日本聯繫支持郭雨新
八・　陳婉眞在紐約「蔣家協調會」門前靜坐絕食
八・　島內黨外人士發刊「美麗島」（社長許信良）於台北
九・　許信良卸任桃園縣長、到達美國
一二・　高雄「美麗島事件」發生、蔣家國民黨大搜捕黨外人士與台灣人大衆進步人士
一二・　「台灣建國陣線」成立於紐約、美洲・日本及歐洲的諸台灣獨立團體一致參加

一九八〇年

八・「美麗島週報」（史明・王秋森・賴文雄・康泰山・張維嘉・陳婉眞・許信良等）發刊於洛山磯

九・史明著「台灣人四百年史」（漢文版）出版於舊金山

一九八一年

五・史明發表「台灣社會主義革命黨綱領草案」

五・史明爲宣揚「台灣民族主義」「台灣社會主義」、首次出日本、旅行美國・歐洲・巴西等地（其後每年前往美洲等、到一九九二年爲止）

五・「台灣獨立聯盟總部」發刊「公論報」（社長洪哲勝）

六・德州休士頓左派台灣人發刊「半屛山」（高成炎・吳光明・曹永凱・鐘維達等台灣人左派）

七・島內發生海外學人陳文成被殺害事件

一九八二年

一・台灣人公共事務協會成立（主席蔡同榮・陳唐山・彭明敏）、以「台灣民主」（不是以「獨立」）、對美國民主黨參議員（在野黨）進行接觸

二・「獨立台灣會」在美國德州出版「台灣大衆」（後來轉移於洛山磯出版）

六・「獨立台灣會」與「美麗島周報社」成立「台灣民族民主革命同盟」

六・「北卡海報事件」（劉格正・郭倍宏・林國慶）發生、美洲台灣留學生掀起反對國民黨大運動、「獨立台灣會」「台盟」由背後支持

一九八三年

一・島內發生「獨立台灣會員盧修一・柯泗濱・前田光技被捕事件」

四・　島內發生「黃世宗爆炸中央日報社事件」、「獨立台灣會」「美洲台盟總部」均由背後支持

六・　美國台灣留學生成立「台灣學生社」（社長林意禎・郭倍宏）、發刊「台灣學生」、「獨立台灣會」「美洲台盟」支持

一九八五年

一・　「台灣獨立聯盟」分裂、原副主席洪哲勝脫出聯盟、結合許信良成立「台灣革命黨」（共產主義、總書記洪哲勝、第一副書記許信良、第二副書記林哲台・陳昭南・蕭廣志等）、「獨立台灣會」未參加

一九八六年

三・　島內黨外人士發起「建黨」運動

五・　許信良・謝聰敏・林水泉聲明返台、成立「台灣民主黨建黨委員會」（彭明敏名譽會長、許信良會長）

七・　史明出版英文版「台灣人四百年史」於華盛頓

九・　島內創立「民主進步黨」（發起人費希平・尤清・謝長廷・游錫堃・顏錦福・黃爾璇・傅正・陳菊等人）

一九五〇―七〇年底、台灣獨立運動主要的中心和主戰場都在海外、尤其在美洲、所以「**台灣問題**」在國際宣揚上、有一定的成果、即以「**台灣地位未定論**」、使「**台灣**」成爲國際問題。但是獨立運動本身在海外台灣人社會、有時轟轟烈烈、有時亦稍嫌鬆懈成顯分裂。特別對於在海外從事獨立運動的一些高級知識份子而言、於獨立運動中、他們的最基本問題、應該是把「**感性**」運動提昇爲「**知**

性」層面、而來創造台灣獨立的「**理念體系**」（亦即「中心思想」「思想與行動」）、並堅定「**立場**」與鞏固「**觀點**」。然而台灣知識份子應做的事全然沒有關心也不加以努力去做、結果卻沒有絲毫的成就、僅僅停止於感性領域批判國民黨或對獨裁統治表示憤慨與不滿而不了了之。

在這些台灣獨立團體中、只有「**獨立台灣會**」、早就具體且明確的提出台灣獨立的理念即「**台灣民族主義**」、堅定「**台灣獨立立場**」（當時在美國都是「台灣民主」的言論佔優勢、一時也被「統一」思想所浸蝕）、並以行動深入學生大衆。但在海外台灣獨立陣營裡、因各團體各個人都有一黨爭先或地域觀點濃厚、所以獨立台灣會的「**大衆運動**」卻幾乎無法令一些個別團體或廣大群衆所接受。

另外、在美洲的所謂「**共產主義派**」（或「社會主義派」）、對馬克思基本理論的理解頗爲粗率、理論基礎淺薄、光想侷限執著於主張列寧・史大林「**個人獨裁**」的手法、結果、左派與右派分裂、左派再分裂等、曠日廢時、至一九八〇年底、台灣獨立運動中心終於轉移島內。

這樣、海外的台灣獨立份子、缺乏明確的理念與堅定的立場之情況下、各人相繼回歸台灣、結果、他們的「**台灣獨立**」卻變成僅僅是空喊的口號、各個幾乎都走入國民黨體制內從事國民黨式的「**假選舉**」、逐漸成爲所謂「**國民黨化**」所吞沒、終於嚴重影響台灣獨立運動。

一九八六年

一一・　民進黨召開首屆代表大會、決議黨綱黨章、選出首屆主席江鵬堅、31位中執委、11位中常委、11位中評委

一一・　迎接許信良等返台、在桃園機場、與軍警發生衝突、許信良等被原機遣返

一二・　民進黨第一次選舉、當選立委12人（得票二四・七八％）、國代11人（得票二二・二一％）

一九八七年

一・獨派島內主倡者鄭南榕、於民進黨第二屆黨代會散發「台灣獨立」傳單、與反獨立派朱高正流血鬥爭
一・鄭南榕因在「時代雜誌」刊登許世楷著「台灣共和國憲法草案」、國民黨以「判亂罪」開出偵訊傳票
二・「民進黨海外訪問團」（尤清・洪奇昌・謝長廷等）、前往美日、與海外台灣同鄉見面
二・民進黨立委朱高正與國民黨立委周書府在立委會發生互毆事件
六・史明同意鄭南榕「時代雜誌社」在台灣出版「台灣人四百年史」（事後承認）
七・蔣經國宣告自一九八七年七月一五日零時解除戒嚴與動員戡亂時期條例、同時施行「國安法」
八・台灣政治受難者聯誼總會成立
九・民進黨中常會推動「國會全面改選」
一〇・許曹德・蔡有全、因在政治受難者聯誼總會上的「台灣應該獨立」言論被捕
一〇・「獨立台灣會」島內地下組織、支持許・蔡「台灣應該獨立」
一二・民進黨與一般大衆萬人示威、火車在台北西門町受阻不動、「獨立台灣會」島內地下組織領先行動

一九八八年
一・蔣經國死亡
二・民進黨受國民黨引誘、進行「政治溝通」、「獨立台灣會」對於民進黨變質表示反對
二・民進黨中央舉行「二二八和平紀念大會」於台南市

三・　民進黨推動省市長民選運動

三・　民進黨發動國會改選大遊行

四・　中南部五千人大衆抗議「集遊法」示威遊行

四・　民進黨將「人民有主張台灣獨立的自由」列入黨綱

五・　「雲林農民權益促進會」與農民四千人、向國民黨示威、造成大流血衝突（五二〇事件）

七・　民進黨舉辦「反國民黨革命大會」

八・　「世台會」頭一次返台舉行第一五屆年會

九・　林正杰（統一派）發表公開信、提倡討論民進黨「路線」問題

一〇・　尤清等成立兩大派系（美麗島系・新潮流系）之外的「超派系組合」

一二・　費希平宣佈退出民進黨（反對「獨立綱領」）

一二・　「新國家運動」一一月一六日開始環島四〇天行軍、此日完成

一九八九年

四・　台灣獨立運動志士鄭南榕、自焚犧牲成仁

五・　民進黨由國民黨政府領取政黨證書及圖記

五・　鄭南榕在士林舉行告別式後、萬人參加遊行至「總督府」前、詹益樺烈士追上自焚犧牲

六・　民進黨主席黃信介發表「與獨立派黨員劃清界線」、姚嘉文・陳水扁主張「增強團結、避免分裂」

六・　民進黨內美麗島系與新潮流系達成「暫時停戰」

八・「世台會」與中共妥協、先渡往「中國」、再返台灣開會
九・許信良自美國先到中國、由中國大陸偷渡、在海上由國民黨情報船艦查獲返台
一〇・姚嘉文組成「新國家聯線」
一〇・「獨立台灣會」地下組織、部份半公開活動
一一・林義雄發表「台灣共和國基本法草案」
一二・七八年縣市長・立委・省市議員選舉、民進黨獲票率三三%、立委一八、縣市長六
一二・民進黨中央發動大衆遊行、訴求「總統民選」

一九九〇年

二・上百人大衆在立法院外、阻止國民黨「資深立委」赴會、與警察衝突
三・全台學生八千人、靜坐中正紀念堂、主張解散國會・廢除臨時條款・召開「國是會議」、李登輝接見50人學生代表、學生宣佈成立「全國學生聯合會」、解散靜坐
三・台灣大衆前往陽明山「抓老賊」
五・二萬大衆展開「反對軍人（郝伯村）組閣」遊行
六・民進黨中央決議參加國民黨舉行的「國是會議」
一〇・「民進黨」顧問康寧祥被國民黨列入「國統會」成員
一〇・許信良與邱義仁、「路線」之爭
一一・陳婉眞・黃華等、在台中被捕
一一・「獨立台灣會」地下同志陳輝華（阿貓）、在萬華開槍擊斃警員一人、被捕後被叛死刑成仁

一一・　蔡同榮成立「公民投票促進會」

一二・　「民進黨」與「台灣人公共事務協會」（蔡同榮）、擬共同推動國際宣傳運動

一二・　「民進黨」大遊行、訴求「台灣主權獨立」

一九九一年

二・　立法院立委・官員及民衆全體起立爲二二八受難者默禱一分鐘、行政院長郝伯村離席引起公憤

四・　「民進黨」立委盧修一・戴振耀、在立院遭警衛圍毆

四・　台灣大衆上陽明山中山樓反對老國代修憲

五・8　「獨立台灣會事件」、陳正然・王秀惠・林銀福・廖偉程・安正光、以「分裂國土、顚覆政府」被捕

五・12　江蓋世等聲明救援性加入「獨立台灣會」

五・12　各大學生教授遊行靜坐抗議「獨台會事件」學生被捕、發生警察毆打台大教授陳師孟事件

五・15　學生與一般大衆包圍台北火車站遊行靜坐

五・16　「台建」台灣本部宣告成立（郭倍宏・林永生・陳婉眞・黃華）

五・16　「獨立台灣會」陳正然・廖偉程・王秀惠・林銀福・安正光交保獲釋、國民黨宣佈廢除「叛亂條例」

五・18　各社團成立「獨台會案聯合救援會」

五・20　「知識界反政治迫害聯盟」、主張廢除刑法一〇〇條、成立「一〇〇聯盟」

五・20　「獨立台灣會」會員領先舉行「五二〇大遊行」、四萬人參加、氣勢浩大
六・　「台建」舉行「叛亂會」、鄭自才翻牆返台出現
八・　郭倍宏第二次翻牆返台、在桃園機場被捕
九・　「萬佛會」聲明「爲台灣尊嚴而戰」
九・29　李登輝邀民進黨主席黃信介等一一人、於官邸會談五小時
一〇・1　「國民黨」秘書長宋楚瑜邀黃信介・張俊宏會談
一〇・　「國民黨」譴責民進黨「台獨綱領」禍國殃民
一〇・20　「台獨聯盟」在海霸王餐廳舉行第一次返國大會、聲明「非暴力」政治改革
一〇・　「獨立台灣會」東京本部、開始自島內接來會員秘密訓練四天（至一九九三年六月、受訓者共三六五名）
一〇・25　「台灣公民投票加入聯合國」大遊行於高雄
一一・28　「台獨聯盟」本部主席張燦鍙返台被捕
一二・　二屆國大選舉、民進黨得票率二三・九%、獲六六席、共有七五席
一九九二年
一・　黃華在獄中發表「該變就變、該放棄就放棄」、改變革命路線
一・　「民進黨」在彰化二林舉辦「反暴力」遊行
二・　「民進黨」成立「國防問題研究小組」
三・　「民進黨」與無黨籍國代合組「總統直選聯誼」
四・　「民進黨」發起「總統直接民選大遊行」

五・　施明德等聲援「環保聯盟」的「反核四活動」
五・　「民進黨」發表「憲改白皮書」
六・　史明出版「民族形成與台灣民族」於東京
七・　「民進黨」主席許信良拜訪李登輝後、率團訪美、參加美國民主黨全國代表大會
八・　史明出版「台灣不是中國的一部份」於台北
一一・1　彭明敏返國、在記者會上宣稱「國民黨雖然做得不理想、台灣已經獨立」
一二・　原住民各族一起大遊行、要求「還我土地」
一二・12　彭明敏對日本「每日新聞」稱「台灣早已獨立、不但不要宣佈獨立、也不必拘泥於名稱」
一二・　二屆立委選舉、民進黨得票率三一％、得五〇席
一九九三年
一・　「民進黨」大幹部康寧祥・陳金德・張德銘、應「國民黨」邀請就任「監察委員」（陳永興落選）
四・15　「民進黨」國代張川田在國大打考試院長候補邱創煥耳光
四・　「民進黨」打出「一九九三年民進黨執政年」口號
四・26　「民進黨反對國共統一會談宣達團」（團長施明德）抵新加坡、但未有收獲
四・27　國共「海基會」（辜振甫）與「海協會」（汪道涵）首次會談於新加坡
九・　赴日受訓的「獨立台灣會」鳳山同志成立「建國愛鄉會」（黃金和）
一〇・26　潛回台灣地下工作中的史明被捕、在「高檢處訊問庭」聲明不承認「中華民國政府」

為台灣政府、將繼續為「獨立」奮鬥

一〇・30　台南市長選戰、郭倍宏將舉行「史明回台歡迎會」、郭倍宏・蔡介雄兩候選人造成「爭奪史明事件」

一〇・　史明出版「台灣民族革命與社會主義」於台北

一〇・　「文化大學」召開國際性討論會、外國學者多持「台灣獨立立場」

一〇・31　史明表示推翻國民黨及其台灣買辦所建立的殖民體制與特權、但歡迎認同台灣的中國大陸人共同努力於建立「台灣獨立」

一一・　「全民聯合無線電視台」（張俊宏）開播

一一・　史明・彭明敏應允出任「民進黨縣市長選戰助選團」榮譽團長

一一・22　史明指出、鄧小平死後一五年是台灣獨立最佳機會

一一・28　民進黨縣市長選舉失利、僅獲六席

一二・29　國民黨「海基會」與中共「海協會」在台北會談、「獨立台灣會」與台灣大衆示威抗議

一九九四年

一・　鄉鎮長選舉、國民黨得席率八二%、民進黨八%、其他一〇%

一・31　「獨立台灣會台北聯絡處」成立、為「宣揚台灣民族主義」「組織大衆」「實現獨立」繼續奮鬥

二・　「獨立台灣會」表明堅持「體制外革命」、批判民進黨拋棄「獨立」目標

三・1　「獨立台灣會」成立「高雄聯絡處」、「台灣民族主義宣傳車隊」每禮拜遊街宣傳

三・　「民進黨」由陳定南擔任選舉賄選「查察小組」、開除黨員一〇餘人
七・　林義雄展開絕食抗爭、企圖喚起台灣人意識
八・　史明依違反國安法被起訴（至一九九七年一一月尚未有下落）
八・4　「獨立台灣會」宣傳車隊、前往桃園機場與故宮博物館、向來台的中共海協會副會長唐樹備抗議、反對來台
八・　中共在台第五縱隊「新黨」成立
一〇・　「民進黨」主席施明德提出金馬和平非軍事化政策、遭各方人士非難
一二・　省市長選舉、「民進黨」陳水扁當選台北市長
一二・　國民黨抄地下電台、一〇餘家地下電台聯播抵抗

一九九五年
一・　「獨立台灣會」史明主張以獨立的「台灣民族主義」、對抗侵略的「中華民族主義」
二・20　「新黨」要角訪問「民進黨」送咖啡促進「大和解」、「民進黨」施明德・林濁水・邱義仁・陳文茜等附合「大和解」
二・　「獨立台灣會」反駁中共「江八點」、一再「堅持台灣不是中國的一部份」
二・28　彭明敏為競選「總統」、與辜寬敏同道、加入民進黨
三・23　中共國旗與亞奧會秘書長首次登陸台灣、獨立台灣會高雄宣傳車隊示威抗議、三次闖關三次被截
三・23　「獨立台灣會」宣傳車隊、每禮拜六・禮拜日遊行台北市、宣揚「台灣獨立」「台灣民族主義」「勞苦大衆出頭天」、至今（一九九七年一一月）不休不停

四・　彭明敏放言「維持現狀（國民黨統治）就是獨立」
四・　「獨立台灣會」車隊、參加「馬關條約百年」遊行
五・　「民進黨」要角放言「三黨得票不能過半、必須促進聯合執政」
六・　「獨立台灣會」宣傳車隊前往桃園機場及故宮、向來台的中共要員示威抗議、高倡「台灣不是中國的一部份」
七・　「獨立台灣會」台北與高雄兩車隊會合、長驅直奔台東・花蓮、宣傳「台灣獨立」
七・26　「獨立台灣會」車隊抗議中共發射飛彈恐嚇台灣、在高雄・台北焚毀中共五星旗、呼籲「台灣人起來保衛台灣」
八・20　「台灣教授協會」等團體、舉行「抵抗中國侵略、誓死保衛台灣」
九・　「民進黨」主席施明德放言「民進黨一旦執政、不必宣佈台灣獨立」、幹部放言「（指國民黨統治下）台灣早已是主權獨立國家」
一〇・　居留美國台灣人設立三〇處「台灣主權聯盟」、反對外力介入台灣
一一・　「民進黨」文宣部主任陳文茜放言「國民黨已本土化」
一二・4　「民進黨」秘書長邱義仁主張「民進黨」與「國民黨」籌組「大聯合內閣」、「國民黨」・「新黨」都表示不同意
一二・11　史明著文抨擊荒謬的「大聯合內閣」「大和解」、指出這是危害台灣獨立的一條死路
一二・15　「新黨」要角周荃等在立法院聯誼廳、與「民進黨」施明德・周伯倫・林濁水「喝咖啡」、談「大和解」「大聯合」
一二・　「台灣教授協會」批判「大和解」是背叛台灣人民

一九九六年

一・3　「民進黨」中常會決議「總統大選後決籌組大聯合政府」

一・9　「民進黨」大老討論「大和解」、施明德・江鵬堅・高俊明・李鎭源・林義雄・許信良・彭明敏等黨內二〇餘位大老出席、但無共識、無反彈、無結論

一・25　史明聲明「民進黨不應對敵人妥協低頭」

一・29　「獨立台灣會」台北宣傳車隊（共一七輛）首次赴新竹縣竹東新埔鎭、設立「新竹聯絡處」並遊行宣傳新竹市內（至今一九九七年一一月每月不斷）

一・　彭明敏提「和平尊嚴和台灣總統」、戰勝許信良「大和解・大聯合・大改革」、成爲民進黨總統候選人

二・2　「獨立台灣會」聲明、台灣一定要獨立才能有能力對抗中共

二・　李鎭源・高俊明・李永熾等人成立「台灣建國陣線」、揮別民進黨

二・　爲支持彭明敏競選總統、「獨立建國總統選舉後援會」（會長史明）成立

二・16　「獨立台灣會」在台北站、與「國民黨」林洋港選舉人員發生扭打衝突

二・24　「環保聯盟」同人成立「綠黨」（代表高成炎）、擬參加不分區國代競選

三・5　中共在台灣海峽發射飛彈武嚇台灣

三・12　美軍派遣兩隻航空母艦、預防中共趁機攻台

三・　「民進黨」在高雄舉行「反侵略・反併呑」大遊行

三・17　「獨立台灣會」抗議聯合國秘書長蓋里揚言「台灣是中國一部份」

三・　台北市大衆大遊行、抗議中共武嚇台灣

三・22　總統選舉結果、李登輝・連戰得票率五四・〇〇%、彭明敏・謝長廷二一・一三%、林洋港・郝伯村一四・九〇%

三・24　施明德訪問林洋港・郝伯村、對「反台獨」表示肯定、引起台灣大衆反彈

四・9　以彭明敏名義、成立「建國會」(秘書長林山田、幹部李鎮源・高俊明・辜寛敏・李永熾等)

四・12　「獨立台灣會」駁斥中共外長錢其琛說「台灣是中國的一部份」

四・22　獨立台灣會「反對李登輝就任總統」、在台北廣場焚毀李登輝・連戰芻像與國民黨旗

五・6　二六年前槍擊蔣經國主角黃文雄、返台開記者會

五・　「民進黨」新世代、公佈「新版台獨綱領」、強調「爲民主主張台獨」「不一定以台灣爲國家名稱」

五・　張俊宏訪問「新黨」、談論「台灣改造會議」

五・　「民進黨」文宣部主任陳文茜指罵「台獨極端者」爲歷史罪人

五・　「民進黨」高幹進入國民黨朝代、黃信介任國民黨「政府」資政、呂秀蓮・邱連輝・余陳月瑛任國策顧問

六・16　「民進黨」選出新主席許信良、隨即訪「總統」李登輝、並聲明「不排除與國民黨結合」、且確認「大和解」「大聯合」「大改革」三大政策

七・13　「民進黨」主席許信良、秘書長邱義仁、特別助理陳文茜、與「新黨」總召集人陳癸淼、秘書長趙少康、在新黨本部大談「合作」

八・9　「獨立台灣會」「勞陣」宣傳車遭縱火

八・12　「國民黨」秘書長吳伯雄訪問「民進黨」、許信良邀他「一同來喝茶、取代喝咖啡」

八・20　「台教會」等三〇餘社團大會師、抵抗侵略、保衛台灣

九・　「民進黨」高幹江鵬堅任國民黨「政府」監察委員（康寧祥・張德明續任）、蔡文斌任考試委員

九・　「建國黨」由「建國會」部份會員成立、「教授協會」「長老教會」爲黨員主導、「台灣建國獨立聯盟」與其合作、彭明敏表示「短期內不會參加建國黨」

九・19　史明希望「建國黨」拋棄選擧、與台灣大衆相結合

九・23　「獨立台灣會」車隊一五部聲援中壢台籍老兵、宣揚台獨理念

九・27　「民進黨」創黨一〇周年、主席許信良說「台灣沒有獨立問題」

一〇・4　彭明敏痛批「民進黨已非眞正反對黨」

一〇・6　「建國黨」成立大會、李鎭源首任主席、林山田副主席、李勝雄秘書長、決策委員11人、彭明敏婉拒就任榮譽主席

一〇・8　「建國黨」送審於國民黨內政部的黨章、不列「台獨」主張

一〇・　「獨立台灣會」堅持「體制外革命立場」、拒絕加入「體制內」建國黨或擔任顧問

一〇・　「外省人台灣獨立促進會」稱「台灣十月不光輝」

一一・1　「獨立台灣會」設立地下「台灣大衆廣播電台」、擬以再進一步廣泛進行「大衆啓蒙」工作、宣揚「台灣獨立」「台灣民族主義」

一一・　「民進黨」與彭明敏保持「台灣已獨立」主張、「建國黨」則聲稱「台灣尙未獨立」、但彭明敏寧可放棄與他在獨立立場相近的「民進黨」、卻選擇支持獨立立場相反的「建國黨」

一二・2　彭明敏一再強調「台灣自一九四九年以來實際上已經獨立」、肯定「中華民國」獨立就是「台灣獨立」

一二・　「民進黨」許信良等參與「國發會」、與「國民黨」共識「台灣・中國關係爲兩個政治實體」、更加「國民黨化」、並承認「中華民國」獨立就是「台灣獨立」

一二・27　「建國黨」決策委員李慶雄指「民進黨已成統派」

一九九七年

一・3　施明德不但批判「建國黨」、且否認台灣獨立、迎合北京的言論、「建國黨」則稱正因台灣國家定位問題、才無法加入聯合國

一・　「建國會」在立法院尋求組織黨團、由退「民進黨」的陳光復・陳文輝及陳永興主持

一・15　「台教會」秘書長管碧玲強調、將與政黨等距離、致力台獨運動國際化、陳師孟等一〇餘人、不滿「與政黨等距離」、退出「台教會」

一・29　自立晚報登辜寬敏之子辜朝明說「李登輝比我爸還獨」、「總統府」立即聲明否認

一・30　建國黨・台教會・外獨會・獨盟等、擬籌組「台灣共和國人民議會」、因都屬國民黨體制內團體、故「獨立台灣會」（體制外）不參加

一・31　辜寬敏之子辜朝明（George Ku）在日本東京聲明、訪台見李登輝時並未涉及台獨問題、並說他母親上海人、不會受父親影響而偏頗反中國、也不會偏頗反台灣

一・31　建國黨成立「縣市長提名委員會」

一・31　辜寬敏和李登輝早就氣味相投

二・　「民進黨」縣市長黨內初選、各區都有複數候選人互不相讓

二・16　「建國黨」同意副總統兼行政院長連戰上台做施政報告、只要「國民黨」能尊重四一九釋憲文
三・19　原住民要爭取山地自治、要求山地鄉劃爲特區
三・19　李登輝稱台灣完全民主化需「三〇年後」
三・　「民進黨」中央幹部與國民黨先談的「憲改版本」、黨內歧見深
三・23　「獨立台灣會」「建國黨」「台建組織」等、各自發動大衆到松山機場歡迎達賴喇嘛
三・24　「獨立台灣會」提倡達賴返西藏廣大領土打遊擊對抗中共侵略者
三・26　「民進黨」一行一二人訪問來台的西藏達賴喇嘛
三・29　台北區各地下電台、公推TNT張素華與「獨台會」黃敏紅指揮隊列向交通部抗議遊行反對暴力抄台
五・23　「建國黨」發起「台灣共和國申請加入聯合國運動聯盟」
五・28　「台灣共和國申請聯盟」反中國併呑
五・29　「民進黨」發表「憲改萬言書」、大力推銷國民黨案「雙首長制」、「民間監督憲改聯盟」發言人管碧玲說「民進黨欺騙人民」
六・　「民進黨」修憲協商、黨內一再內訌、主席許信良與國大黨團召集人張川田爭執糾紛
七・　「民進黨」修憲九人小組、批評陳水扁堅持總統選舉相對多數制
七・　「民進黨」主席許信良支持台灣・大陸三通、陳永興退出民進黨
七・23　李鎭源反對黨內提議「解散建國黨」
八・30　李勝雄表示一〇月六日辭建國黨秘書長

九・　「建國黨」副主席林山田辭職、秘書長李勝雄也提出辭呈

九・20　多數獨派團體成立「台灣獨立建國陣線」爲明年立委選舉考量、「民進黨」「建國黨」等體制內團體政治資源將受影響（反體制的「獨立台灣會」不參加）

九・20　在體制內獨派各種整合・協商會議大量出籠、在「聯合會議」上、出了「支持台獨人數愈來愈多但獨派力量卻愈萎縮」聲調

九・21　「民進黨」發表黨員近三年激增、逼近一四萬人

九・　「建國會」舉行「台灣獨立建國聯合會議」、發起人李鎮源・高俊明・辜寬敏・陳永興・陳南天等人

九・28　郭榮桔等成立「創國革命政治協調」、強調非暴力寧靜革命

一〇・6　「建國黨」中部地區二六位候選人向黨中央施壓、要求通過不得向他黨助選決議

一〇・　「民進黨」主席許信良與文宣部主任陳文茜、在法國表示「民進黨」願意暫時拋開台灣主權的爭議、與中共先就「三通」展開雙邊談話、受到全島台灣人反彈

一〇・　「民進黨」黃信介・陳水扁・康寧祥任國民黨「國統會」委員

一〇・13　「建國黨」內訌擴大、李筱峰等六〇餘黨員「自行凍結黨權」、莊淇銘等一一名黨員發表「告別建國黨」、李喬退出決策委員會、李永熾・鄭欽仁・郭倍宏等決策委員提出辭呈、創黨發起人一一名退出「建國黨」、主席李鎮源表示目前黨方向絕對正確、絕不解散

一〇・13　「獨立台灣會」「建國黨」批判「民進黨」的所謂「轉型」是「變質」

一〇・13　「建國黨」批評「民進黨」與中共接觸頻繁、施明德・許信良常與共黨密談、其主張

與中共並無差別、「建國黨」說並不反對與中國談判、但加入聯合國後才可

一〇・13　「建國黨」批判「民進黨」的「辣妹」、爲選舉兩黨女黨員互戰

一〇・14　長榮集團總裁張榮發密訪北京後、返台公開表示以將來實現「統一」爲前提、願當兩岸「密使」、與大陸溝通「三通」

一〇・14　「獨立台灣會」、抨擊張榮發犧牲台灣前途、將與中共談統一

一〇・15　台灣各界・各政治團體均抨擊張榮發所謂「當密使溝通三通」

一〇・16　「獨立台灣會」痛擊中共以「統戰陰謀」、縱台塑董事長王永慶、指使張榮發主張「三通」、以商圍政、企圖封殺台灣

一〇・16　「國民黨」對中共步步進逼政策、主張要以官方管道、長期談判、反對商界介入

一〇・17　「民進黨」政策會主委張俊宏強調「民進黨願聯合各黨與中共談判」

一〇・17　年底選舉戰鼓頻頻、民進・國民・新黨之外、由「新國家陣線」（陳永興）與「建國會」（彭明敏）合組的「縣市長輔選列車」將要開動、「建國黨」則成立「建國女性助選團」「建國助選團」、分三路投入嘉義市・台中縣・台中市參選

一〇・17　「建國廣場」到張榮發處丟蛋抗議「三通」

一〇・18　許信良在巴黎稱「民進黨願與中共對話」、陳文茜稱「先談三通」、張俊宏在台灣稱「黨對黨談判」、遭台灣大衆強烈抨擊、「國民黨」要角反稱「現在談三通時機不成熟」

如上所述、台灣人出頭天做主人的政治目標「**台灣獨立**」、是台灣人代代祖先的歷史性宿願、更是現代台灣人達到千載難逢的終極目標、但是僅以「**感性**」的終極目標、若無理念、無原則、無戰略的

與敵鬥爭、就難以推翻現實殖民統治。爲了達成台灣獨立這個崇高的目的、人人都得擁有明確的「**政治理念**」（「台灣民族主義」）、堅定的「**政治立場**」（與敵劃清界線、堅守台灣獨立的台灣人立場）、及公私分明的「**政治觀點**」（只有爲台灣民族獨立・殖民地解放努力奮鬥而無私）、才能推翻現實中國國民黨外來殖民統治的體制與特權、進而完成祖先交給現代台灣人的革命事業。

然而、自從一九五〇年代在海外開始的「**台灣獨立運動**」、到了一九八〇年代後半、幾乎都搬回原主戰場＝台灣島內（主要是「台灣獨立聯盟」與「獨立台灣會」）、與在島內崛起的「**民主進步黨**」同仇敵愾、共同與國民黨外來殖民集團進行鬥爭、雖然一時造成革命的新氣象、但是、在這緊要關頭、除了「**獨立台灣會**」之外、整個獨立運動陣營仍然久缺堅定不移的「**獨立**」的理念與立場。由於這樣缺乏最根本的思想（最哲學的）與行動、所以很快就迷失「**獨立**」的大目標及其基本路線、演變的結果如下：

⑴　「民主進步黨」

反對國民黨集團目前的主流「**民進黨**」、反而一直趨向於「**國民黨化**」而與敵稱兄道弟、大放「**大和解**」「**大聯合**」「**聯合執政**」等厥辭。他們把這說成是「**轉型**」路線、並牽強附會的把「**外來殖民統治者國民黨中華民國的所謂主權獨立**」硬拉在一起、冒稱這就是「**台灣人所渴望的出頭天做主人的〝台灣獨立〞**」、這些謬論都是缺乏「**理念**」與「**立場**」所招來的。因此、民進黨的幾個要角已經搖身一變、當上「**中華民國**」什麼顧問等大官、尤其前主席黃信介、更於一九九六年一二月三次面會李登輝、終在翌年九七年一一月擬以就任「**中華民國國家統一委員會**」副主任委員、後來遭強力反對才改變不就任、但是這一連串事跡、都是違背「**台灣獨立革命**」的初志及其基本立場。

因爲這樣、所以「**民進黨**」許多個別黨員一旦在「**中華民國**」體制內的「**假**」民主選舉當選公職、即以其「**官僚**」的心態與姿勢對待台灣人大衆、而且在暗地裡或多或少的假公濟私而追求「**個人利益**」。他們有的是政治無知、不懂「**台灣獨立**」的大義、有的是明知故犯、唯利是圖、與國民黨外來統治者同流合污、結果、陷入「**假**」民主必然所具有的「**構造上的缺陷**」（Structural defeat）、搞起不可告人的網羅政治權力與經濟特權、或應用權柄壟斷金融・製造超貸與呆賬、及利益輸送等能事。

這些所謂「**轉型路線**」與民進黨個別黨員的敗壞作風、最大的傷害、就是導致台灣大衆的視聽混淆、使他們難以認清誰是「**眞**」獨立誰是「**假**」獨立、無法辨清敵我之別、以致模糊了「**台灣獨立**」原來的眞面目、結果、對台灣獨立運動失去信心。

凡是「**政治團體**」、除了具有堅定的理念・立場・觀點之外、另一個關鍵、就是要有嚴格的「**紀律性**」、才能獲得應有的「**組織力量**」、藉以取得「**思想統一・步調一致**」而來戰勝敵人。

台灣獨立運動五〇年來另一個的大缺點、不外是有的獨立運動團體都欠缺基本的「**紀律性**」。由於各欠缺或鬆懈這個緊要的組織紀律、所以有些團體都成爲似是而非的政治集團。求其根源、幾乎是擁有自私的「**自由放任思想**」或無政府概念的「**民主主義**」的知識份子、及受國民黨奴化教育根深蒂固的一部份台灣人作崇。如此缺乏紀律觀念、所以獨立運動開始以來、許多運動者（特別是某些派別的主席或高幹）、都各說各話及以個人意見爲組織意見的惡劣習氣頗盛。時有所聞從組織之「**外**」公然批判或指罵組織「**內**」的缺陷。如近時的競選期間、這種無紀律性更加放縱得逞、有的從外打擊自己組織的候選人、有的更爲其他組織（甚至爲敵方組織）站台助選。這些所謂「**無組織狀態**」「**失去立場**」或「**脫離戰線**」等惡質選風愈益嚴重。如此無組織性、違背社會道德的風氣、不但是嚴重的使民進黨自己組織的空洞化・弱勢化、更爲糟糕的是這些敗壞習慣、已成爲一般台灣人的負面樣本、使廣大的台灣大衆一直難以集結起來、而不能成爲堅強的革命隊伍。

「民進黨」自從一九八六年建黨以來、歷經一一年、竟然發展爲不可輕視的一大政治勢力（自稱爲黨員一四萬人）、已在社會上建立一股號召力。但是、其內部的政治資金、卻已以國民黨系經濟財團（黨國資本主義的一翼）爲重要來源。例如：

一、一九九六年一二月一〇日（民進黨十年黨慶）、「民進黨」高幹、與「國民黨立法院黨團」劉松藩（台中企業銀行董事長）等、於來來飯店一七樓俱樂部密商、決定政黨補助金二億三千萬元。

二、「民進黨」黨中央以「工商共餐會」名目、邀請「國民黨」中常委與其財團人物、會餐三次（一九九六年八月二四日・九月七日・九月二一日）。尤其第三次、是以秘書長邱義仁邀請、陳文茜・陳水扁・洪丁科（陳水扁系統・台北銀行董事・台灣不銹鋼公司理事長）等人出面會晤、出席者有：辜濂松（代表國民黨中常委辜振甫、台灣商業信託銀行董事長）・高清愿（國民黨中常委、國民黨財團台南地區核心人物、統一財團負責人）・孫道存（上海幫財團孫法民之子、太平洋電線電纜公司董事長）・蔡萬才（國泰蔡萬春之三弟、台灣高速鐵路聯盟大股東、富邦財團負責人）・陳盛沺（陳茂榜之子、聲寶財團負責人）・施振榮（Acer台灣最大電腦廠商、宏碁電腦公司董事長）・殷琪（殷之浩之女、台灣高速鐵路聯盟大股東、大陸工程公司董事長、台灣橡膠公司董事長）・王世堅（民進黨重要支持者、日成營造廠負責人）等人。

據聞、「民進黨」這次招募到三億餘萬元巨款（參考「民進黨」中央黨部極機密資料、「國民黨」資料、台灣媒體報導）。

這樣、「民進黨」尚未執權、已稍有分到「大餅」、政治資金豐富。由此可見「民主進步黨」幾乎失去立場、其「國民黨化」病入膏肓、無論中央或地方、已模糊了「獨立」的政治目標。

反而、黨主席許信良與其特別助理陳文茜（後來任宣傳部主任）、及秘書長邱義仁、卻三番兩次的宣稱：「**國民黨已本土化**」、並秉持「**在『中華民國』統治下、台灣已經是主權獨立國家、沒有必要在執政後宣佈台灣獨立**」、而配合李登輝「**修改中華民國憲法**」。這對台灣獨立運動是何等的傷害、令人扼腕痛心。

另一方面、許信良原來是一九八九年在中華人民共和國駐美領事館幫助之下、從洛杉磯正式赴中國大陸、然後繞道福建省漁港、橫渡台灣海峽而返台。一九九二年時、在他第一次當選「**民進黨**」主席的翌日、隨即從台灣借道日本東京前往北京、五天後才再經過日本而回到台灣。許信良又在一九九六年一月出版「**大膽西進**」、高喊與中國「**三通**」、大言不慚的繼續鼓吹這種「**三通**」言論（後來成爲非驢非馬的「全方位政策」）。前民進黨主席張俊宏也在一九九六年八月前往北京、書面會談李鵬等中共高幹、在廣東深圳著文歌頌江澤民。

一九九七年十一月二九日的「**中華民國**」縣市長選戰、各黨候選人及其文宣人員、在競選期間完全不談任何「**政見**」、反而賄選•抹黑•謾罵等惡質選風大行其道、在這違反民主的情況之下、民進黨拉下國民黨外來統治而獲勝（得一二席）、也可說是屬於可喜可賀的大事跡、「**民進黨**」獲大勝利、求其原因、可以歸結於⑴因一九九六年中共發射飛彈導致台灣選民的政治覺悟空前提高、反「**中國**」（無論國民黨或中共）意識熾烈、⑵國民黨殖民統治長年來惡政連連、並其黨中央無法掌握台灣大衆高度的獨立願望與民主表現、及其選戰戰略犯大錯誤、⑶「**民進黨**」地方基層黨員的內部團結與努力奮鬥、及這次候選人提名不拒黨內派系等奏效。

此後、問題是在「**民進黨**」能否容納台灣大衆所希望的政治趨向與政策運用、即：⑴能否改建爲一個有理念有立場、有組織性及有社會倫理性的政治團體、⑵能否進行調整「**轉型**」而取回「**獨立**」立場、⑶對中國（中共）政策能否做戰略轉變、由「**大膽西進**」修正爲「**戒急用忍**」、⑷對環保問題與勞工利益能否重視、(5)務實處理經濟政策等、這就是「**民進黨**」要不要取得「**政權**」的四大關鍵。

(2)　「獨立台灣會」

「**台灣為什麼要獨立？**」、就「**獨立台灣會**」從事台灣獨立革命運動的出發點而言、即台灣社會與台灣人、自從四〇〇年有史以來、一直遭到外來侵略者統治、至今仍然還在中國國民黨外來集團的「**殖民**」統治之下。歷代的外來統治者、不管是異「**民族**」的荷蘭人・日本人、或是同一「**種族**」的漢族即鄭氏・滿清（來台統治的官僚・軍隊都是漢族）或中國人（蔣家國民黨集團）、他們都毫無例外的以武力侵略已經建設好的台灣社會、對於台灣人加以殖民統治、施加空前的壓迫與剝削。因此、代代的台灣人祖先們、為了擺脫這些外來殖民統治的枷鎖、實踐前仆後繼的長期反抗鬥爭、時至今日的兩千萬台灣同胞、仍然為了實現祖先們傳下的「**台灣精神傳統**」即要出頭天做主人、還在艱苦努力奮鬥著。

「**獨立台灣會**」、就以上述的「**歷史觀**」與台灣人的「**使命感**」、於一九六七年創立於日本東京、長久以來、以台灣歷史上所產生的「**台灣民族主義**」為理念、並以「**台灣獨立建國**」為立場而奮鬥。

「**獨立台灣會**」在過去三〇年間、雖然建立革命根據地於海外、但是一貫以島內為「**主戰場**」、與封建軍閥法西斯的蔣家國民黨外來統治集團做了生死鬥爭、歷經一九五〇、六〇年代的白色恐怖、七〇年代的政治壓迫、八〇代的黨外鬥爭、都與敵進行熾烈的文鬥武鬥。這三〇餘年中、即以海外為基地、從島內召集地下同志施以革命鬥爭的基本訓練、前後為數約有八百餘名、其中、從事革命工作而慷慨就義犧牲的烈士有四名、被捕坐牢達八一名之多。另一方面、在海外亦發行不定期雜誌「**獨立台灣**」（共八九期）・「**蕃薯仔叢書**」（共四期）・「**台灣大眾**」（共二三期）、並及時出版日文・漢文・英文的「**台灣人四百年史**」「**台灣不是中國的一部份**」「**民族形成與台灣民族**」「**台灣革命與社會主**

義」等著作、藉以提升島內外的台灣民族主義理念及台灣人的意識與行動。

到了一九九三年、鑑於島內政治形勢轉變、先由史明潛返台灣、繼之、把「**獨立台灣會**」海外總部由東京遷回台北。其後、相繼在高雄・嘉義（現在停止）・台中（現在停止）・台東（現在停止）・新竹等地成立聯絡處。全島各處現有二三輛的「**獨立宣傳車隊**」、每逢週六與週日、即在各地穿梭大街小巷、或隨時隨地的宣揚「**台灣應該獨立**」的道理與「**台灣民族主義**」理念、藉以提高台灣大眾（民族資本家・中小企業者・領薪階層・原住民同胞・工農漁民階層・都市貧民階級・以及認同台灣的在台中國人）的政治覺醒、以期壯大大眾力量、進而組織大眾、朝向「**台灣獨立建國**」的目標勇往邁進。

一九九六年一一月、「**獨立台灣會**」、爲了百尺竿頭再進一步、亦在台北設立一處所謂「**地下電台**」、即「**台灣大眾廣播電台**」、以期更廣泛、更有組織的號召大眾、接觸大眾、爲台灣獨立再接再勵奮鬥到底。

觀諸台灣獨立事業今後的發展、必須認清最大敵人不外是中國（中共）的武力犯台。中共現今雖然未有足夠渡海犯台的軍事力量、但是因中共與中國國民黨同樣的高唱「**中國大國沙文主義**」、及傳統的「**中國大一統主義**」（「中華思想」Sino-centrism）、所以、只要它們強調「**台灣是中國的一部份**」、假以時日、一旦有足夠的軍事力量、屆時定會進行武力犯台。據外電報導、目前中共維持其國民總生產（GNP）每年成長率平均九%的情況、一年花費平均一千億餘美元、積極加強其所謂「**軍事現代化**」。按世界專家預估中共於二〇一五年至二〇二〇年、就能擁有跨海作戰而侵犯台灣的軍事力量。

因此、台灣人爲了自己的前途與利益、也爲了達成祖先留下的「**出頭天做主人**」的宿願：(1)必須儘快脫離「**台灣是中國一部份**」的政治虛構、(2)爲了脫離中國的虛構、就要盡早達成「**台灣獨立**」「**建立台灣共和國**」、(3)爲了達成獨立建國、首先必須推翻「**中華民國**」的殖民統治體制與特權。

「**獨立台灣會**」、將要不屈不撓的更加努力於宣揚「**台灣獨立理念**」（「台灣民族主義」）、嚴密的劃清敵我界線而更加堅定「**台灣獨立立場**」、公而無私將「**台灣獨立觀點**」更加明確化、在中國（中共）的軍事力量強大之前、竭力於推翻「**中華民國**」、而達成「**台灣獨立**」的首要目標。這就是當前「**獨立台灣會**」所標榜的目標與行動。

爲了達成「**獨立**」的終極目標、必須以廣大的台灣大衆與革命的知識份子爲主軸（走「大衆」路線是二〇、二一世紀的世界潮流）、所以「**獨立台灣會**」即以「**台灣民族主義**」爲「**理念**」（台灣人關心台灣的前途與利益、政治上要建立獨立國家、經濟上要建立國民經濟、文化上要發展固有文化的這種思想與行動）、並以⑴宣揚理念、⑵組織大衆、⑶聯合戰線、⑷武力鬥爭、⑸民主鬥爭、⑹國際宣揚爲「**六大戰略**」、藉以提升台灣大衆的政治覺醒、以期有組織的壯大「**大眾力量**」、而在中共強大之前、達成「**台灣獨立**」。

「**獨立台灣會**」的大衆工作、雖然現已稍有成效、在大衆間建立不少的群衆基礎、但因返台日子較短、力量有限、所以工作還不夠全面、影響力還算不大、今後的努力目標、只有盡了台灣人應盡的一份、繼續努力於堅持原則、即向廣大的大衆宣揚「**理念**」（台灣民族主義）、幫助大衆堅定台灣獨立的「**立場**」與「**觀點**」、並以行動宣傳「**六大戰略**」、而來促進大衆的「**思想武裝**」、進而使大衆「**組織化**」、積蓄「**戰鬥力量**」、然後打倒外來殖民體制與力量而已。

⑶　「建國黨」

一九九六年四月九日、曾爲民進黨「**總統**」候選人的彭明敏爲首、成立「**建國會**」、其宗旨有三、即：⑴從事台灣建國的啓蒙運動、⑵結合有志於台灣建國的個人和團體參與建國、⑶爭取台灣的國際承認地位。當時、參加「**建國會**」的反對運動人士有李鎭源・高俊明・辜寬敏・林山田・李永熾・葉菊蘭・彭百顯・陳永興等高層知識人士。

繼之、於一九九六年八月一八日、建國會・台灣教授協會及長老教會、召開「**建國黨籌備大會**」、林山田・李勝雄・李永熾・鄭欽仁・張炎憲・廖中山・許世楷・李喬・辜寛敏・郭榮桔等六〇餘人出席、通過「**建國黨**」黨名及黨綱草案、並選出籌備委員會核心幹部、即總召集人林山田、副召集人李永熾・李勝雄等。

到了一九九六年一〇月六日、「**建國黨**」舉行成立大會、選出李鎮源爲主席、林山田副主席、李勝雄秘書長、決策委員李鎮源・林山田・李勝雄・李永熾・鄭欽仁・廖宜恩・李慶雄・郭倍宏・徐馨生・林明男・陳茂雄等人。李鎮源強調、獨立建國不只是政治性的主張、也是文化及社會的改造、以建立有尊嚴、世界第一流的台灣共和國。但在會上、彭明敏卻拒任榮譽主席。

然而、一九九六年一〇月八日、「**建國黨**」因遭「**內政部**」反對其「**台獨**」主張、卻在送審於國民黨內政部的「**建國黨黨章**」、把其建黨主要的靈魂「**台獨**」兩字斷然去掉、因此在建黨頭一步就妥協卻步。

當「**建國黨**」成立之際、先走一步的「**民進黨**」以全力防止彭明敏脫黨之外、只有施明德反擊、許信良回應、其他黨內意見表示不一。「**建國黨**」反而先開火、由決策委員李慶雄指責「**民進黨已成統派**」、這是所謂「**政治策略**」不同之故。

但是、「**建國黨**」一開始在體質上就內涵著不可融和的自相矛盾、一方面標榜「**台灣獨立**」、自認是獨立運動陣營的正統、但在另一方面、卻表明要在國民黨體制內參加「**選舉**」、並在「**立法院**」以退出民進黨的陳光復・陳文輝及陳永興等人、尋求組織立法院內之「**黨團**」、這些動作等於一個人同時追一豹（國民黨體制）一獅（台灣獨立大業）之愚、不但任何一隻也抓不到、而且竟使台灣大眾認不清要的是豹子或獅子。

「建國黨」成員絕大多數是教授・博士・醫師等屬於高級知識份子、是社會高階層人士、所以容易脫離大衆、在立場等各方面與台灣大衆並無結合是其最大的瑕疵。

在這種情況之下、「建國黨」只有舉行講演會・座談會・書面宣傳等活動。另一方面爲了誇耀獨立陣營龐大勢力、召集「台灣獨立聯盟」「台灣教授協會」「長老教會」「外省人台灣獨立促進會」等團體成員、擬以籌組「台灣共和國人民議會」、或「台灣共和國申請加入聯合國運動聯盟」、或「獨立聯合戰線」等、這不外是名勝於實的政治活動。同時成立「縣市長提名委員會」（指定參選縣長二名、縣議員若干名）、但在一九九七年一一月二九日的縣市長選結果、在嘉義縣・台中市的縣市長候選人卻只獲二萬多票而敗選。但是「建國黨」、好似認爲「體制內選舉是獨立唯一的方法」、所以一九九八年一月的「縣市議員及鄉鎮市長」選舉、又是提名縣市議員候選人三一人、鄉鎮長候選人一人。

然而、「建國黨」成立後不到一年、就見到林山田辭職副主席、秘書長李勝雄提出辭呈。到了一九九七年一〇月內訌擴大、李筱峰等中堅黨員六〇餘人發表「自行凍結黨權」、莊淇銘等一一名黨員發表「告別建國黨」、李喬宣佈退出決策委員會、李永熾・鄭欽仁・郭倍宏等決策委員提出辭呈、創黨發起人共一一人宣佈「退出建國黨」、所以黨內已滿目瘡痍。但是主席李鎭源仍然表示堅持到底、絕不解散「建國黨」。「建國黨」雖其言論先進但因其本質是屬於「保守派改良主義」、並開始就踏進國民黨體制內選舉、與實現「台灣獨立」推翻外來統治、尙有根本性差距、所以「獨立台灣會」自始就與其劃清界線。

「建國黨」與「新國家陣線」（召集人陳永興）、後來組成「台灣獨立建國聯合陣線」、但因選舉利益關係、兩派的整合再次失敗。「台灣獨立聯盟」自從成立以來（一九五九年）、在海外是表示要堅決打倒「**中華民國**」、然而返台後、幾乎都分散於「**民進黨**」「**建國黨**」、毫不例外的參加立委・國大・縣市長選舉而當上國民黨大官、甚至有的支持國民黨黨魁李登輝、所以雖然仍喊「**台灣獨立**」、但其實際狀況、已名不符其實。

其他、有「**環保聯盟**」運動活躍、但也是組織「**綠黨**」（高成炎）踏進國民黨體制內從事選舉。

7　中國（中共）一九八〇年代後的國內情勢與軍事現代化

(1)　鄧小平三起三落後、成為中國最後的「皇帝」

鄧小平三次失勢三次復權、到晚年、終於築成絕對權威、登峰造極、成為比毛澤東更加神格化的個人獨裁者「**中國皇帝**」。他在這個波瀾萬丈的政治生涯裡、屢次為保全自己而「**棄車保帥**」、製造無數政敵、也犯了許多大量殺人的天大錯誤、尤其作出在歷史上罪大惡極的「**六四天安門大屠殺事件**」「**西藏・新疆少數民族大屠殺事件**」「**武力進攻越南**」、及「**文攻武嚇台灣**」等等。鄧小平是：

一九〇四年九・　出生於中國四川省廣安縣興鄉牌坊村的土豪鄧文明家庭、幼名鄧先聖

一九二〇年九・　在廣安縣畢業小學・中學後、滿一六歲時、成為「勤工儉學」學生留學法國、在巴黎與趙世炎・周恩來・陳毅・李立三・蔡和森・聶榮臻等後來的中共高幹相識、加入

一九二四年　「歐洲中國共產主義青年團」（中國社會主義青年團歐洲支部）

六・在法國加入「中國共產黨」（一九二一年創立於上海）、擔任「赤光」總編輯、從事宣傳工作

一九二五年

三・居留法國五年半之後、往莫斯科、在第三國際領導下、取名「多佐羅夫」、進修孫逸仙大學、學習共主義理論與革命實踐方法（此時與蔣經國相識）

一九二六年

鄧小平回國、起初在馮玉祥西北軍工作

一九二七年

四・蔣介石在上海實行「四一二政變」、大屠殺共產黨員

六・鄧小平往上海、擔任黨中央秘書長、與李大釗・陳獨秀・彭述之・蔡和森・張國燾等高幹一起工作、但此時在王明・博古「極左教條主義路線」與李立三「極左冒險主義路線」之下、工作不得志、後來赴江西、牽連「羅明事件」、工作失勢（鄧小平第一次失勢）

一九二八年

一二・鄧小平被派往廣西省、擔任紅七軍政治委員（司令員張雲逸）、領導「廣西百團暴動」、敗退後單身逃亡香港（鄧小平第一次「棄車保帥」）

一九三四年

一〇・鄧小平轉回江西、獲得毛澤東的知遇、參加中共兩萬五千華里「長征」（鄧小平第一次復權）

一九三五年

一・中共於長征途中、在貴州遵義鎮召開「中央政治局擴大會議」（遵義會議）、毛澤東打退王明・博古路線、取得「黨」領導權後、鄧小平再次任黨中央秘書長・宣傳部長等要職、也擔任紅第一軍領導幹部、成爲長征紅軍中心勢力

一九三七年

「紅第一方面軍」改爲「陝甘部隊」、到達延安（三五年一二月）、鄧小平擔任培養西北軍區幹部、這些幹部後來成爲高崗接收東北時的高幹

一九三八年

抗日開始（三七年七月）、鄧小平擔任「八路軍」總政治部副主任、後來任「一二九師」政治委員（司令員劉伯承）、到前線建立「晉冀魯豫軍區」、在太行山根據地指揮抗日游擊戰

一九四五年

五・中共第七屆黨代表大會、毛澤東建立個人獨裁地位

八・日本投降

一九四八年

六・國共第二次內戰爆發（一九四六年六月）、鄧小平四八年六月率領中國人民解放軍「劉鄧大軍」（四〇萬大軍）、最先渡過黃河・打敗國民黨大軍、開闢了中共人民解放軍往南推進的突破口、在「淮海戰役」消滅國民黨中央軍五五萬（劉崎・杜聿明・黃維等兵團）、其後劉鄧大軍改編爲「第二野戰軍」（仍由劉伯承任司令員・鄧小平任政治委員）、長

一九四九年　驅佔領重慶・成都等西南地區

鄧小平在重慶、就任中共西南局第一書記兼西南軍區政治委員（鄧小平是年四五歲）

一〇・1　中華人民共和國成立、鄧小平跟毛澤東・劉少奇等首腦登上天安門樓上受人民敬祝

一九五四年　鄧小平以「黨中央總書記」官僚身份、清算高崗（陝西紅軍早期的高級領導者、與首領劉志丹死守西北根據地、迎接毛澤東長征紅軍、勝利後就任中華人民政府副主席、主持東北接收工作、就任東北軍區司令員兼政治委員・東北人民民主政府主席）與饒漱石（華東軍區黨中央局組織部長・黨中央組織部長）—黨中央捏造的所謂「高崗・饒漱石反黨事件」、鄧小平「第二次棄車保帥」

一九五六年

二・　鄧小平出席莫斯科蘇共第二〇屆黨代表大會、蘇共總書記赫魯雪夫清算史達林（一九五三年死亡）、徹低批判「崇拜偶像」「個人崇拜」

毛澤東推行「百家爭鳴・百花齊放」運動、但隨即轉為「反右派鬥爭」、黨總書記兼副總理鄧小平主導鬥爭、有百萬知識份子被鬥爭（一九五七年）

九・　鄧小平總書記、在第八屆黨代表大會上、推行「修改黨規約報告」、把「毛澤東思想」「個人崇拜」辭句削除、造成後來「文化大革命」時遭清算的前因

一九五七年

一一・　鄧小平追隨毛澤東出席莫斯科「社會主義一二國首腦會議」

一九五八年八・　毛澤東實行「三面紅旗」政策（總路線・大躍進・人民公社）、在「北戴河會議」（政治局擴大會議）決議實行「人民公社」（共產主義階段）、但在此時、鄧小平避免積極參與

一九五九年七・　「三面紅旗」政策徹底失敗、在「廬山會議」毛澤東主席與彭德懷國防部長正面衝突、彭德懷・黃克誠（總參謀長）遭清算、此時、鄧小平避免出席開會

一九六三年七・　鄧小平與彭眞往莫斯科、在「中蘇共黨會議」上、與蘇共代表俗素魯夫（Suslov）大衝突、會談失敗、二人回到北京時、受毛澤東・劉少奇・周恩來等首腦在機場熱烈歡迎、此時爲鄧小平最得意時代

一九六四年　鄧小平爲了要收拾毛澤東「大躍進」失敗、推行「農業六〇條」「三自一包」（自留地・自由市場・自營戶、及每一農戶包辦一塊農地）、提倡「白黑貓論」的現實主義生產路線（也是「非毛澤東化路線」）、故在後來「文化大革命」時、與劉少奇被指爲「劉鄧當權派」的罪狀

一九六六年一〇・　「文化大革命」（六五年一二月）、權力鬥爭開始、劉少奇・鄧小平成爲「紅衛兵」打擊的主對象

一九六八年

一〇・　鄧小平被林彪放逐於江西省受勞動改造（鄧小平第二次失勢）
一九六九年
一一・　劉少奇死亡於鄭州獄中
一九七三年
四・　鄧小平復權、就任黨中央政治局員兼國務院副總理（鄧小平第二次復權）、他著手軍政大改革、廢止地方將領的「三支兩軍」（支左・支衆・支工、軍事管制・軍政訓練）、實行一級軍區司令員（南京許世友・廣州陳錫聯・濟南揚德志等司令員）大調動
一九七四年
四・　鄧小平就任中國代表團長、出席聯合國總會、發表「三個世界論」
一九七五年
一・　鄧小平升任黨中央政治局常務委員兼黨中央軍委會副主席兼總參謀長
「第四屆全人代大會」、周恩來提出「四個現代化」（農業・工業・國防・科學技術）
一九七六年
一・　周恩來死亡
四・　「第一次天安門事件」（「天安門五四事件」）、鄧小平以「走資派・反黨・反革命」罪狀、再次被清算（鄧小平第三次失勢）
九・　毛澤東死亡
一〇・　葉劍英・汪東興・華國鋒等的「一〇六北京軍事政變」、文化大革命「四人幫」（江青・張春橋・姚文元・王洪文）被捕

一九七七年
七・「黨第一〇期六中全會」、鄧小平再次復權、被任爲黨副主席・國務院副總理・黨中央軍委會副主席兼總參謀長（鄧小平第三次復權）

一九七八年
全國發生「民主化運動」「民主牆壁運動」、被鄧小平利用爲奪取毛澤東繼承人華國鋒的領導權
四・鄧小平利用「二野」舊部韋國清（軍總政治部主任）・許世友（廣州軍區司令員）、清算「四野」林彪系幹部、全面掌握軍隊領導權
九・鄧小平推行「實事求是」運動、打破毛澤東思想「絕對價値論」
一二・「黨一一期三中全會」、鄧小平確立黨內領導權、提出「改革・開放」政策（所謂「三中路線」）

一九七九年
二・鄧小平揚言「制裁越共」、侵犯北越、但不到一個月敗退中國、鄧小平歸責於廣州軍區司令員許世友（第三次「棄車保帥」）

一九八〇年
二・「黨一一期五中全會」、鄧小平推舉心腹趙紫陽就任黨中央政治局黨務委員、八月提拔爲國務院總理、華國鋒完全失勢

一九八一年
「黨一一期六中全會」、鄧小平親自就任黨中央軍委會主席、完全掌握解放軍最高領

一九八二年　導權、提拔心腹胡耀邦取代華國鋒擔任黨總書記、鄧小平終於掌握黨・政・軍絕對領導權、成爲最後的「中國皇帝」

一九八四年　「全國人代大會」、鄧小平提出並決議所謂「鄧小平憲法」、確定「改革・開放」路線大方針

一九八六年　「黨全國代表會議」（臨時的黨代表大會）、鄧小平命令胡耀邦、清除葉劍英・聶榮臻・徐向前・鄧穎超・王震・烏蘭夫・宋任窮・韋國清・張廷發等一〇名老幹部、退出黨政治局、代之使田紀雲・喬石・李鵬・吳學謙・胡啓立進入政治局

一九八七年　魏京生領導「民主化運動」、反對鄧小平及中共的「人治獨裁」

一・　鄧小平以同情「民主化運動」罪狀、罷免心腹胡耀邦黨主席職務（鄧小平第三次「棄車保帥」）

一九八九年

六・　「天安門事件」（第二次「六四事件」）發生、鄧小平命令裝甲車等大軍、徹底鎭壓學生・市民等大衆、演成大屠殺的「血的禮拜天」、藉以確保其帝王地位

六・　「黨一三期四中全會」罷免民主派趙紫陽（黨總書記）、任命江澤民爲總書記及黨中央軍委會副主席、鄧小平第四次「棄車保帥」

一一・　鄧小平在「黨一三期五中全會」辭職黨中央軍委會主席、令江澤民取代、成爲幕後獨裁者、在暗中發號施令

一九九二年

四・　鄧小平巡視深圳・珠海等經濟特區、指示「南巡講話」、強調應使「社會主義市場建設」快速化

一〇・　「第一四屆黨代表大會」、通過「社會主義市場經濟」爲當前的戰略綱領、使之走入「不歸路」（Point of no rerurn）

一九九三年

鄧小平追放第二次天安門大屠殺的老功臣楊尙昆（前國家主席）・楊白冰（解放軍總政治主任）兩弟兄、絕對化其軍中領導權

一九九四年

鄧小平召集軍高幹、強調「必須服從黨領導」

一九九五年

四・　黨中央決定北京市長帶罪辭職、副市長自殺、及尉健律新任北京市黨書記、加強江澤民領導路線

一九九六年

八・　鄧小平於二二日九二歲生日、對七人領導幹部（江澤民・李鵬・喬石・劉華清・丁關根・張震・羅漢）強調團結

一九九七年

二・19　鄧小平死亡（一九日）

（參閱川島弘三「鄧小平後の中國」1996, 日本東京）

(2)　社會主義市場經濟所引起的各種矛盾

一　鄧小平留下的負的遺產

「我們黨聽人家説鄧小平同志是改革的總設計師、然而經濟改革一旦發生問題、就把其責任嫁給趙紫陽身上、這是怎麼回事呢？」（川島弘三「鄧小平後の中國」1996　日本東京）。一九八九年（天安門事件發生）的二月、在「**北京大學時局報告會**」中、國務院發言人袁木、對於這個學生的質問、忽然無話可答。

鄧小平的確是具有能看出時勢與世情的敏捷眼光、且均能拿出一切改革方案的一個「**總設計師**」。然而、他的做事處世或待人接物、卻非常苛刻、一遭困難、都以「**棄車保帥**」的逃遁手法、犧牲別人而只謀自己一個人的安寧。因此、他所信任的心腹幹部胡耀邦・趙紫陽及西北諸幹部等人、都是爲了鄧小平臨危時要保護自己的政治生命而被打入冷宮裡去當罪人或被殺害。這樣、鄧小平一旦遭遇到危機或困難、立即把責任嫁禍於人、自己則搖身一變、逃之夭夭。這也許是使他在波瀾不常的權力鬥爭裡、能保全地位的一種秘訣。

但是、鄧小平的這種冷酷刻薄的性格、在另一方面、可説也是他的弱點。他從來不就任國家主席或黨主席、或者國務院總理。然而他到後來始終是不可侵犯的「**最高獨裁者**」、而在幕後握著「**絶對權力**」來發號施令。就是説、無論如何他的晚年完全是一個絶對獨裁者的存在。但他絶不負起終極責任、所以像胡耀邦・趙紫陽等因受他垂青才犧牲其政治生命而消褪下去的無可計數。鄧小平所造成的這種矛盾、一定會在他死後的後世、留下黨政軍在政策上的所謂「**鄧小平批判**」的政治事件、同時這個負面、必然會擴至中國共產黨本身、而導出一場嚴重的「**共產黨批判**」罷了。

二　嚴重深刻的經濟矛盾

鄧小平主導的「**改革・開放**」政策（一九八〇年代初開始）、一九九二年秋、在第一四屆黨代表大會、採決「**社會主義市場經濟**」之後、可說已進入第二階段。到了現在（一九九七年）、已發展爲「**上海浦東新區開發**」「**大連經濟技術開發**」「**海南島急速開發**」等的全國性快速發展。

因此、在全世界陷於經濟不景氣的現今狀況之中、只有中國乃在一九九二年實質ＧＤＰ（國內總生產）增加一二・八％、一九九三年一三・〇％、一九九四年一一・八％、一九九五年一〇・二％、而受到世界上瞠目關注（一九九五年中國國家統計局發表）。

但是、猶如韋伯（Max Weber, 1864-1920　德國著名社會學者）在其著作「**儒教與道教**」中所說、「**中國民族特別重視錢財**」、所以在毛澤東實行「**人民公社**」之後的所謂「**中國社會主義市場經濟發展**」的名堂之下、一般人民的「**向錢看**」風潮卻勃然大興、雖說是以「**社會主義**」爲國是的中華人民共和國、也不得不逐漸放棄社會主義政策、走向市場經濟化（資本主義化）發展。然而在另一方面、中國共產黨在政治上卻仍然硬以「**四個堅持**」（社會主義之道・人民民主主義獨裁・共產黨領導・馬列主義及毛澤東思想的堅持）之社會主義原則爲國家目標。這樣、在經濟上的資本主義化與政治上的社會主義原則堅持、必然會產生社會上極深刻的根本矛盾。

第一個問題、經濟上「**改革・開放**」政策必然導使社會的內部變革、但在政治上卻阻礙了要朝向社會民主化・多元化發展的趨向、所以中國大陸沿海一帶的經濟特區（深圳・珠海・廈門・上海・大連等）市場化雖然急速發展、一般大衆卻只有興起「**向錢看**」個人慾望、而不能使「**改革・開放**」政策成爲社會「**近代化**」的基本因素。特別是在所謂「**人口爆發**」（Population Explosion）的問題上、一三、四億的實在人口之中、其八五%的一〇餘億農民大衆、卻在農村產生了一億五千萬失業人口、這些失業者幾乎都流浪於大都市找工作而成爲所謂「**盲流**」（民工潮）。農村社會本身卻喪失了農民爲農耕認眞流血汗的這種農民原本的眞面目、農地愈來愈呈「**沙漠化**」。

第二個問題、中國社會經濟既然急速發展、但共黨政府對於應做的矯正經濟落差・轉換產業結構・培養中間階層・擴充教育文化等所謂「**近代化**」基礎條件的形成問題、幾乎都置之不理、就算有做些許、也是遲遲不進。然而、自一九七八年開始的「**改革・開放**」、在這一八年間、已把中國GDP（國內生產）年成長率平均增加爲九・九%。但是在GNP（國民生產）的每人年平均卻仍然停滯於五〇〇美元的低水準（香港是一萬八千美元、台灣一萬三千美元、雙方有了二、三〇倍的差距）。並且、中國沿海都市住民收入每人年平均約有一萬元人民幣、但在內陸的廣大農民大衆、每人每年平均收入卻不到一千元。全國的產業結構轉換（從農業轉化工業・勞動密集轉化資本密集）等基本問題、仍然不見就緒。原來其問題仍在於所謂「**改革・開放**」產業實質上都是全面依靠「**外資**」（美國資本・日本資本・香港與華僑資本及台灣資本）、才能進行。「**外資**」的中國投資額、一九九〇年三四・八億美元、一九九一年四三・六億美元、一九九二年一一二・六億美元、一九九三年二七七・七億美元、一九九四年三三八億美元、一九九五年一二七七億美元（「中國統計年鑑」一九九五年）。但是這幾年外國資本與中國政府或民間產業的矛盾對立、導致一九九四年以來、香港・台灣的資本投資減少了四〇%以上。如果這種外國投資繼續減少、中國現行的「**改革・開放**」政策、或許得做了全面性的修正才可。

第三個問題、國有企業的長期赤字、壓迫國家財政。中國國有企業的赤字額、一九八九年一八〇億元人民幣、一九九〇年三四八億元、一九九一年三六七億元、一九九二年三六九億元、一九九三年四五二億元、一九九四年四八二億元。這種財政赤字導致爲國家實力雖說有發揚、經濟卻發展在軍事化。石油・電力・鋼鐵・非金屬・汽車・造船・煤炭・重電・石油化學等重要產業都屬軍隊控制的國有企業。所以、不管國家財政有了大幅赤字、軍事預算在一九九二年對前年比較增加一三・八%、一九九三年增力一五・〇%、一九九四年增加二二・四%、自一九八九年天安門事件算來、國防預算膨大爲一倍以上（「中國統計年鑑」一九九五年）。並且、中國的「**國防**」預算只是所謂「**軍事**」預算的一部份、所以兵器開發費或武器購入費等並不算在內。因此、今日的中國經濟成長、隨伴著龐大的經濟「**軍事化**」、這不但是只對外的軍事戰略、也具有對國內的治安上的目的、就是說國家・社會本身逐漸加強很大的軍事化・軍事獨裁化因素。

如上、中國的經濟發展、內含著各種矛盾在裡頭、到了一九九〇年代初、中國經濟快速成長、但在另一方面、卻導致通貨膨脹超過三〇%、投資過剩・國家財政逼迫・社會貧富差距擴大・犯罪急增・道德敗壞等、這些深刻的社會矛盾問題迭起而生。這種矛盾在鄧小平在世時、是由他的絕對權力壓制著（一九九〇年代初）、但若到後鄧小平時代、「**改革・開放**」體制的危機、定會更加深刻的發展爲具有毀滅性的危機。

(3) 農村經濟停滯

如上所述、原來中國現行的「**改革・開放**」政策是政治意義勝於經濟效果的、所以若把中國的經濟成長只限以統計數字來看、就會與其社會現實的認識產生很大的乖離。譬如、中國政府近來頻繁的強調要以統計數字爲基礎來確立「**巨視經濟體系**」（Macroeconomics System）。但是在現實上、在市場經濟體制下應有的稅制・稅收・通貨・金融政策・外匯管理等有關「**市場調整**」（Marketing Regulation）、却不能具有順利機能。最大的現實問題、就是都市的通貨膨脹・一億五千萬的「盲流」人口・都市農村間在經濟上差距大等、社會病理現象不能解決。

農村經濟停滯、是現在最嚴重的問題。農村人口佔總人口八五％的產業・社會結構中、雖以「改革・開放」政策爲主却無法轉換、而且農民大衆仍然沈淪於極貧的生活狀態之下。

中國農民、曾在毛澤東時代、完全遭到人民公社所約束而不能動彈、所以、自一九八〇年代中葉一舉廢除人民公社後、農民大衆非常感謝鄧小平、所謂「萬元户」陸續出現。然而、「改革・開放」政策一旦開始、由於沿海諸省經濟快速成長、所以廣大的內陸諸省的農村社會、却仍然停滯於過去的落伍狀態、大部份農民大衆年收只有五〇〇―一千元而已、這等於都市企業或國有企業（都是共產黨員掌管經營權）的勞動者年收的十分之一。尤其最近因通貨膨脹、加徵稅捐・增加負擔金（等於地租）・勞務增加・農產品公買價格低落等、使農民困苦情況愈來愈擴大、他們必然的產生很大忿怒。

因此、中國政府乃從一九九三年廢止對政府的負擔金三七項、施行「農業法」、並在「黨三中全會」、採決「爲確立社會主義市場經濟體制上的若干問題」、提倡農村經濟發展及農業改善問題。然而、只要今日所謂「改革・開放」政策繼續存在、因農村落後所招來的中國社會內的貧富差距、必然的會愈來愈擴大。

在這種社會情況之下、一九九三年六月、在四川省成都市的南邊、壽縣富加區、不滿重稅・重勞役的一萬五千的農民、因拿到中國政府所發行的「白條」（政府徵糧所發的空頭換款券）、終於起來暴動、農民大衆包圍縣政府、口口聲聲喊出「中共黨官僚與古時代的土豪劣紳一模一樣」（日本東京「每日新聞」六月）。中國從古代就有著「不憂寡、憂不均」（論語）的思想、所以近時在中共統治下的所得差距的急速增大、與其原來的均富思想不能相容、加上貪官污吏更猖獗・黨官僚橫行霸道、道德敗退・

教育荒廢・拜金主義蔓延及集體犯罪日增的情況之下、中國農村大部份都陷於無政府狀態。這樣的中國農村頻頻發生「**暴亂**」、是「**改革・開放**」體制危機趨向嚴重化的社會現象。本來若是迴避農村問題就不能談及經濟發展、就不能解決中國社會的根本問題（參閱中嶋嶺雄「中國はこうなる」1995 日本東京）。

(4) 國有企業經營惡化

國有企業在國內企業中佔有九〇%、但於一九九五年全國生產所佔比率卻降低爲五〇%以下。由於中國共產主義即以「**社會主義**」爲中國的國本、所以「**國有企業**」是其最基本的經濟政策。然而、因爲無論「**社會主義市場制**」也好、「**改革・開放**」政策也好、都深切的充滿著結構上的矛盾、加上長期性赤字・經營放鬆・怠工罷工等長期存在、所以國營企業生產早就陷於經營危機。共黨政府雖然屢屢號稱要「**改善國有企業**」、但仍然脫不了其連續倒閉的窘境。

中國的國有企業、是以實現社會主義爲政治目的、是中國共產黨實行獨裁專政的物質基礎、如今更成爲成千成萬的共黨高級幹部爲私利而壟斷大小企業的對象、所以把國有企業「**民營化**」、實質上是不可能。

國有企業的經營惡化、在結構上、是以「**社會主義**」爲其根本的情況之下、其生產上市場的「**競爭原理**」（the principle of competition）無法作用、加上生產技術低劣・黨官僚貪污腐化等所引起的、所以要解決其缺陷困難很多。

舉個例子來說、把一九九五年的生產金額與四年前的一九九一年相比較、國有企業乃增爲兩倍的三兆一千億元人民幣。然而、在此四年中的「**外人投資**」則急增爲一〇倍的一兆五千億元、即佔國有企業生產的將近五〇%。這就是說、若往「**改革・開放**」路線繼續走、國有企業生產會遭外資壓倒而逐漸衰退、稍若抑制「**改革・開放**」路線來縮緊經濟發展、則會招來消費降低與利息昇高、而壓迫國有企業以至促其趨向加速衰亡（一九九四年的外資減少與企業倒閉急增、就是起因於副首相朱鎔基所做的經濟縮緊所致）。這就是現今中國經濟在國有企業所遭到危機的實際狀況（參閱表242）。

另一方面、共黨政府爲了維持這種岌岌可危的國有企業、即供給龐大數目的「**融資**」、這仍引起「**銀行**」不得不保持天文數字的不良「**債權**」。例如：只在中國工商銀行・中國銀行・中國建設銀行・中國農民銀行等四大銀行、其呆帳已超過國家收入的水準、這等於各銀行本身資本額的三倍以上。這種情況若在普通的近代國家發生、這些銀行早就垮台倒閉。

表 242　中國工業生產金額（億元）

	工業總生產額	內容			
		國有企業	集團企業	個體企業	其他
1980	5,154.00	3,915.00	1,213.00	0.81	24.40
83	6,461.00	4,739.00	1,663.00	7.50	50.40
84	7,617.00	5,262.00	2,263.00	14.80	76.70
85	9,716.00	6,302.00	3,117.00	179.00	117.00
86	11,194.00	6,971.00	3,751.00	308.00	163.00
87	13,812.00	8,250.00	4,781.00	502.00	278.00
88	18,224.00	10,351.00	6,587.00	790.00	495.00
89	22,017.00	12,342.00	7,858.00	1,057.00	758.00
90	23,924.00	13,063.00	8,522.00	1,290.00	1,047.00
91	28,248.00	14,954.00	10,084.00	1,609.00	1,599.00
92	37,065.00	17,828.00	14,101.00	2,506.00	2,633.00
93	52,691.00	22,724.00	20,213.00	4,402.00	5,352.00
94	76,909.00	26,200.00	31,434.00	8,853.00	10,421.00

（資料）　「中國統計年鑑 1995」

表 243　中國的糧食生產與人口

	糧食生產（萬噸）	人口（億人）	每人每年糧食生產（kg）
1979	33,212	9.75	341
80	32,056	9.87	325
81	32,502	10.00	325
82	35,450	10.15	349
83	38,728	10.27	377
84	40,731	10.38	392
85	37,911	10.50	361
86	39,151	10.65	368
87	40,298	10.80	373
88	39,408	10.96	360
89	40,755	11.11	367
90	44,624	11.43	390
91	43,529	11.58	376
92	44,266	11.71	378
93	45,644	11.86	367
94	44,450	11.98	371
95	46,640	12.11	385

（資料）　「中國國家統計局」發表

近來、有一種所謂「三角債」（企業間不良債權互相交換）在國有企業之間頻繁盛行、是一種從銀行貸出的呆帳、主要是在國有企業存在著、總額已達八千億元、不斷增加其金額（中嶋嶺雄「中國はこうなる」1996）。

國際金融家說：「中國的國有企業不但從事生產、也取代政府從事年金・醫院・學校等社會事業、因而形成了一個社會共同體（Community）。爲了運作這個社會共同體、政府得連銀行存款與稅金收入都投入於國有企業。這種所謂融資、與其說屬於不良債權、勿寧說根本是揮霍無度、無法可償還的呆帳。因爲這樣、因此、中國經濟可說是銀行・國有企業・徵稅制度三足鼎立、形成了惡性循環的一種金融社會主義」（日本「產經新聞」一九九七年一一月一日）。

由於大部份國有企業都頻臨於倒產的邊緣、勞動者的工資・退職金・健保金等都發不出、所以全國普遍發生嚴重的「勞動糾紛」。這種勞動糾紛在一九九二年發生八千件・一九九三年一萬二千件・一九九四年二萬九千件・一九九五年三萬五千件・一九九六年三萬七千件。隨之、企業倒閉也在一九九二年有三千件・一九九三年四千件・一九九四年一千六〇〇件・一九九五年二千二〇〇件・一九九六年六千二〇〇件（「中國勞動仲裁委員會」發表——日本「產經新聞」一九九七年一〇月三一日刊）。

國有企業之中將近破產的、其數已達一二萬家、能獲利的優良企業只有全數的二〇%而已。其營業收入佔國家財政收入的六〇%、其工人總數佔都市工人的七〇%。所以在這國有企業經營惡化的情況之下、臨時被解僱工人七〇〇萬人、所謂休閒工人已達二千五〇〇萬人。所以國有企業集中的遼寧省瀋陽等東北各地方・四川省・廣東省等地、常能看到大型的勞動抗議行動。全國企業有三分之二的工廠都陷於運轉率降爲三〇%、或生產停止狀態。中國勞動部政策法規局副局長常曉捷在香港說：「一九九五年勞動法實施以來、國內的勞動糾紛事件遽增、二年間達數十萬件。其中、國有企業爭議佔五〇％以上、外資企業佔二〇％」（香港「明報」一九九七一一月四日）。

日本東京工業大學教授渡邊利夫經常前往中國各處考察、他曾說過：「中國都市工人已漸趨無產階級化（Proletariat）、有廣泛工人組織出現的可能性、勞動糾紛非常嚴重……然而、現在廣東省等地、到處卻能看到〝熱愛中華〞的標語。這就是因基層共產黨員思想動搖、存在著很大危機、所以共黨政府不得不以中華民族主義代替社會主義、而使中國大眾找回思想向心力」（日本「產經新聞」一九九七年一〇月三一日）。

這樣、國家稅收的大半所依存的國有企業生產惡化、不但是嚴重壓迫了國家財政、而且引發更加依靠外國資本的後果（中國經濟成長並不是依靠自力開發或本國經濟基礎的改善與強化、偏是依存外國資本而成的）、並且、在一九九二年宣稱要導入「破產法」藉以整理國有企業、結果沒有成功、其原因是共黨政府深怕招來失業者增多（黨員佔多數）、所以不敢放手去做。

由於不把問題的癥結解決、中國經濟就不能重建、所以在第一五屆黨代表大會、才決定了把國有企業的缺陷予以徹底解決。如此、又不得不增加依賴外國資本才行。然而、外國資本一旦感到中國政策轉換、即「非鄧小平化」、就有可能把資本從由中國境內轉移至國外而逃之夭夭。

國有企業的根本改革、猶如「亡羊補牢」、想事後謀求補救、但是看起來、事已過遲。現今（一九九七年底）、亞洲各國的通貨貶值嚴重、世界性股票價跌落等國際條件、依賴香港市場的國有企業也會受到資金・財政方面的嚴重影響、所以必使中國產品降低競爭力與輸出衰退。雖說要進行「國有企業民營化」政策、但是工廠設備老舊與擁有龐大剩餘人員的國家企業、其股份誰敢購買、是一個很大疑點。若是大量失業工人充斥於都市・鄉村的各個角落、大有可能招致第二次「天安門事件」的危險發生。

(5) 香港經濟危機

一九九七年七月一日、英國把香港歸還於中華人民共和國、百年來淪於殖民地的香港、終於回歸至中國領土。

然而、香港從殖民地被解放後不到幾個月、從東南亞開始的「**通貨危機**」、卻波及此地、房地產市場崩潰。對國有企業危機的中國經濟、到底會受到香港經濟惡化的多大影響、乃是人人所擔憂的一大事情。

「**一瞬間港幣從香港市場消聲匿跡**」、香港股票市場顯現過去最大的暴跌（一〇月二三日）、許多經濟專家分析認爲、香港通貨機關、爲了避免供給外匯市場「**美金**」短拙、大量吸收港幣而引發銀行間利息一時漲到三〇〇%的超高水準、隨之股票暴跌。

港幣與美元（dollar）、是採用「**固定匯率制**」（Fixed exchange rate system）。但是香港歸還中國以後、乃成爲「**一國二通貨制**」（港幣與人民幣）、社會主義中國的特質、也不可避免影響到香港市場。然而以英美式「**國際標準**」（global standard）的市場、最不歡迎的就是這種「**不透明**」的社會主義特性、所以資金容易往外逃避。如果是這樣、金利（momey rate）即會上升、巨視指標（macro guideline）會惡化、尤其是股票與房產價格會更加暴跌。

問題是龐大的中國大陸、必因香港經濟惡化被捲入其旋渦裡。且因歸還中國的香港無法加入「**國際通貨基金**」（IMF）、所以不可能受其經濟支援、必須以主權國中國的責任來迴避香港危機。但是、爲了介入香港危機、若要花費巨量外匯、中國必然會與東南亞各國同樣、國內經濟一定趨於蕭條。

中國企業在香港股票市場掛牌的、已超過九〇家企業、時價總額達一九%。並且中國企業在香港市場掛牌、其原因與其說調集投資資金、勿寧說是爲了供於國內企業分發工資之用（香港經濟專家）。從香港流入中國大陸的資金、據說年已達六、七〇〇億美元之巨、好似中國吸引資本主義香港甜蜜的液汁一樣。

中國第一五屆黨代大會、決議「**國有企業民營化**」、然而其財政金融基地的香港經濟趨向惡化、所以、不但是「**改革**」很難成功、也許會引發國有企業大量倒產、以及政治產生不安定狀態。

(6) 鄧後的繼承人江澤民

一　鄧小平強調黨內「團結」

一九九六年八月二二日、鄧小平在自己九二歲的生日、對前來拜壽的黨高幹七人（江澤民・李鵬・喬石・劉華清・丁關根・張震・羅幹）、做了如下的講話（由秘書揣測鄧之唇動告之）：「**黨中央政治局必須團結、黨・政・軍也得團結。這方面工作若能做好、雖有問題也能解決。黨的事業・國家的前途・人民的希望都掛在你們的肩上。你們必須擁護以江澤民同志為首的黨中央而團結起來**」。

中國雖然經濟上現正以「**改革・開放**」體制發展、但在「**政治體制**」、卻絲毫沒有改變、仍然在中國共產黨「**獨裁**」之下、而欠缺了一切民主政治所需要的因素。

因此、鄧小平末日將到時、他最擔心的是「**黨內權力**」鬥爭惡化導致黨瓦解。尤其他最不安心的是中國人民解放軍領導人的動向、這可能威脅江澤民領導體制。所以自一九九四年以來、前後四次召集軍事高幹、每次都強調：「**軍隊在任何情況之下都得絕對服從黨**（江澤民）**的領導**」「**希望諸君在我死後、也得尊重並支持以江澤民同志為首的黨中央及黨中央軍事委員會。無論在何時何地、全軍都不能脫離江澤民這個領導核心的指揮。軍方若不服從黨核心、國家會陷於大亂、有可能發生內亂**」。

江澤民在天安門事件後隨即被提拔為黨中央最高領袖、他在鄧小平在世時受到特別青睞、才能保持其政治生命。江澤民在職八年、其間發生「楊白冰（解放軍總政治部主任）罷免事件」「陳希同（北京黨書記）罷免事件」「李登輝訪美事件」「台灣海峽軍事大演習」等政治危機時、都是有鄧小平強而有力的「後盾」、他的領導權才能渡過難關。此間、江澤民把自己的「上海幫」親信盡量送入黨・政・軍中央各界、而奠定了其權力基礎（提拔汪道涵前上海市長就任「黨中央海峽兩岸關係協會會長」・上海前市長朱鎔基任「政治局員兼第一副總理」・黃菊上海市長任「黨中央政治局員」・曾慶紅前上海副書記任「黨中央辦公廳主任」・龔心瀚上海市黨委會宣傳副部長任「黨中央宣傳部副部長」・吳邦國上海副市長任「黨中央政治局員」・巴忠倓前上海警備司令員任「人民警察司令員」）。

二　軍事高幹不滿江澤民

但是、江澤民主席全無軍隊工作的經歷。如過去的四人幫・華國鋒・胡耀邦・趙紫陽等領袖人物、、是沒有抓到軍權、才趨於失勢、所以在中國若無掌握軍隊、就不可能維持政治威權。毛澤東・鄧小平過去能長期保持政治領導力量、也是以軍事方面的實績爲背景、全面掌握軍權才有可能。如葉劍英（故全人代常務委員長）、或王震（故國家副主席）、也是軍人出身所以對軍內保有影響力、才能在政治上維持權力關係。

毛澤東曾說過一句名言、即：「槍桿底下出政權」、一黨獨裁之下、若無確實掌握軍隊、就不可能維持政權。

江澤民十分知道這個關鍵、所以自一九八九年秋就任「黨中央軍事委員會」主席以來、在軍方的人事・預算・政策等方面均介入控制而企圖掌握軍權。然而、這卻引起軍方老幹部軍委會副主席等人很大的不滿。

香港的 South China Morning Post 一九九五年九月二一日、有報導過：第一席現役軍事高幹劉華清

（黨中央軍委會副主席）在一九九五年九月的某一次會議上、發言：「**人才的提拔、不能偏於某部門或某地區的出身者、必須公平甄選適才適用**」、而在暗地裡批判江澤民主席偏重上海出身者的人事政策。遲浩田（黨中央軍委會副主席兼國防部長）・王瑞林（鄧小平辦公室主任秘書・黨中央軍委會委員）、也批評江澤民「**最近不爲堅持改革・開放方針努力**」「**造成小團體、推行小集團主義**」。張愛萍・李德生・陳錫聯等退休老將軍、也認爲：「**江澤民只在表面上強調要加強政治思想工作、但一旦遭到緊急事件發生、卻不具有拿出有效對策的能力、尤其放鬆加強國防力**」（香港「爭鳴」一九九五年九月號）。

軍隊內部的改革派軍官也說：「**江澤民深怕鄧小平死後會失掉領導權、所以深入軍權、提拔〝上海幫高幹〟、並把〝中央警衛團〟〝武裝警察部隊〟**（一〇〇萬人以上）**的幹部都任命以往的親信擔任。江澤民雖然努力於掌握軍權、但他的權力基礎尚未鞏固、所以鄧死後他若採取保守政策、也許會遭改革派所打倒**」（香港「動向」一九九五年八月號）。

三　江澤民的「軍官懷柔政策」

一九九五年五月二八日午前、中南海「懷仁堂」被一種特別緊張氣氛所瀰漫。原來、懷仁堂是中國共產黨最高領導層的中樞地帶、自毛澤東時代以來、最高領導人員所集合的「**黨政治局會議**」「**黨政治局常務委員會議**」都在此地召開。到現在、其隔鄰的二〇二號、便是江澤民的住邸兼辦公廳、所以每五〇公尺即有武裝兵士站崗警備著。

此時召開了兩天的「**黨政治局擴大會議**」、除了最近被清算的陳希同（北京市黨書記）之外、現任黨政治局局員、及丁關根（政治局局員候補）・曾慶紅（黨中央辦公室主任）・羅漢（國務院秘書長）・王瑞林（上將・鄧小平首席秘書官・解放軍總政治部副主任）均參與會議。會議的中心議題是「**中美關係**」、因數日前（五月二三日）、美政府發表歡迎李登輝訪問美國、所以中國反被李登輝的「休暇外交」所打敗。因此、會議一開始、就由江澤民自我檢討：「近年、美國故意採取違反〝一個中國〞的政策、但因我們沒有做嚴格的對應措施、所以我們被迫退卻於被動地位、引起國內・黨內以及軍方對黨中央很大不滿與疑慮。這點我們必須自我檢討。但這並不是一件亡羊補牢的事情、現在好好檢討一下失敗原因、也算未遲。今後必須調整國防部和外交部的步驟、而改正對美政策與台灣政策才可」。

在會議上、軍方領導層人物張震（黨軍委會副主席）・遲浩田（國防部長）・張萬年（軍總參謀長）等、都起來攻擊外交當局：「外交必須以國防力量爲後盾、我們不能被美國牽著鼻子走」（張震）、「美國太過於蠻橫、必須予以重大反擊」（張萬年）、「錢其琛（副首相）等責任者要好好檢討」（遲浩田）。

原來、軍方與外交部的對立、是從一九九三年朝鮮半島情勢趨向緊張時開始的。尤其是關係北朝鮮的核武疑慮、美・日要求中國的協調、中國外交部則主張修正向來的援朝政策。外交部人員乃形容北朝鮮「雞肋雞肋、食之無味、捨之可惜」（曹操揶揄楊修之言）、來界定與北朝鮮的距離。然而、軍方的首腦對此斷然起來反對、「中國與北朝鮮有血的友誼關係、揚美棄鮮是不對的」。因爲現在的軍方高級幹部張震・遲浩田・秦基偉（前國防部長・全人代副委員長）・徐信（上將・前總參謀長）、都是參加南韓戰爭時的指揮官。

自「改革・開放政策」開始、到「天安門事件」爆發的一〇幾年、解放軍的社會地位逐漸大幅降低、其原因是在：⑴在較平穩的國際環境下、軍方地位下降、⑵市場經濟進展的結果、官兵收入相對的降低、⑶軍方受到鄧小平嚴格的壓制（鄧小平把軍隊當做政治權力的工具、所以必要時〝軍方是勝利之泉源〞、但一旦取到政權就推行〝軍方的弱體化〞。鄧小平時代一九八九年「天安門」發生以前、黨政治局常務委員會未曾任命過軍人爲常委）。

江澤民繼承鄧小平後、對軍方施以罕有的大懷柔政策、因為沒有「**軍歷**」的他、如何來加強與軍方的關係、把三〇〇萬「**鋼鐵長城**」的軍隊、如何的使之成為政治權力的後盾、是江澤民最重要的課題。

一九九四年、江澤民為了掀起軍方對他的關心、即提拔一九位高級軍官進升為「**上將**」。同時、增加很大的軍事費（一九九四年增為五五〇億、九五年六二八億元）、並採用軍方對外交政策的發言等。

然而、在這巨大的「**鋼鐵長城**」、尚有待解決的許多問題、即：軍事費不足・裝備老朽化・士氣低落・軍規紊亂及從事賺錢事業等都是令人憂心的基本問題。尤其在軍內待遇相差很大、這成為軍方內鬥的重大原因。所以、江澤民於一九九五年五月、召開「**軍方最高會議**」、強調「**危機意識**」「**在忍耐中求發展**」等、但效果不大、仍無增加對軍方影響力的任何現象。

一九九五年一〇月下旨、趙南起・曹雙明等退休的老將軍四〇餘人、連名向江澤民・黨中央軍委會・黨政治局中常委提出「**意見書**」、強調必須「**加強國防、對美・台採取嚴厲措施**」。這個意見也受到劉華清（黨軍委會第一副主席）・張震（黨軍委會副主席）・張愛萍（前國防部長）等現役軍方高幹的支持。江澤民接到「**意見書**」乃驚惶失措、隨即招宴七〇餘人老將軍、表示：「**老同志是我國支柱、黨政治局中常委決定有重大問題時、一定徵求老將軍的意見**」。並且、他立即在福建省沿海進行登陸台灣的海軍軍事演習及陸海空三軍聯合登陸演習。同時、在一九九六年一月三〇日、召開江澤民對台灣的「**江八點**」提案一周年記念座談會、由李鵬代替江澤民發表「**重要講話**」、攻擊台灣國民黨企圖分裂「**祖國**」、表示「**中共不放棄武力攻台**」而取消了「**江八點**」的妥協性。所以到同年三月、趁著國民黨「**總統**」選舉而發射飛彈威脅台灣（熊光楷中將副參謀長指揮）、而取悅於軍方高幹。但是、軍方卻為了爭取在黨內權力鬥爭保持優勢、對「**台灣問題**」即再進一步採取更強硬的政策、張萬年（黨軍委會副主席）・遲浩田（黨軍委會副主席）・秦基偉（前國防部長）・邢世忠（中國國防大學校長）・傅全有（總參謀長）・于振武（空軍司令員）等解放軍高幹、卻再向黨中央提出「請戰書」（軍方代表五〇〇人簽名）：「為防台灣獨立與粉碎美國軍事挑撥而戰」。

但是、因美國對於中國在台海的演習、立即派遣「獨立號」「尼米茲號」於台灣近海牽制解放軍的軍事行動、國際上加強批判中國的好戰性、台灣人也空前提升對中國的反感、所以、江澤民及軍方最高指揮部必得顧全大局（尚無實行渡海侵犯台灣的軍事力量）、才把武力威嚇限定於「演習」範圍之內。

但軍方對江澤民的優勢與壓力仍然有加無減。

四　江澤民體制的致命缺陷

人民解放軍高幹之中、在黨最高權力機關「政治局黨務委員會」佔有席位的、是劉華清（軍方元老・前海軍司令及黨中央軍委會副主席）。他不但是國共內戰時屬於鄧小平的心腹部下、而且曾與改革派旗手胡耀邦總書記是親密戰友、所以在黨內保有不可輕視的影響力。同時在軍方元老之中有不少反對「天安門事件」的武力鎮壓的派系人物、所以他們對於江澤民在武力鎮壓之下得了漁翁之利而獲得權力中樞地位、是懷有極大批判與反感。這成為能動搖江澤民體制的一大勢力。

楊尚昆（前國家主席）・楊白冰（政治局委員）兩兄弟在軍方內部的影響力仍然很堅固。這在鄧後可能成為江澤民體制的很大競爭勢力。楊尚昆是發生「天安門事件」之際、輔佐鄧小平殺戮市民・學生的主謀。然而、他在一九九六年五月、乃透過黨機關的正式管道上書江澤民主席、提案「我及許多老同志在世之前、希望黨中央重新評價〝天安門事件〞、若有必要時、我自己決意負起全部責任」（香港「經濟日報」一九九六年六月五日）。這一招、當然是對江澤民很大的威脅。

改革派的要員萬里（前全人代大會常務委員長、曾是趙紫陽的親密同志）、也是江澤民體制不可輕視的一股反對勢力。

但是、江澤民當前最大的政敵、當然是李鵬。大家都知道、李鵬是以周恩來的養子的身份崛起、是所謂「**太子派**」的首領人物、有蘇聯留學經歷的支配階級出身、但是他卻以反對民主化運動的保守派首腦著稱、並有彭眞・薄一波等元老派的絕對支持。喬石（全人代常務委員長兼黨政治局中常委）、也是江澤民有力的政敵人物。他是歷任過黨中央對外連絡部長・組織部長的黨官僚、也經驗過黨中央法制委員會與中央規律檢查委員會的書記、所以對公安關係擁有特別強大的影響力。

朱鎔基是與江澤民同樣、由上海市長・上海黨委書記被提拔爲中央的副總理、在一九九二年的第一四屆黨大會、不但是從中央委員候補三段式的躍進於政治局常務委員、同時以積極改革派身份來運籌經濟。他從事鄧小平所期待的國有企業改革與巨視經濟（macro economics）雖然不太成功、但被認爲能挽回經濟危機就是他。

如上所述、今日中國的江澤民權力構造具有許多缺陷、其體質脆弱、並且、江澤民本身缺乏把中國社會全面掌握的「**超人性**」（Charisma）領導能力、所以他很難把中國政治的「**權力絶對化**」、這就是江澤民體制的最大缺陷。

一般人對江澤民與李鵬・喬石等實力派在權力鬥爭能否取勝、都懷著很大疑問。從一九九六年初、江澤民即遭到王寶森（北京副市長）自殺、陳希同（北京市黨書記）引咎辭職事件、江蘇無錫市違法事件、中台・中美關係惡化、中日關係後退等偶發事件所困擾。但是、中國近年來所發生多災多難的國家大事、反使江澤民體制強化權力基礎。因爲有了這些政治困難事件、在國內、被不懂政治的人民、把江澤民當做撲滅腐敗・反對官僚主義的清廉政治家。在國際上則使美國認爲江澤民是鄧小平眞正的權力繼承者。

如一九九五年一二月、在北京召開「全國經濟工作會議」之際、江澤民乃煥然一新的結論說、「今年正是多事多難的一年。我們有所得也有所損。但所得遠多於所損。我們突破許多困難、經得起嚴厲的考驗、所以獲得很美滿的成果」。一九九五年對江澤民來說、的確是「一損一得」「一喜一憂」的一年。他的「得」與「喜」、是在鄧後的權力鬥爭完全能取得優勢、更接近金字塔性中國權力的頂點。所以他才能宣言：「從第二世代（鄧小平世代）交代於第三世代的政治繼承、已告完畢」。

但是、江澤民最大的「得」、應該是獲得「軍方的支持」。因爲有了鄧小平的特別支持與主張、所以軍方雖然對江澤民抱有極大不滿、但總歸也要與江澤民的政治步調取得一致。江澤民也爲了獲得軍方高幹的歡心、想盡辦法對軍方讓步、給予恩惠、並加以籠絡等。據聞：江澤民最近、無論如何忙碌、一定抽暇參加國防大學及其他軍事學校的畢業典禮或各種集合。

然而、江澤民最大的「憂」「損」、也是「軍方」。因爲江澤民沒有軍歷、沒有在軍隊裡工作過、所以在軍隊內皆無「人脈」可言。早時的解放軍、一開始就產生堅強的「派別意識」、都有由同鄉•同部隊或同出身等來區分派別的傾向。因此、「最後皇帝」的鄧小平一旦死亡、軍方不一定會服從現政權的一切指示。江澤民再一個的「憂」與「損」、就是他在政治•經濟兩面過於強調「中央集權」、以致製造了地方政府對中央的許多不滿。特別是廣東•福建•山東諸省的沿海地區、擁有對北京極強的不滿與抵抗。經濟緊縮政策、或回收地方權力於中央等、便使一部份地區經濟成長停滯、大衆生活水準下降等、這也招來一般大衆的忿怒與反抗。

因此、江澤民在「政治局會議」上、屢次言及未來的政局、並提出要注意的「一一項突發事件」、即：⑴類似「天安門事件」的發生、⑵國內敵對勢力引起「政治事件」、⑶國內敵對勢力以海外反中國政治勢力爲背景引起反政府運動、⑷黨內發生的對立、發展爲權力鬥爭、造成無政府狀態、⑸美國霸權主義等西方國家給予我國政治經濟制裁、引起社會不安、⑹台灣當局宣言獨立時、中央決定武力解決、發動人民軍事動員、⑺美國干涉台灣問題、中美外交中止、台灣海峽發生軍事對峙、⑻香港在外國勢力支援下企圖「**政治獨立**」、中央在香港實行軍事管制、⑼亡命海外的敵對勢力潛入國內掀起大規模動亂、⑽農業政策失敗、農民掀起暴動、⑾新疆維吾爾族自治區・藏族自治區等少數民族地域發生民族分裂動亂。

「**中華人民共和國**」建國之後、過去在黨大會做過政治報告或黨規約修改報告的高級領袖、都失勢而從政治檯面消聲匿跡、（一九七七年第一一屆黨大會華國鋒、一九七三年第一〇屆大會王洪文、一九六九年第九屆黨大會林彪、一九五六年第八屆大會劉少奇等都沒有好結果）。江澤民乃在一九九二年第一四屆黨大會做了政治報告、掌握了黨・政・軍三大權、但掌握三權不一定能保安全、反而因此站在極爲危險的立場。

五　江澤民的「非鄧小平化」

一九九七年二月一九日、中國最後的「**皇帝**」鄧小平在景山公園東端的邸宅（不是「中南海」）壽命告終。但是江澤民乃在鄧小平逝世之前、就推行了所謂「**非鄧小平化**」政策。因此、江澤民與鄧小平夫人卓琳等家屬發生很嚴重的對立、與「**鄧小平辦公室**」主任王瑞林（人民解放軍總政治部副主任）及張震（黨中央軍事委員會副主席）等老幹部、也發生深刻的對立。

在這種情況之下、江澤民的「**非鄧小平化**」露出檯面、一九九五年二月、鄧小平親密朋友周冠五（首都鋼鐵總公司會長）被撤職、其長子周北方（同公司香港會長）、以經濟犯被逮捕。同年四月、關係北京市中心的王府開發爲「**軍方廣場**」的舞弊案、王寶森（北京市副市長）被迫自殺、北京市黨書記李希同被檢舉、李希同長子李其炎（市長秘書）・張百發（副市長秘書）・萬里與李瑞環的兒子等、也被檢舉。這個逮捕旋風則發展到關聯鄧小平最親密朋友的李嘉誠（香港・長江實業財團負責人）也被撤職。江澤民爲了再一步搞上「**敲山震虎**」（不這樣做他不能追放鄧小平的大小囉嘍）、即首先檢肅鄧質方（鄧小平次男、中信技術總公司副總理、與周北方同夥）・鄧榕（鄧小平三女、中國國際友好聯絡會副會長）親信的幾個人、也以挪用國有財產罪名遭逮捕。江澤民這樣不顧元老幹部與鄧一族及太子黨的反感、很焦急的揭發北京市的貪污、並暴露鄧一族的腐敗、因爲他知道若不控制首都北京就不可能掌握國家權力。

江澤民的這種腐敗揭發攻勢爲手段的「**非鄧小平化**」戰略是否能成功？最後能享受笑口常開的何人？總歸江澤民的確正在接受大考驗的場合中。

六　香港回歸與江澤民

一九九五年一〇月、江澤民在出席「**聯合國成立五〇周年記念會會議**」（在紐約）的歸途、曾說過：「**當前最緊要的外交問題、就是香港回歸問題、我們不能將其視爲易如反掌的事**」。一九九七年的香港接收工作、的確是中共「**第九居五年計劃**」（—二〇〇〇年）的最大任務。這也是「**老皇帝**」鄧小平經常數日以待的大事件。他的三女鄧榕說：「**爸爸、堅持吧！坐著輪椅、也得踏上回歸後的香港土地**」、這就是一〇年來兒子們時常使用的鼓勵方法。

中國・英國之間所合議的「**香港基本法**」（一九九二年）、也已訂好。但是姬鵬飛（前副總理兼外長、香港・澳門工作總負責人）、卻曾說過：「（香港回歸）、**猶如窮男子娶有錢人女兒、有一喜也有一憂**」。中國雖然準備著所謂「**一國兩制**」政策、但是中共高幹都是從鄉下出身的大老粗來說、要管理高度發展的資本主義地域、是件難事。

英國本來是不想把香港歸還於中國、香港住民的絕大多數也對於「**社會主義中國**」抱著很大的疑慮與恐懼。然而、事過境遷、香港回歸已迫在眼前、所以一般香港住民、幾乎都抱著「**入鄉隨俗**」的心境等待著。英國最後的總督、一直想把西方式自由與人權留給香港住民、但是總歸也鬥不過強大的中國政府、所以漸趨妥協後退。

然而、江澤民最費心最擔憂的、並不是香港回歸問題、而是回歸後、國內勢力的變化與國民所受衝擊。一九九五年八月、「中國科學院」研究班教授、已向中央政府提出警告：「香港回歸可能使華南地區（廣東・福建等省）脫離北京」「回歸、不是香港廣東化、而是廣東及華南地區的香港化」。也就是說、他們暗示了「充滿矛盾因素的社會主義市場經濟、在香港回歸後、一不小心、大陸經濟走上崩潰」。並且、鄧小平與江澤民等北京政府、也認爲過去讓「廣東」在經濟上肥壯化是很大的錯誤。原來、廣東對北京的對抗意識非常強、尤其在「改革・開放」政策之下、廣東及其華僑資本乃實現了爆發性發展。同時加上從一九九一年（中央允許軍隊從事經濟活動）、廣州軍區軍方即來回廣東・香港之間從事買賣、獲得巨額財富。例如：外資若在廣東投資設廠、廣州軍區出資的建設公司就優先的承包大規模的整地工作、而賺到大筆錢。繼之、他們就把這筆所得來買香港的大樓・大飯店或工廠等、並從事房地產買賣的仲介商、有時也以巨大資本密輸高級汽車或電化製品於大陸國內、又賺到一大筆非法之財。解放軍幾乎成爲「軍方公司」、利用各種特權從事商業買賣。

如上廣東地區所謂的「地方分權」「諸侯割據」、從江澤民・李鵬・喬石等中央集權派首腦來說、是不能坐視的最大罪犯。所以中央集權派、乃把「華南皇帝」葉選平（廣東省省長）調到北京、任命「全國政治協商會議副主席」的空位。葉是出身廣東梅縣客家族、也是革命第一代高幹葉劍英（國家副主席）長子。他任廣東省長八年、與北京在政治上時常保持著一定的距離、但在香港的政財界卻建立雄厚的人際關係。葉選平被調到北京後、他的心腹部下、謝非（廣東省黨書記）・朱森林（廣東省省長）也於一九九六年被迫退休。

另一方面、早在一九九五年三月、「黨中央軍事委員會」、正式決定香港回歸後的軍事配置、新設

「香港特別警備區」（在中央軍委會與廣州軍區的雙重管轄之下、最終指揮權握在中央軍委會掌中）。張震（中央軍委會副主席）則特別強調：「香港是中國的香港、不是廣東的香港」。同時決定「香港特別警備區」軍事人員八千三〇〇人、擁有四千人機動部隊・T80型戰車中隊・雷達中隊・飛彈護衛艦・海南級巡洋艦・武裝直昇機中隊等、軍事費用每年二億八千萬元。香港特別警備區、其任務與其說防衛外敵、勿寧說是要鎮壓香港本身的住民暴亂。「外交部」也選拔一〇〇人外交官、先在山東省軍事基地訓練半年之後、才派遣於香港。香港是江澤民等中央首腦全然未知的世界、所以預先擔憂將會發生不測事件。

一九九七年七月一日、百年屬於英國殖民地的香港、終於歸回中國。

但是、回歸以前、江澤民乃預先召集李鵬（國務院總理）・錢其琛（副總理兼外交部長）・魯平（國務院香港澳門辦公室主任）・周南（香港新華社社長、實際上是港澳地區黨負責人）・張萬年（解放軍總參謀長）・賈春旺（國家安全部長）開會。江澤民乃說：「香港人心六〇％反對香港回歸中國、或對中共懷著很大疑慮。……此後的香港會成爲中國的很重要的招牌、就是香港之後、繼而有著澳門及台灣等問題……」「我們在社會主義體制下是擁有很多優秀的幹部・官吏、但、缺乏具有能應付資本主義且國際知識豐富、同時能講外語的幹部人才」「國家安全部與解放軍在今後三年之間、決定派出二〇〇人諜報要員於香港。外交部所選拔的一〇〇人外交官、決定配屬於香港新華社與香港特別行政區準備委員會等公家機關。諜報要員則暗地裡使之任職於親中國的香港企業・銀行、並以國際大都市香港爲據點、收集有關美國・日本・台灣的軍事與經濟的情報、及監視香港回歸後仍在香港的反體制派（反共）的動向（國家安全部第五局已把危險人物的黑名單提報黨中央）。諜報要員另一個的重要任務、就是秘密調查・監視從大陸來港的官僚及高級幹部的言行（太子黨與軍人・高幹等中國的權力者、以前來港都濫用職權、經營各種事業而大發個人的非分之財）」。

江澤民・李鵬・胡錦濤等、就在上述詳細且嚴格的準備之下、出席於七一的香港回歸典禮。早在一九九七年二月一八日、黨中央召集「香港特別區」首屆長官董建華前往北京舉行「秘密會談」。江澤民主席即與董事華個別會談二小時、說：「今後一〇年或者更長時間、香港社會、也許脫離不了美國・英國對中國戰略及國際政治的影響。為了逐漸減少這些負面的影響、中央正在檢討必要的措施。對於突發事件的緊急處置已準備好。香港絕不能成為外國勢力的民主政治實驗場、也不能成為政黨政治所主導的社會、這是中央的基本主場」。最後、江澤民送給董建華一二個字、即「緩和矛盾・調和矛盾・平衡矛盾」。

（參考日本「朝日新聞」「每日新聞」「產經新聞」、台灣「自立晚報」「自由時報」、湯淺誠「中國超大國論の幻想」東京 1996、小公望「中南海の最高機密」東京 1997、中嶋嶺雄「中國はこうなる」東京 1995、其他外國報紙）

(7)　「中華人民共和國」的軍事力量

中國人口一二億一二四餘萬人（非漢民族佔九%）之中、男（一三—一七歲）四千八四三萬二千餘人、男（一八歲—二二歲）五千七三六餘萬人、男（二三—三二歲）一億二千二七八萬四千餘人、女（一三—一七歲）四千五二〇萬人、女（一八—二二歲）五千三七七萬七千餘人、女（二三—三二歲）一億一千四五二萬五千餘人（參 The Military Balance 1995-1996）。

中國採取選拔徵兵制（陸軍三年・海軍四年・空軍四年）、總兵力：現役軍人約二九三萬人（女兵約一三萬六千人）、預備役軍人一二〇萬人以上、其他各省有「民兵」預備役一千萬以上。

一、大陸間彈道飛彈（ICBM）：約有一七台、CSS-4（DF5）七台、複數個別誘導彈頭（MIRV）改良型、CSS-3（DF-4）一〇台以上。二、中距離彈道飛彈（IRBM）：CSS-2（DF-3）六〇台以上、一部份改良型CSS-5（DF-21）一〇台。

潛水艇發射彈道飛彈（SIBM）・「夏」級彈道飛彈原子潛艇（SSBM）一艘・B-3（J-1）一二台。

防衛戰力：追跡基地：新疆（含蓋中亞細亞）・山西（含蓋北部國境）。位相配置雷達網：彈道飛彈早期警戒。

一　陸軍

二二〇萬人（包括戰略飛彈部隊、包括徵兵集兵一〇七萬五千人、兵力正在削減）。

軍區（MR）七處（北京軍區・瀋陽軍區・濟南軍區・南京軍區・廣州軍區・成都軍區・蘭州軍區）、省軍區二八處、警備區三處。

統合集團軍（等於西方的軍團）二四個：各軍編制不同、通常是步軍團三・戰車旅團一・砲兵旅團一・高射砲旅團一（或者步兵師三・戰車師一・砲兵旅一・高射砲旅一）。各部隊的戰鬥適應態勢各種各樣。

戰鬥部隊：(1)集團軍：步兵師七三（包括機械化步兵師二）・戰車師一一・戰車旅一三・砲兵師五・砲兵旅二〇。(2)獨立部隊：步兵師五・戰車旅一・步兵旅二・砲兵師一・砲兵旅三・高射砲旅四。(3)地方軍（駐地守備隊・國境警備隊・沿岸警備隊）：步兵師一一・步兵旅四・步兵連八七。(4)直昇機連七。(5)空降部隊：軍團一・師團三。(6)支援部隊：工兵連五〇・通信連五〇。

人民解放軍陸軍的裝備是：(1)主力戰車八千輛。(2)輕戰車63型一千二〇〇輛・62型八〇〇輛・裝甲步兵戰鬥車（裝甲兵員輸送車）四千五〇〇輛。(3)牽引砲一萬四千五〇〇門・自走砲三千八〇〇基。(4)迫擊砲。(5)地對地飛彈。(6)對戰車誘導兵器。(7)無反動砲。(8)飛彈（Roket Rancher）。(9)高射砲一萬五千門。(10)地對空飛彈。(11)搜索雷達。(12)直昇機約一五〇架。(13)無人機等。其他七大軍區各有各種特殊配備。

二　海軍

解放軍的海軍、被推測兵員二六萬人、戰略潛水艇一艘・戰術潛水艇五〇艘・主要水上戰鬥艦五〇艘・飛彈驅逐艦一八艦・飛彈小型驅逐艦（missile frigate）三二艘・飛彈艇二二〇艘・魚雷艇（tropedo boat）一六〇艘・哨戒艇（patrol boat）四九五艘・機雷戰艦艇（underwater battle boat）一二一艘・機雷對策艦一二〇艘・戰車揚陸艦五四艘。其他支援艦艇、沿岸地域防衛隊二萬五千人、海軍陸戰隊五千人、海軍航空隊人員二萬五千人、爆炸機二五架、對地攻擊戰鬥機一〇〇架、戰鬥機六〇〇架、偵察機五架、海上哨戒機一五架、直昇機三〇架、空中發射巡航飛彈等。艦隊：⑴北海艦隊（瀋陽・北京・濟南軍區）、基地青島（司令部）・大連・葫蘆島・威海・長山。⑵東海艦隊（南京軍區）、基地上海（司令部）・吳淞・定海・杭州。⑶南海艦隊（廣州軍區）、基地湛江（司令部）・汕頭・海口・楡林・北海・黃埔（包括南沙・西沙）。

三　空軍

空軍人員四七萬人、作戰機四千九七〇架、司令部北京、空軍區七處。爆炸機：中爆一二〇架・輕爆三〇〇架・對地攻擊機四〇〇架・戰鬥機四千架・偵察機三〇〇架・輸送機六〇〇架・直昇機一九〇架。飛彈：空對空・地對地。防空部隊：師團一六・高射砲一萬六千門・獨立防空連隊二八・地對空部隊一〇〇。

四　準軍隊（不算在「軍隊」之內）

人民武裝警察一百萬人以上、師團一〇〇以上。

以上所述、是在 The International Institute for Strategic Studies; Military Balance 1995-96, Englishin 1995 所記載的有關中國（中共）軍備的概略。英國國際戰略研究所出版的這本書、內容超

凡、是名不虛傳的好參考書。

但是、中國的軍事建設、都在黑盒裡進行著、想知道其確實情況實在很困難。譬如：中國的「**國防費**」（national defence espenses）、是七年連續每年增加率一二%以上、尤其在最近其增加率增加爲二〇%。國防費在國家財政支出所佔比率約一〇%。然而、「**中國實際上在軍事目的所支出的軍事費**（military expenses）、**遠超過所發表的國防費數目**」（日本「防衛白書」一九九五年版）。

美國的民間研究機關「**大西洋協議會**」（The Atlantic Conference）、一九九五年發表了「**中國的潛在軍事能力**」、說：「**中國的軍事費用、實質上、有中國當局所發表數目的五倍以上**」。據中國政府所發表的國防預算、至一九九四年的九年間、增加爲三二〇%。一九九四年度的國防預算（五二〇億人民幣）、等於五九億八千萬美元（一美元＝八・七元）。

然而、據「**大西洋評議會**」報告、此金額、實際上是等於二八〇億美元—九〇〇億美元。中國的實際軍事費遠超過所發表的國防費。即：第一、中國人民解放軍三〇〇萬人・集團軍二四・戰鬥機五千架・大陸間彈道飛彈（ICBM）一四台・中距離彈道飛彈（IRBM）六〇台・原子潛水艇二艘（能搭載彈道飛彈）等現有兵力、以發表過的預算金額是不可保持這麼龐大的軍備。第二、中國從俄羅斯購進SU27與防空體系（SA10）等一二〇億美元的武器、這也是以所發表的財政預算是不可能實現。

中國解放軍到底從那裡湊集這樣巨額的軍事費用。一九九五年七月、美國議會的會計檢查局（GAO）、發表「**中國軍事近代化對太平洋地域的影響**」。應下院國際關係委員會的要求所作成的這本報告書、關係中國發表的國防預算認爲其發表金額沒有反映其實際狀態、並指出中國把科學技術開發費用不包括在軍事預算、兵器的海外輸出・飯店或賭場（Casino）的經營、或礦山開發事業及其關聯事業所得來的收入等都把其隱蔽下去、同時說：「**中國的軍事費用的實際上的金額、研究者都推定爲公**

式發表金額的二倍至三倍」。其報告書也提出中國除了上述的SU戰鬥機與防空系統之外、關於核子戰力・B6長距離爆炸機一二〇架・超音速B7爆炸機及繼續進行核實驗等、為了推行「戰力近代化」、也花費無法計數的莫大軍事費用。

圖77　人民解放軍的指揮系統

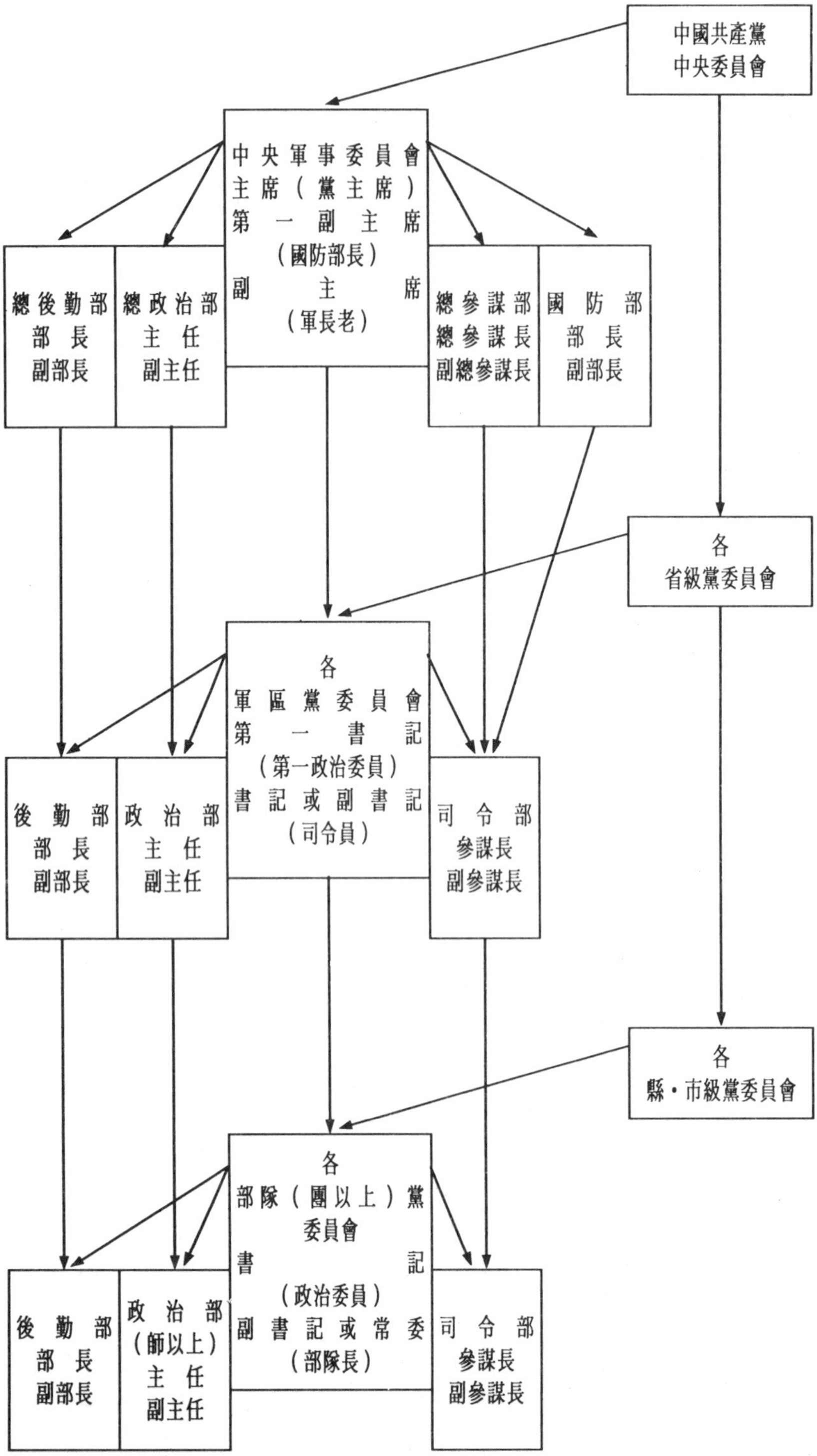

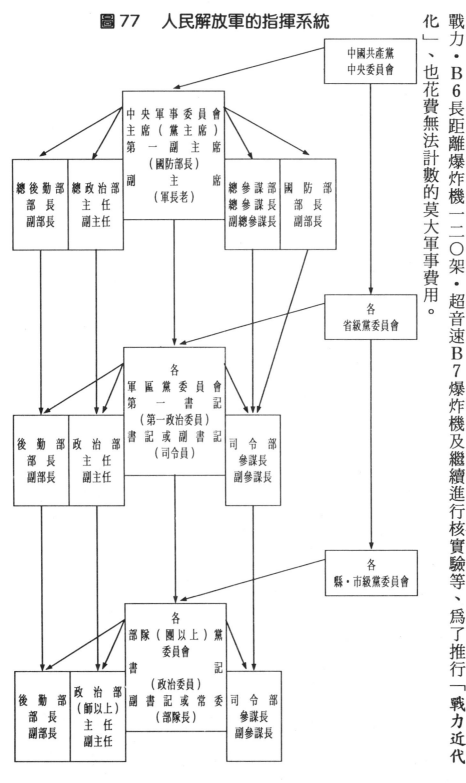

圖78　中國之軍產貿易組織

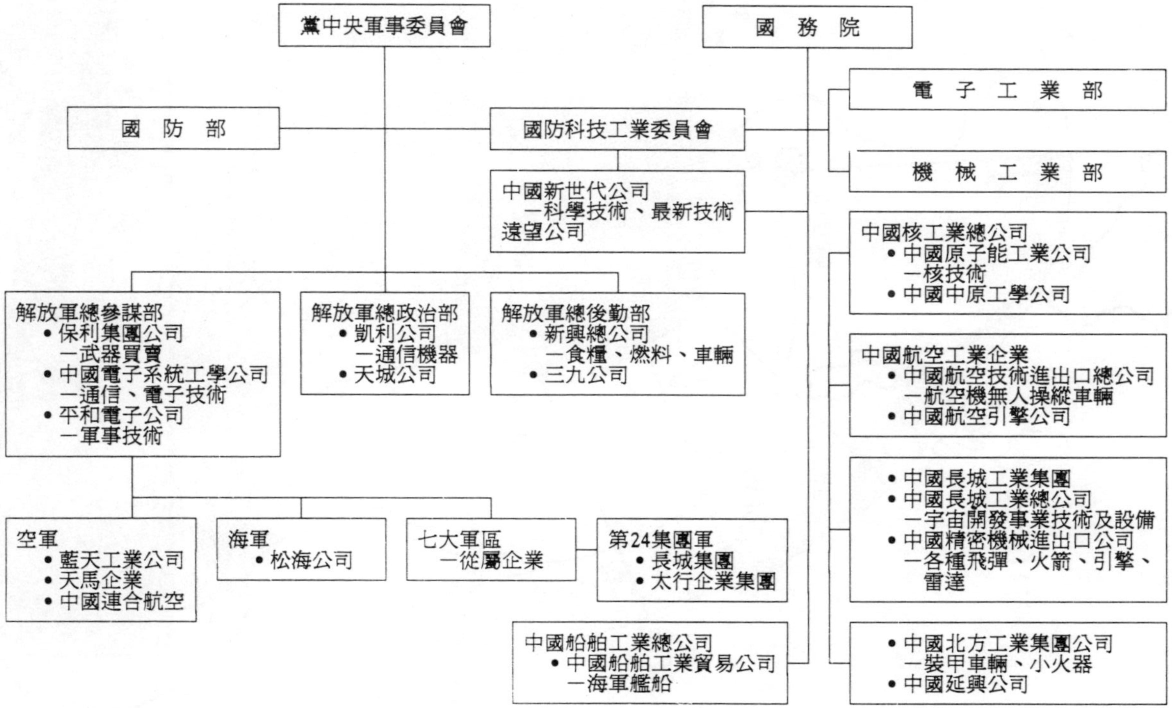
黨中央軍事委員會
國　務　院
國　防　部
國防科技工業委員會
電　子　工　業　部
機　械　工　業　部
中國新世代公司
一科學技術、最新技術
遠望公司
解放軍總參謀部
• 保利集團公司
一武器買賣
• 中國電子系統工學公司
一通信、電子技術
• 平和電子公司
一軍事技術
解放軍總政治部
• 凱利公司
一通信機器
• 天城公司
解放軍總後勤部
• 新興總公司
一食糧、燃料、車輛
• 三九公司
中國核工業總公司
• 中國原子能工業公司
一核技術
• 中國中原工學公司
中國航空工業企業
• 中國航空技術進出口總公司
一航空機無人操縱車輛
• 中國航空引擎公司
空軍
• 藍天工業公司
• 天馬企業
• 中國連合航空
海軍
• 松海公司
七大軍區
一從屬企業
第24集團軍
• 長城集團
• 太行企業集團
• 中國長城工業集團
• 中國長城工業總公司
一宇宙開發事業技術及設備
• 中國精密機械進出口公司
一各種飛彈、火箭、引擎、
雷達
中國船舶工業總公司
• 中國船舶工業貿易公司
一海軍艦船
• 中國北方工業集團公司
一裝甲車輛、小火器
• 中國延興公司

（資料）　美國防情報局之資料

圖79　中國的戰鬥機（SU27）行動範圍

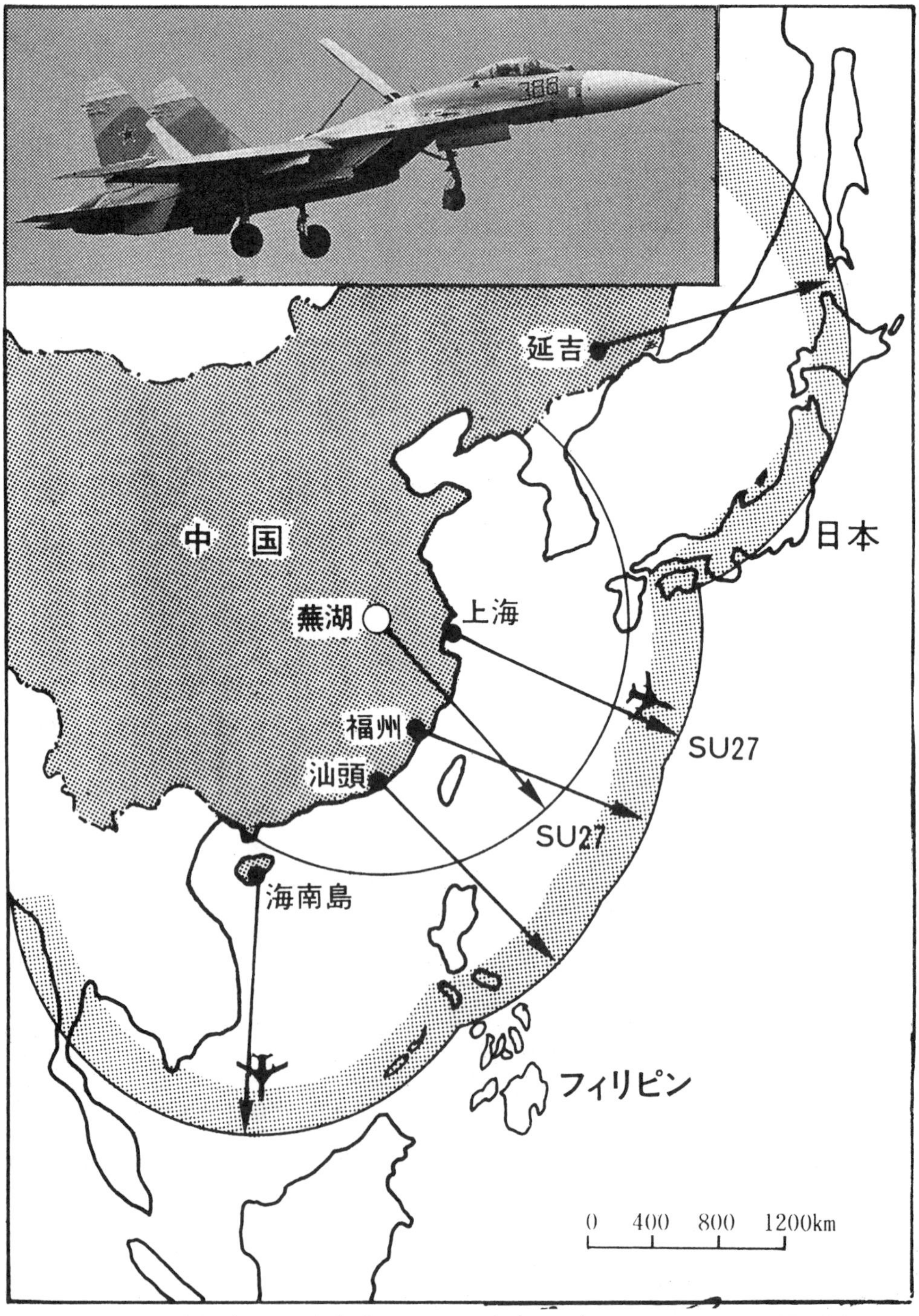

（資料）　志方俊之「極東有事」1996，東京，p.75 Jean Defence Weekly

圖 80　台灣海峽中國的軍事演習

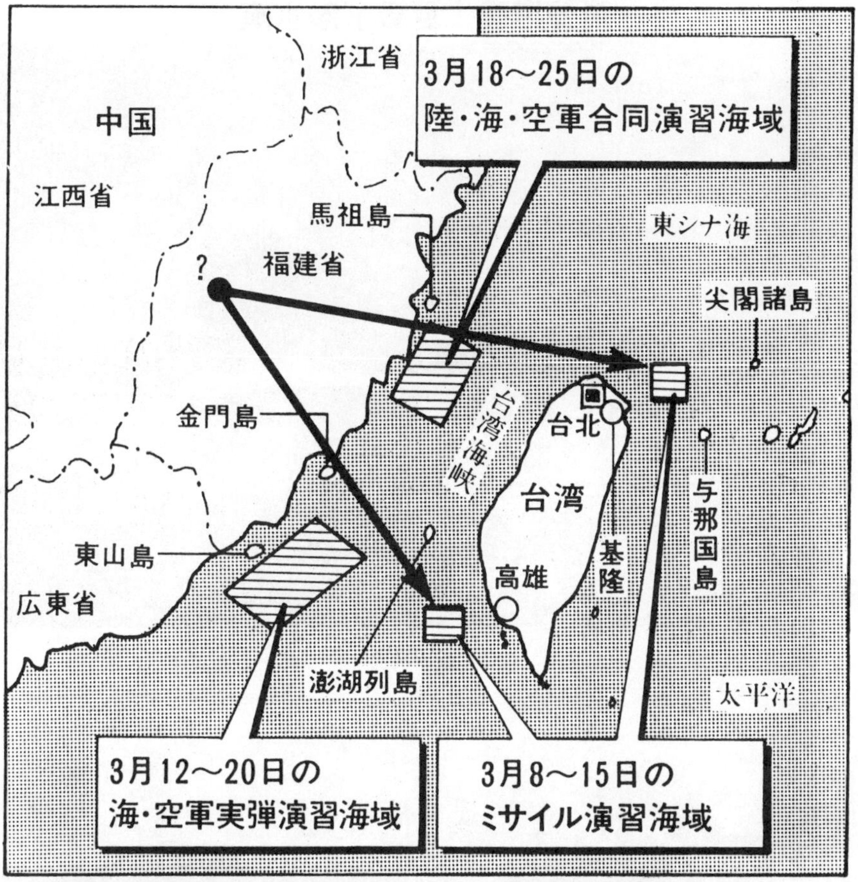

（資料）　志方俊之「極東有事」1996, 東京 , p.19

圖 81　在台灣沿海發射的中國軍地對地戰術M９飛彈

（資料）　志方俊之「極東有事」1996　東京 p.19

圖 82　中國的攻擊型「漢級」核子潛水艇及飛彈搭載「夏級」潛水艇

（資料）　志方俊之「極東有事」1996, 東京 , p.177

一般都擔憂中國今後的軍事力量增大、對於台灣以及東北亞・東南亞具有很大軍事威脅、這可以由現實的三個方面來探討、即：第一中國政治今後的安定度、第二經濟力量上是否經得起增強軍事力量、第三技術方面的考量、其說明如下：

第一、對政治動向的預測、這已有了中國問題專家發表好幾種不同的推論。譬如：美國國防部、早就委託一個「**專家集團**」、研究鄧小平死後的中國到底會走上那個方向發展、結果、在一九九四年秋、即把其研究成果發表爲：「**中國中期變革預測**」（一九九五年一月出版）。這本書推測爲：⑴體制內崩潰以至分裂的可能性五〇％、⑵維持現狀可能性三〇％、⑶進行民主改革二〇％。

另一方面、日本軍事專家江畑謙介、則推測鄧小平死後一〇年間的中國、其變化的可能性如下：

1. 現體制若不變、也能維持經濟成長的結果、隨著經濟發展、社會體制必然走上自由化、中國逐漸轉移於自由主義體制社會。
2. 爲了反對民衆的民主化要求、中共當局採取鎮壓手段、就更加成爲極權政治、對外則採取排外政策。
3. 中共鎮壓民主化運動失敗、全國爆發暴動、社會不安蔓延全國。
4. 全中國可能分裂爲南北、或東西的幾個部份。

中國地大物博、人口龐大（人口一二億餘人、世界總人口的二一％、面積九五九萬km²、世界面積的七％）、一黨專政的中國共產黨員八千萬人（一九九七年現在）、所以長年獨裁壟斷全中國的政治・經濟・社會及文化的情況之下、前述江畑謙介所推測之四個演變中、第一是很難實現、若是可能也要費四、五〇年的年月才可以。第二—第三的兩項情況、如果發生、中國的再統一更加困難、並且中國在國際上就不可能擁有優勢的軍事力量。所以、中國在不久的將來、繼續在中國共產黨一黨獨裁專政之下的可能性較大。因此、中國當局要增強軍事力量的政治條件勢必存在著。

第二中國擴軍的經濟條件、如上所述、一九九〇年代的中國近幾年所花費的軍事費、實際上可推測爲每年平均千億美元以上（北京所發表的「國防費」的三、四倍）。其他、人民解放軍各個單位所經營各種各樣私人企業的收益、加上中國生產新武器輸出外國換回外匯、其收入均很龐大、但卻未發表爲軍事費。

中國自一九九〇年代初、從俄羅斯購進的新型武器被確認有：

一、SU—27戰鬥機二六架

二、II—76噴射運輸機（Jet Carrer Plane）一〇架

三、S—300地對空飛彈四隊

四、RD—33噴射（Jet Engine）一〇〇座（MiG29戰鬥機的部份品、在中國使用以改造F811型戰鬥機）

其他、一九九五年二月以後、購進EKM877型（Kilo級）通常動力型潛水艇四隻以上。因爲中國開發潛水艇戰力以來已經過很長年月、所擁有的潛水艇老朽不堪、並且、中國沒有自力開發新型高性能潛水艇的技術水準、所以唯一方法只有從俄羅斯購買新型潛水艇（一九九四年一一月上旬以俄羅斯海軍長官團長的海軍使節團訪問過中國）。一九九五年三月一一日羅德美補助國務次官（亞太事務擔任）在記者會見上、對於記者詢問回答：「**中國從俄羅斯購進的KILO級潛水艇可說有二一艘**」。他同時說出：「**中國現在保有潛水艇二五〇艘、都屬於一九五〇年代舊式潛水艇、所以現在不構成對美國的威脅**」。另一方面、一九九五年三月一四日、在美國防部的內部文件「**今後一〇年的潛水艇世界擴散**」中表示、因中國由俄羅斯購進潛水艇等、「**今後一〇年至一五年間、可能成爲次於俄羅斯的強大潛水艇戰力保有國**」（東京「朝日新聞」一九九五年三月五日華盛頓電）。

關於空軍方面、中國乃從俄羅斯購進的SU—27戰鬥機二六架的契約總金額約有一五億美元（單價約五千八〇〇美元）。這些SU—27二六架、據聞配備於安徽省蕪湖、但飛行訓練非常惡劣。

另外、日本「產經新聞」一九九五年二月二一日晚刊報導、「漢和情報中心」二月二〇日發表：「中國由烏茲別克（UZBEKSTAN）購進了II—76M噴射輸送機一五架、中國已經把其配備於第一五空艇隊。由於中國若是光由俄羅斯購入武器會產生一些不安定因素、所以從舊蘇聯的俄羅斯以外的構成國購進武器就逐漸增加」。

但是、中國為了從外國購進新型武器、或在國內製造新型武器、都得採取正規國防費以外的特別預算才能實行。譬如：一九九二年一〇月、劉華清上將（海軍出身、黨中央軍事委員會副主席）、就任中共中央黨務委員、能爭取軍事費增加之後、隨即看到麗湖級驅逐艦二艘與江威級小型驅逐艦三艘進水。

第三中國擴軍的技術上能力。的確中國已開發核武器與彈道飛彈、同時也打上了人造衛星。但其技術水準與歐美或日本相比較是相當落後、並且其生產數量還很少。但是關於通常武器、情況就不同了。為了大量生產或要日日重覆訓練操作、就有必要經常補給交換零件等。如果是這樣、為了大量生產通常武器及其零件、必須要有雄厚的技術基礎部門（infrastructure）、而且還要有能生產新型武器的高度經濟基礎才可。然而、現在中國的技術與經濟、尚未達到先進諸國的水準。現在的中國、表面上雖然宣稱可以生產世界水準的新型武器、但實際上並不然。

因此、中國為了國家安全、在一九八〇年代、即努力於改善與美國的外交關係、結果、從美國購進許許多多高水準武器（一九八七年得到美國 Graman 飛機製造公司的技術援助、準備在國內進行F—8戰鬥機的新式化改良是一個例子）。然而、一九八九年六月發生的「天安門事件」、卻一下子把中國與歐美諸國的關係變壞、所以美援的F—8戰鬥機現代化計劃也告終止（一九九〇年）。到了一九九四年、美中兩國才重新開始軍事交流、但這也只限於艦隊互訪、或舉行軍事共同研究會的限度而已、沒有發展到美國提供軍事技術或新型武器的地步。因爲美國還是認爲與中國在不久將來必然成爲敵對關係、所以對於幫助中國的軍事現代化則採取保留態度。

那麼、能給予中國提供武器與技術是那個國家？德國過去對中國尚無輸出武器的實績。法國則在一九九二年、與台灣締結幻象（Mirage）二〇〇〇戰鬥機六〇架與 Lafayette 級小型驅艦一六艘的輸出契約、所以難以賣予中國大型武器（戰車・戰鬥機等）。結果、能提供中國武器技術只有俄羅斯與以色列兩國而已。

一九九五年一月四日台灣的「**聯合報**」、發表中華民國海軍幹部談話、說中國向俄羅斯訂購起羅級潛水艇四艘、並完成武漢C型（松級）第一艘潛水艇。另一方面、以色列自一九八〇年代初就開始接近中國、在戰車與大砲方面給予不少技術援助。據美國情報、中國獲得美國所提供給以色列的 Labe 戰鬥機引擎、已製造F—10（殲10型）戰鬥機。一九九三年、「**中東戰爭**」以前、美國給予以色列「**愛國型**」（Patriot）地對空飛彈系統的雷達技術。據聞以色列把其提供中國、中國乃應用於改良從俄羅斯購進的S—300V地對空飛彈雷達、而私自生產。但是以色列對中華民國也同時提供技術協助。

中國現在保有的「**外洋作戰戰鬥艦**」有上述的三艘以外、另有「**旅大級**」驅逐艦一五艘、「**江湖**」Ⅰ・Ⅱ・Ⅲ級合計二九艘、總計四七艘、內容非常舊式。但在一九九五年一月九日台灣「**聯合報**」報導「**台灣軍事學院教官**」的談話、說中國企圖編制「**遠洋型海軍**」的綜合型機動部隊。這因要配備攻擊型核子潛水艇・通常推進型潛水艇・飛彈驅逐艦・大型登陸艦・補給艦・海軍陸戰隊・空中補油機・中距離爆炸機・戰鬥爆炸機・電子戰機等龐大的高科技新型武器、必須具有對水上・對地・對空・對潛・登陸・電子作戰等能力、所以能成爲未來的海軍作戰主力。該報紙亦說：中國海軍企圖改變以往的「**沿海防衛**」戰略、企劃擴大於北從海參威（Vladivostok）、南至麻六甲海峽（Strait of Molacca）、東至關島（Guam）等廣大的「**外洋作戰**」。

據聞、中國早就開始建造核子潛水艇、即「**漢級**」登載彈道飛彈核子潛水艇、及「**夏級**」潛水艇（以「夏級」爲基本、登載飛彈一二發）。一般對於這些核子潛水艇的消息不多、實際狀態尙無法掌握。但是也有「**漢級**」五艘（一九七二年第一艘已完成、九〇年四月第五艘也完成）、「**夏級**」三艘、現已共有八艘的有關情報。然而、香港的中國系雜誌「**鏡報**」一九九四年二月號報導、中國當局在同年一月五日完成第一一艘核子潛水艇（「夏級」改良型）。這個報導若是正確、中國在一九九四年已擁有登載彈道飛彈核子潛水艇四艘、「**漢級**」核子潛水艇七艘。另一方面、也有「**漢級**」潛水艇五艘做爲技術試驗用艇之說法。以上衆說紛云、實際上、彈道飛彈核子潛水艇能在中國正式出現、也被推測爲二〇〇〇年以後的事、也許這種說法的可能性較高（因爲很缺乏「夏級」在外洋活動的消息）。其他、中國也被認爲現正在開發登載複數目標個別誘導型彈頭（M—RV）的CSS—NX—4型潛水艇登載彈道飛彈。

據說、「**漢級**」「**夏級**」的潛水艇已完成、但幾乎不見到出洋活動、所以被推測是核子機關有問題。只在一九九四年一〇月二七日、因北朝鮮問題、在日本九州之西方一〇〇海浬（一八五公里）作戰中的美航空母艦 Kity Fork 的S—3B對潛哨戒機（Patrol Plane）、發現「**漢級**」核子潛水艇於四五〇海浬內、企圖追蹤、但中國發動戰鬥機、與美航空母艦隊對峙（洛山磯時報一九九四年一〇月二八日報導）。其後據聞、中國獲得俄羅斯的技術支援、「**漢級**」的後續艇、擬在二〇〇〇年以後可能完成。

中國海軍的登陸作戰能力、從其保有艦艇的種類與數量來看、不太強大。即：一九八〇年代建造二千噸級登陸運輸艦九艘、一九九〇年代建造三千噸級戰車登陸艦二艘、所以一次能運輸的地上戰力非常有限。將來能保有登陸作戰的登陸能力、也要過了很長時期才有可能。

中國的航空戰力同樣也很舊式。在一九九五年、中國所保有戰鬥用飛機之中、擁有能進出遙遠的海上或有渡洋作戰能力的航空機（還要有駕駛員的技術跟上）、只限於從俄羅斯購進的前述SU—27戰鬥機、一九九二年的二六架、一九九五年第二批MK型、及把舊蘇聯設計的TU—16中型轟炸機在中國仿效生產的H—6型（空軍與海軍航空隊合計）約二〇〇架。H—6型的戰鬥行動半徑雖然有二千五〇〇公里以上、但其性能、裝備都很過舊。

一九九五年下半年、據聞：中國已能製造C—801對艦飛彈、但其性能尚屬未知數。最新式的SU—27戰鬥機（裝載對艦飛彈）、因要使用於中國本土防空、所以、中國所保有的戰鬥航空機之中、能給予台灣・日本等周邊地域加給威脅的、只有H—6爆炸機二〇〇架而已。

如果是這樣、中國尚不能跨海至台灣直接輸運地上戰備能力。

中國所擁有可能使用於實際戰爭的潛水艇、可以推測約有五〇艘。其大半都屬於沿海作戰用的中・小型戰艇、長距離外洋的「漢級」攻擊型潛水艇只有五艘、其性能也不佳。但是、若把其用於封鎖台灣的海上交通線、這潛水艇的存在是不可忽視的。

其他、自一九九五年下半年以後、有關中國軍事情報、即：

一九九五年

四・25　中國把最新型俄羅斯制SU—30MK戰鬥爆炸機配備實戰

五・30　美國民間安全保障研究機關「太平洋評議會」、發表中國的「軍事費」實際上是所發表的「國防費」的五倍、人民解放軍在兵器輸出與商業買賣所獲得額外收入、更是軍事費中不被發表且龐大的部份

七・19　美「軍備管理軍縮局」（ACDA）發表中國與俄羅斯保有攻擊性生物兵器

七・25　香港報紙報導、中國向台灣北方發射第七個飛彈、武嚇台灣
七・31　東南亞諸國聯合（ASEAN）第二八屆外長會議發表聲明、對中國的南沙諸島擴大實效支配表示重大關心
八・17　中國外交部發表實施地下核子實驗
九・20　「漢和情報中心」（本部在加拿大多倫多）發表、從俄羅斯空軍戰鬥機部隊司令官獲得情報、俄羅斯與中國開始交涉把SU—27改良型戰鬥技術讓給中國自主生產、製造目標二〇〇架
九・23　俄羅斯總統葉爾欽與中國外長錢其琛在黑海休養地會談、決定加速兩國軍事合作、供給中國高科技武器
一〇・12　在美國上院外交委員會「亞太問題小委員會」、軍事專家發表中國保有核子彈頭四五〇個、再有製造其三倍以上的核子炸彈的能力、並擁有能發射到美國的飛彈
一〇・21　中國海軍在台灣海峽實施登陸作戰演習
一〇・26　美國報導、中國對俄羅斯追加訂購SU—27戰鬥機、同時購進二四〇座新型空對空飛彈
一〇・28　江澤民為了掌握軍隊領導權、命軍事長老劉華清（黨委會副主席）與張震（副主席）退休、並使遲浩田國防部長與改革派張萬年上將升為黨中央軍委副主席
一一・2　美中軍事交流再開、美乃伊國防外長自一四日訪問中國
一二・1　美下院國際關係委員會委員羅拉把茲卡說：「中國在獨裁政權之下、增強軍事、給予緬甸獨裁政權軍事援助、以武力奪取菲律賓所有西沙群島、對台灣實施大規模武力威

嚇、給伊朗核子武器技術、並從俄羅斯購進基羅級潛水艇、開發能攻擊美國加州的飛彈、創設外洋艦隊等、而對亞細亞及在亞細亞美國利益進行挑戰、這種擴軍若只視爲中國軍事現代化、是非常危險」

一二・3　「漢和情報中心」（加拿大）報導「人民解放軍大型代表團」（黨中央軍委會副主席劉華清・副參謀總長曹川剛・參謀本部裝備部部長賀平・國防部國防科學技術工業委員會副主任懷國模・國家計劃委員會副主任郭樹善・對外貿易部副部長谷永江等）訪問俄羅斯、同意將俄羅斯最新型改良式戰鬥機SU－27在中國自行生產

一二・19　美核子航空母艦尼米茲通航台灣海峽

一九九六年

一・2　江澤民在全國協商會議說：中共改革基調不變

一・3　美國國防部長斐利同意之下、核子技術已輸入中國、但恐中共轉移於軍事用途

一・9　江澤民爲鞏固軍事領導、晉升一批上將（曹川剛等）

一・29　美大學發行「國際安全保障」最新號、論述「中國核子裝備管理展望」、發表中國自去年以來實施地下核子實驗是對抗日本飛彈（BMD）與美・俄兩國彈道飛彈防衛（BMD）爲主要目的

一・29　中國人民解放軍溫光春等聯勤部門幹部六人訪美、協商軍事交流

二・8　中國外交部副報導局長沈國放發表、爲了緩和台灣海峽緊張、美國得表示不賣給台灣武器

三・1　美政府分析：從福建省攻擊台北的飛彈若失敗、必在日本海域落下

三・5　美下院共和黨、強調台灣若遭侵犯、美軍必須防衛台灣

三・11　對中國開始台灣海峽南部的大規模實彈演習、美派遣「獨立號」與「尼米茲號」等大部隊於台灣近海

五・24　美聯邦搜查局逮捕人民解放軍總參謀部直屬的「中國保利集團公司」（海外支店一〇〇店以上、純資產三〇億美元、從事武器貿易、去年輸出額五億美元、會長王軍＝軍部重鎮王震二男、總經理總參謀部裝備部長賀平＝鄧小平女婿等）、及「中國北方工業集團公司」（中國最大的軍直屬企業集團、中國國防部直轄、國內有一五七企業、海外六七支社、職員八〇萬人的複合巨大企業Conglomerate、一九九四年營業總額六五億美元）的武器密輸事件

六・8　中國新華社發表中國今日施行核子地下實驗（中國核子兵器比較美・俄兩國落伍一〇年）、企圖轉換於「戰術核子」、來應付局地戰

七・19　日本發表「防衛白書」、警告中國軍的現代化對日本國防可能構成威脅

七・29　美國防總部國防情報局（DIA）、解明「中國武器輸出入組織」全貌

九・1　中國「解放軍報」發表北海艦隊在黃海實施「多兵種飛彈訓練」

九・4　中國調查船侵犯釣魚台諸島周邊海上（四日馳出外海）

九・23　美總統簽署「一九九七年國防歲出權限法案」、特別規定國防總部每年提出「有關中國軍事能力報告書」、報告：①軍事技術開發、戰略概念、②軍事情報收集、③攻擊性彈道飛彈、巡航飛彈、④指揮、統制、⑤海上封鎖能力與潛水艇・水陸兩用部隊等、警戒中國的擴軍

一一・3　中國海洋調查船（二千噸級）三艘在台灣東北海域及釣魚台諸島海面相繼活動、企圖造

成既成事實

一一・26　日本軍事專家表示、中國在一九八二年受英・阿根廷「福克蘭戰爭」的刺激、對「高科技戰爭」開始注目、加緊一九六〇年以來的「國防發展戰略」（核子炸彈・水素炸彈與彈道飛彈）、在生物武器・情報技術・自動化技術・能源技術・新素材技術等七個部份也企圖趕上國際水準、就是所謂「八六三計劃」、近年為了在大連造船所建造航空母艦、發表「超八六三計劃」

一一・27　俄羅斯、為了輸出中國、重新開始製造短距離迎擊防空體系ＳＡ12

一二・24　國家主席江澤民於北京、會見人民解放軍海軍黨代表會議出席者、強調台灣・釣魚台領土問題的重要性、指示提高海軍建設與總合作戰能力

一九九七年

二・20　鄧小平死亡

二・20　中國海軍驅逐艦「哈爾濱」「旅大」（珠海）及補給艦（南雲）等三艘初次橫渡太平洋寄港夏威夷・加州「聖地牙哥」軍港、做表敬訪問、繼續訪問墨西哥・秘魯・智利、五月下旬繞到澳大利亞、將試驗艦船的耐久力及將兵技術訓練、航海二千四〇〇海浬、這些驅逐艦雖裝有誘導飛彈・對潛水艇及對空飛彈等、但美國軍事專家說、中國海軍能展開定期長程航海、最少還要一〇年以上之後、那時、美國可能被捲入中國要支配亞細亞的軍事紛爭、到聖地牙哥時、將兵七〇〇人之中、六〇％人員因暈船幾乎站不起來

二・21　據「人民日報」報導、軍事最高首長張萬年・總政治部主任于冰波・總參謀長傅全

有・總後勤部長王克等出席重要會議、對主席江澤民表示忠誠且爲最高指導者、但保守派的雜誌「中流」最新號批判江澤民「沒有支持共產黨指導與社會主義」

二・27　中國旅滬級飛彈驅逐艦「青島」及江威級飛彈小驅逐艦爲主的東海艦隊、訪問泰國・馬來西亞・菲律賓

三・4　「中國全人代」發表一九九七年度國防費比去年增加一五・四%（九年連續增加一〇—二〇%）、中國擬在一九九七年完成削減兵員一〇〇萬人、繼續著重實施「質」的提高、以致國防費繼續增加

三・4　美國的 Heritage Foundation「亞細亞研究中心」發表中國將購進俄羅斯的新型飛彈驅逐艦二艘、其超音速飛彈會給予美・日的主要艦艇重大威脅、其驅逐艦排水量七千噸、裝置ＳＳＮ22對艦飛彈、射程二四〇公里、速度音速的二倍、超低空飛來（海面六米）、雷達不好捕捉

三・6　全人代將採決「中國國防法案」、把台灣武力侵攻正當化（中國自一九八五年至一九九六年對台灣施行數次武嚇、實行大規模軍事演習、由制定「國防法」來使武力侵台合法化）

三・14　美國防當局發表中國與俄羅斯訂定購買最新型飛彈驅逐艦二艘、更爲增加買進四—八艘（裝備核子兵器的戰略轟炸機四架）、此驅逐艦排水量七千五〇〇噸、裝備ＳＳＮ22核彈頭

四・4　中國軍事月刊「軍事文摘」刊載、去年一二月下旬召開「中央軍事委員會擴大會議」、討論二一世紀的戰略方針、中國今後擬以領導部年青化、裝備應付局部戰的高科技軍器、警戒「敵方侵入」「中國分裂」

四・6　中國軍事月刊「艦船知識」登載：人民解放軍新任海軍司令石雲生發表中國領導部認爲「二一世紀是海洋世紀」、中國已確立他國侵略中國領海的「近海防衛戰略」、及改編現代化海軍軍備、導入新型作戰機・核子潛水艇・海軍航空部隊

四・15　美國防總部於議會提出「中國的軍事能力報告」、推測中國今後一〇年以內、能擁有一千座彈道飛彈、對「軍事現代化」表明要警戒

四・16　美「國防總部報告書」指出、中國爲了軍事現代化、要改善高度情報手段・偵察能力、中國只有商業性SPOT、及LANDSAT等歐美舊式技術、中國要有最新衛星監視體系、才能應用於太平洋戰略、指揮能力才能改善。中國已有自製的戰術地對地彈道飛彈（SRBM）的CSS—6、中國計劃在二一世紀初、生產並裝備戰略核戰力移動能力、固形燃料型大陸間彈道飛彈（ICBM）、現在開發移動式地上發射飛彈「東風31號」（DF—31）與「東風41號」（DF—41）、射程八千——一萬二千公里、今後能有生產一千個飛彈技術。中國爲了在黃海・東海・台灣海峽・南海沿岸海域作戰、累積不少長時可能使用的舊蘇聯製機雷、但大半的水上艦在外洋訓練還不足、中國獨自生產核子潛水艇、但在太平洋海域尙不能對抗歐美或俄羅斯的高級技術、中國由俄羅斯導入新技術、開發新型潛水艇、提高軍事能力、買來基羅級 diesel 潛水艇、阻止中國沿海的敵方制海權、在湛江有六〇艘水陸兩用艦、中國若再加航空母艦的建造或購進、其作戰能力就更增強

四・27　中國國家主席公開訪問俄羅斯、解除「北方威脅」、訂約購進新型武器、要求供給SU—30、SU—37戰機

五・21　四月在香港舉行「航空工業展」的開幕式上、中國國防科學委員會副主任王統業說、「香港駐留部隊由最新型武裝編成、主要是海空兩軍」、香港軍事評論家郭平民說「直9A型、數分鐘就能到達香港任何地區、有火藥砲（rocket）或對戰車飛彈、也能長距離攻擊敵方」、台灣記者說「香港回歸之後、中國會集中於台灣、香港將來可能成爲攻擊台灣的軍事據點」

五・26　日本著名軍事評論家平松茂雄說「香港」海事基地不是戰略基地、而是「一國兩制」的「櫥窗」。南海艦隊有雷州半島的湛江（司令部）、海南島的榆林及汕頭、東海艦隊有寧波（司令部）、平潭・溫州等軍港、不必要依靠香港

六・9　美上級分析家 Richard Fischer 表示、中國開發射程三千公里（達東京都心）的中距離彈道飛彈DF—21X（新型東風21號）

六・18　日本平松茂雄說「中國軍事成長是以造船業爲牽引」、一九七七年五月鄧小平命令軍事與海運業建設同時進行、一九八二年七月創設「中國船舶總公司」、開始海軍及海運建設、一九八〇年代中國造船業成長能建設五萬噸級油船、一九八〇年代後半建設旅級驅逐艦、一九九六年總建船舶發展爲一九〇萬噸、世界造船量的〇・八%、世界第三位、輸出於香港・美國・英國・德國・義大利等世界五〇餘國、一九九一—九五年計劃大連完成三〇萬噸船渠（dock）

八・5　美軍部發表、中國軍方對今年度預算要求「航空母艦開發費」、但中國外交部以能引起「中國威脅論」爲由而反對

八・15　香港消息、中共中央軍委會副主席張萬年・國防部長遲浩田任政治局局員、軍總政治

部主任政治局候補委員、增強軍對中央的發言權

八・18　香港「廣角鏡」傳出、中國軍爲了攻掠台灣、有百萬部隊渡海登陸的能力

八・27　美國防大學研究所發表「中國人民解放軍首腦的軍事政略論」之中、指出爲了軍事能力增強的鐵道・道路・地下交通道等連絡網與通信網的擴充、有決定的重要性、這些設備都以日本對中國的「政府開發援助」（ODA）開發的

九・19　中國共產黨「第一五屆黨大會」、選出「政治局員」、江澤民（國家主席）・李鵬（總理）・朱鎔基（副總理）・李瑞環（全國政協主席）・胡錦濤（黨中央書記）・尉建成（中央紀律檢查委書記）・李嵐清（副總理）・丁關根（黨中央書記）・田紀雲（全人代常委副委員長）・李長春（湖南黨書記）・李鐵映（國家經濟體制改革委主任）・吳邦國（副總理）・吳官正（山東省書記）・遲浩田（國防部長）・張萬年（黨中央軍委會副主席）・羅漢（國務院秘書長）・姜春雲（副總理）・賈慶林（北京市黨書記・市長）・錢其琛（副總理・外長）・黃菊（上海市黨書記）・溫家寶（黨中央書記）・謝非（廣東省黨書記）

一〇・7　「漢和情報中心」（本部加拿大）指出、中國從一九九八年前半年、將開始製造SU—27SK改良型戰鬥機、每年出產二〇架、一五年間計二〇〇架

一〇・7　美國前中國駐在武官（海軍少將）指出、中國爲了攻擊外國航空母艦、決定優先製造最新型彈道驅逐艦

一〇・11　美軍方面指出、俄羅斯將賣給中國偵察衛星所捕捉的軍事機密情報

一二・4　中國人民解放軍黨中央軍委會副主席張萬年在「全軍裝備工作會議」上、指示重視國防科學技術與武器裝備、強化向二一世紀的武器軍備、並以國產開發爲主體、但其所

發表「國防費」不包含這些最大的武器裝備費在內

一二・4　日本「產經新聞」發表江畑謙介（Jean's Information Grup 的日本特派員）表示、「美日安保條約」制訂開始（一九六〇年）、其指標就包括「菲律賓以北暨日本及其周邊地區、包含韓國及台灣」、並指出「中共對台動武、非不可能」、台灣的台北及基隆在緯度上比琉球的宮古島・西表島・石桓島更北、台北與西表島的直線距離只有一五〇公里、那霸與台北之間六〇〇公里、比那霸到鹿兒島還近、因此、中台如果發生衝突、則沖繩半島等日本領土自然成爲戰場

一二・4　日本前防衛廳副參謀長塚本勝一、表示一〇―一五年內、中國不會武力犯台、「美日新安保指針」是否涵蓋台灣海峽、要問美國、一旦做出支持台灣軍事行動的決策、安保指針才能發揮作用

一二・22　在「台灣國家安全研究會」上、日本軍事專家平松茂雄（日本杏林大學社會學部教授）・福地建夫（前日本海上自衛隊幕僚長）、指出中國對台灣動武時、美國會作武力干涉

一二・22　退休軍事高幹劉華清・張震主張中國不宜以所謂「台灣經驗」爲例加速推動政改

一二・25　中國軍事高科技化加速、利用「泛世界測位系統」（GPS）於軍事、應用於彈道飛彈、地下部隊位置確認等、引起香港外交界的注目

一二・26　中共黨軍委會副主席・黨政治局員張萬年表示、「以二〇二〇年爲限、要武攻台灣」

一二・27　香港情報：中國已有自製「江衛級」巡防艦六艘進入編制服役（排水量二千二五〇噸、裝備801型反飛彈、RBU―一二〇〇型反潛艇發射器及俄羅斯製「蚊式」MOSKIT 3M80E驅逐艦、反飛彈驅逐艦）

圖 83　中國海軍 Kilo 型潛水艇（俄國製）

（資料）　江畑謙介「美國的軍事戰略」1996, p.165 東京

（參考資料　日本「讀賣新聞」「產經新聞」「每日新聞」「朝日新聞」　香港月刊「動向」「爭鳴」「鏡報」「明報」　英國 The Military Balance　台灣「自由時報」「中國時報」「聯合報」　台北全球防衛雜誌社月刊「全球防衛雜誌」　日本小公望「中南海の最高機密」1997　川島弘三「激動する鄧小平後の中國」1997　江畑謙介「軍事大國日本の行方」1995　江畑謙介「世界軍事ウォッチング」1996　志方俊之「極東有事」1996
中嶋嶺雄「中國はこうなる」1995　Richard Bernstein And Ross H. Muivro; The Coming Conflict With China 1997, New York, New York Times, Washington Post.）

8　中國（中共）的「台灣政策」

(1)　侵略的「中華民族主義」

遠自春秋戰國時代、中國・中國人的祖先是一個歷史悠久的族群社會。它不只是擁有龐大且複雜的文字記錄、也更有著極爲深奧的「**歷史傳統**」（精神傳統）。這種統一的歷史傳統、從古代就成爲中國帝王與統治階級決定歷史選擇時頭等重要的行動指標（基本原則）。這個行動指標、此後二千多年以來、隨著漢族驚人繁殖、征服・同化的超級能力、以及儒教的君臣倫理思想的漢族文化優越感、加上在地理上廣大無邊際的環境之下、漢族不斷的增加與擴散、使得其「**歷史傳統**」（精神傳統）成爲支配黃河一帶及其鄰近地域主流的「**中華思想**」（Sino-Centrism）。

中國創古以來、自稱爲「**華夏**」（「左傳」）・「**中華**」（古代華夏族自稱其地爲中華—「魏書」禮記）・「**中原**」（「左傳」）。相反的、中華以外的地域及諸族群、卻被叫著低賤的「**夷狄**」（東方的異族爲夷、北方各族爲狄—「論語」八佾）。這些名稱的思想背景、就是：「**中華是世界上的地理中心**」「**漢族文化是優越一切的世界文化**」「**中華帝王必須君臨於全世界**」「**世界上無論那個族群都得朝貢中華帝王**」等這種絕對至尊的支配思考、這就是「**中華思想**」的內涵。

「**中華思想**」不但是中國的「**精神傳統**」、自古以來、也造成一種超級霸權帝國的政治制度、即對於自己族群的周遭疆域保有至尊支配的敏感反應、在任何疆域、中國若是認爲傷害到自己的至尊或危及其霸權時、都會發動討伐戰爭、以鞏固其帝國霸權。這就是所謂的「**五服制**」、即：「**古代王畿**（中華）**外圍地域、以五百里爲率、視距離的遠近分爲五等**（五蕃）、**叫〃五服〃。其名稱爲甸服**（離王畿五〇〇里爲一蕃）・**侯服**（離千里爲二蕃）・**綏服**（離一千五〇〇里三蕃）・**要服**（離二千里爲四蕃）・**荒服**（離二千五〇〇里爲五蕃）」（「書經」禹貢）。如台灣即被稱爲：「**荒服地**」（清・劉良璧「台灣府志」）。

在中國歷史發展之中、這個「**中華思想**」已根深蒂固、在其思想上・實踐上、擁有「**二種特性**」：

一、「**天下定於一統**」（大一統）的政治架構、也是中國特有傳統的「**帝王思想**」。只要是漢族爲主的地緣地域以及邊陲地區、都認定自己的支配權力是絕對至尊、更不容許異己勢力的挑戰或共同存在、必須保持「**大一統**」的支配權力、否則無論付出多少代價、也要消滅它來完成其至尊的支配權力。

二、強大的大漢沙文主義（Han Chauvinism）。中國對於鄰近的其他種族或國家、均視爲王化不及的化外蕃邦、絕對沒有資格與中國平起平坐、所以不肯對中國稱「**臣**」的國家或種族、中國王朝都絕對不加以容忍、必要時興兵征討、但對於願意歸順的、賞賜也絕對大於其所進貢、以維持其優越性、長久以來、在自己的地緣以及邊疆建立中華王權至上的絕對權威、不容任何「**蕃邦**」挑戰。

「**中華思想**」、在強大的秦漢或隋唐朝代、對蕃邦諸國諸種族、即以較爲包容・寬大政策對待、但如在宋朝或明朝、卻相反的嚴格主張華夷之別、採取排外・閉鎖的敵對政策。

然而、到了一八世紀以後、對於這個東洋老大國唯我獨尊一脈傳承的「**中華思想**」、做了決定性挑戰且使之衰亡沒落的、就是西歐先進資本主義諸國「**近代民族主義**」所造成的超級侵略性壓力（西歐帝國主義加以侵略打破古老的「中華思想」、並政治分割中國）。在這前途瀕臨岌岌可危的當時、自鴉片戰爭（一八四〇年代）至第一次世界大戰（一九二〇年代）、中國對這些侵略性的西歐諸國、仍以「**中華思想**」睥睨「**夷狄**」的傳統思考、予以「**朝貢國**」的低賤地位對待。西歐先進國家則以侵略性「**近代民族主義**」的絕大壓力、企圖宰割中國並把其編入帝國主義世界體制。在這古老至尊的「**中華思想**」、與近代侵略的「**西歐民族主義**」劇烈鬥爭的過程中（中國經過一八五八年「天津條約」的屈辱、一九〇〇年「義和團事件」的失敗等受到外力接二連三的無情打擊）、老大國吃了徹底敗戰、且逐漸被編入西歐帝國主義的世界殖民地秩序系統。結果、在當時可說是具有前期性·落後性的「**中華思想**」、被迫漸從內部克服其「**前期性**」、而遽變爲近代性「**中華民族主義**」表象（經過一九一九年「五四運動」等）。

但是、經過二千多年歷史過程中、始終如一、絲毫不變、且已在中國意識中成爲不二法門的「**中華思想**」、臨危時不但不被完全消除、反而變成隱藏在新表象的「**中華民族主義**」背後的內涵意識。因此、「**中華民族主義**」除了八年抗戰時期顯現其進步性·革命性之外、自第二次世界大戰結束後、其傳統落後的「**中華思想**」隨即原形畢露、把其「**大漢族主義**」「**大一統主義**」的侵略性·反動性暴露無遺。

「**中國國民黨**」、就是以這個所謂「**三民主義**」中的主流「**侵略性中華民族主義**」爲其情結與理念、而來侵佔·統治·剝削以及大屠殺台灣、並與反侵略的「**革命性台灣民族主義**」發生激烈鬥爭。

「**中國共產黨**」也不例外、更以中國傳統的大漢族主義·大一統主義的「**侵略性中華民族主義**」爲絕對理念、擬以武力侵犯台灣。現今、從各種角度來看、「**侵略性中華民族主義**」已成爲中共極權及中國人民的主流意識。在這「**侵略性中華民族主義**」的前提之下、中國共產黨極權國家、對內不允許中國人民擁有眞正的經濟自由、更不可能使人民擁有眞正的政治民主。對外則絕對不允許中共虛稱是「**中國領土**」的台灣決定自己的未來及成爲獨立國家。

中共極權國家、雖用「**馬列主義**」爲主、但也不能低估其「**侵略性大中華民族主義**」的至尊思考。鄧小平曾公開表示：「**中國共產黨的領導人雖然是馬列主義者、但更是中華民族主義者**」。這就是中共政權對台灣政策基本的決定因素。

中國極權國家自從度過「**文革浩劫**」、並推動經濟改革而使「**共產主義**」統治避免崩潰之後、現已將走向跨世紀的軍事政治與經濟強權地位。這使中共獨裁者認爲是能發揮「**侵略性中華民族主義**」、一舉併吞台灣的最佳良機。

中國極權國家要併吞台灣的益處有五：

一、中共能夠把台灣主權與領土屬於中國現實化（但台灣本身認爲「台灣不是中國的一部份」）

二、中共能消滅中國國民黨「**中華民國**」、完成歷史至尊的「**大一統**」（但在台灣、中國國民黨卻在地理政治學上安穩存在而主張中國主權唯我所有）

三、中共爲了避免「**大陸國家**」只能困在內海、更爲了在二一世紀成爲「**海洋國家**」、爭霸東亞、並進出太平洋、與超級強權美國進行世界性霸權對抗、必須爭奪東北亞・東南亞軍事及經濟咽喉要道的台灣爲戰略基地（台灣民族主張「台灣獨立」）

四、中共爲了「**中國大陸**」的戰略安全（但美國・日本等爲了亞太地域安全）、永久維持世界強國地位、以及繼續中國未來歷史上的「**中華思想**」絕對性、更不能沒有「**台灣屏障**」（但「台灣自主獨立」是台灣民族的死活問題）

五、中共能不勞而獲得遠勝於中國三〇年的台灣高科技產業及優異的二千萬勞動生產力（但台灣社會經濟的成就端賴於近代祖先辛苦血汗、台灣人絕不容許任何權益割讓他國）

(2) 中共的「統戰」戰略

現已廣受人知的名言：「**槍桿子底下出政權**」、是出於毛澤東語錄。從中國現代史（尤其是中國共產黨發展史）、可以準確察覺到中共強權的本質以及政策、眞是由「**槍桿子**」所決定。中國共產黨無論是其內部鬥爭、或對外部出擊、其決策運籌都離不開以槍桿子做爲主導。因此、爲了剖析中共極權政府對侵犯台灣問題的基本政策、必須掌握其武力之實際狀況、這是已敘述於前。

雖然是這樣、但在中共決策之中、「**黨的領導**」「**軍隊**」以及「**統戰**」、是其革命勝利與拿下天下的三大法寶。現在、中共極權又要運用統戰技倆想來「**統一台灣成爲中國的一部份**」。其統戰手段是千變萬化・高深莫測、其終極目標、是在籠絡及擊敗「**台灣及其革命的台灣民族主義**」、完成其侵佔台灣的原來目的。因此、台灣大衆以及各階層台灣人、對中共的「**統戰台灣**」、都得有正確且仔細的認識才可。同時、對其「**統戰**」策略、應避免被誤導於「**情緒化**」「**盲目化**」或「**個人自私化**」的陷阱、而流於錯誤的判斷。

中共對台統戰、自一九七四年二月舉行「**二二八座談會**」（主持人傅作義）開始。一九七八年二月又在「**全國人民大會**」上、呼籲全國軍民準備「**解放台灣**」、一九七八年三月五日所通過的「**中華人民共和國憲法**」、亦提及「**一定解放台灣**」。這個時期、中共主要是向中國國內人民宣傳「**台灣是自古以來就屬中國領土**」（歷來、絕大多數的中國老百姓、不懂台灣、以爲台灣「在朝鮮北面」、台灣人是「日本人」）。

然而、自從一九七九年初、中美建交前後、中共「**統戰**」的目的與手段、就開始根本上的變化。中共即把一九七九年以後的統戰時期、規定爲「**新時期**」（新階段）。即在一九七八年一二月「**共黨一一屆三中全會**」時、具體決定「**和平統一台灣**」的新政策、繼之、一九七九年元旦、發表「**告台灣同胞書**」、主張「**三通**」（通郵・通商・通航）、並從一九八〇年起、停辦過去每年舉行的「**二二八座談會**」。所謂「**新時期**」、就是一再強調「**台灣是中國領土不可侵犯的一部份**」「**統一台灣是台灣同胞普遍的願望、也是全中國人民的神聖使命**」。中共黨中央「**統戰部**」（部長楊靜仁）、於一九七九年夏、在北京召開「**全國統戰會議**」（參加者黨員二七〇人、會期二〇天）、在開會中、黨中央聲明：現階段統戰稱爲

「**革命的愛國的統一戰線**」、主要任務是「**四化・統一**」、並決定「**統戰工作八大對象**」：⑴人民政協會議與各民主黨派、⑵愛國者、⑶知識份子、⑷民族工作者與宗教工作者、⑸舊工商業者、⑹台灣・香港・澳門人民同胞、⑺華僑、⑻外國友好人士。

李維漢（一九四四—一九六四年任統戰部長）在「**人民日報**」發表「**關於我國統一戰線的新階段和新任務**」、主張：統戰是社會主義建設的一個法寶、在中國共產黨領導之下、全國人民同胞必須團結起來、即以「**和平方式**」實現「**四個現代化**」（農業・工業・軍事・高科技）、與完成「**統一台灣**」成為「**新時期統台**」初期的理論基礎。

但是、到一九八〇年一月一六日、鄧小平提出一九八〇年代的「**四化・統一・反霸**」三大任務後、中共的統戰理論與政策、改為以鄧小平的「**三大任務**」發展為主、所以「**統戰**」工作比以前更加受到黨中央重視、統戰論文更是氾濫成河。扼要說來、鄧小平認為「**新時期**」的統一戰線是「**愛國統一戰線**」。因為在國內贊成共產主義的人固然很多、但在海外不贊成共產主義而愛中國的人更多、「**我們把愛國的旗幟舉得愈高、就愈能爭取團結更多的人、包括那些贊成祖國統一、但並不贊成共產主義制度的人們**」（統戰部長楊靜仁「新時期的統一戰線」一九八三年）。

統戰變成「**愛國的**」性格之後、隨之、「**對台統戰**」乃成為最重要的一環。所以中共除了上述一般原則之外、對台統戰還特別制定下列的「**戰略思想**」。即：⑴宣揚中華民族主義・愛國主義・祖國統一、⑵拉攏民主黨派與「**台灣團體**」（「台灣民主自治同盟」「全國台灣同胞聯誼會」等）、宣傳台灣統一後、國共兩黨可以共存、⑶重視台灣人民為統台的重要力量、⑷廣泛的拉攏台灣同胞與「**台獨份子**」、在祖國統一問題上「**尋求共識**」、但不能強調社會主義、⑸強調台灣的「**統一**」是純屬中國「**內政**」、應由海峽兩岸人民協商解決、外人無權干涉、⑹歡迎「**台獨**」份子訪問大陸溝通和談。中共為了研究上述「**新**」的戰略思想、於一九八四年初、前後召開一〇餘次「**座談會**」（包括「政協」「無黨派人士」等也被允許參加）。

中共又經過費孝通（黨外的民主同盟副主席）的建議、實施黨內外統戰工作人員的再教育、強化「**統一台灣的愛國思想及工作方法**」。

早在一九七八年、中共黨中央就設立了「**台灣工作領導小組**」（組長相繼由葉劍英・鄧小平・鄧穎超等擔任）。在國務院也設有「**對台工作小組**」（組長廖承志・姬鵬飛）、後來擴展到各省市、改名為「**對台工作辦公室**」、在黨與政府的實際負責人是羅青長（情報系統高幹）。但是「**統台**」政策決定權在「**黨**」中央、上述「**領導工作小組**」則下設組織・聯絡・安置・接待・宣傳・情報・秘書・總務等龐大的工作單位、可見中共當局重視「**統台工作**」的基本態度。

從此、中共對台「**統戰**」的向外工作逐漸活躍、但在海外、卻從居住日本的台僑及華僑為跳板、急於發展到居住美洲（美國・加拿大）的台僑・華僑之間（早在一九七一年、中共以「保衛釣魚台」為名、在美洲台灣人・華人間、建立了「統一派」的組織基礎）、其工作與活動日益活躍。

一九八二年、中美兩國訂定所謂「**八一七公報**」、當時、中共派遣吳學謙・趙紫陽等高幹、赴美大施壓力、又利用美總統雷根訪問北京時、說服雷根做「**統一和談**」（國共和談）調人、並促加速履行「**八一七公報**」中的減售軍器給在台的中國國民黨條例。

一九八三年八月、從美國邀集（籠絡）台籍教授九人（林宗義・蕭興義・林宗光・劉進慶・邱垂亮・涂照彥・郭煥圭、其他二人）、在北平香山飯店舉行「**台灣之將來研究會**」。此外、普遍爭取並組織不少台籍知識份子・學生及一般市民、往中國大陸旅遊・講學・舉辦學術講習會等、極盡「**統戰**」之能事。

中共對「**民主**」黨派的拉攏也不遺餘力、而且還在各省市施行優待「**原國民黨人員**」及「**台胞**」的政策、尤其影響力頗大的、更邀請黃埔校友李默庵・宋希濂等人、往北京參加黃埔軍校六〇年紀念、並成立了「**黃埔軍校同樂會**」。

一九八四年七月及一一月、「**黨中央對台辦公室**」（負責人吳學謙、主任楊斯德）、召開「**對台工作與宣傳會議**」、會上根據國際形勢與島內情勢的轉變、對於統一台灣問題被認爲愈來愈有利、會議要求國內外各級統戰工作機構要抓緊新形勢、把對台灣島內宣傳與一般工作密切結合起來、以期發揮整體力量。並且、根據福建省黨委對台辦公室、與台灣省民聯誼會編寫的有關台灣島內最新情勢的報告、由黨中央宣傳部・黨中央統戰部・台灣省民聯誼會・福建省黨委對台辦公室等做了聯合討論、歸論下列三點紀要、做爲今後對島內外工作的重點：

一、針對國民黨黨內外刊物、利用讀者投書・捐款等方式、主導黨內外輿論指向兩岸唱和的目標、更對「**和平統一**」「**一國兩制**」「**三通四流**」等問題、從國民黨黨內外輿論至立法院掀起熱烈討論、使國民黨當局受到更大壓力。

二、對國民黨黨外各派系及其領導人徹底了解底細。根據鄧穎超「**同志**」所指示的對台工作原則、即「**一宣傳、二交友**」、通過國內外管道、同他們建立私人友好關係、並要針對每一派勢力的不同條件、用不同的方式、有形無形的提供不同程度的支援、使他們感到不孤立、有後台、能夠更膽大、氣壯的對抗國民黨。他們當中某些人與共黨有特殊關係、或與祖國進行經貿往來者、對此、更要參照國務院辦公廳一九八五年二月二四日轉發的「**關於福建省開展對台直接貿易問題座談會紀要**」的通知、給予特別優惠。

三、掌握國民黨與黨外勢力對立日益深化的矛盾、在每一個環節、利用任何一個可以利用的機會與路線、見縫插針、遇洞灌水、靈活運用、加深矛盾、擴大國民黨與群衆的對立面、抓起另一波高雄事件、製造島內（中共的）革命創造有利條件。如果國民黨採取暴力鎮壓、要立刻製造國際輿論、特別是美國輿論、促使美政府對國民黨施加壓力（一九八五年四月三日、「中共黨中央辦公廳」發表密件）。之外、還有發表決定黨中央統戰部長閻明復・國務院僑務委員會主任廖暉・國務院外貿工作主任鄭拓影共同負責台灣工作。

中共爲了籠絡台灣商人、一九八〇年後半、國務院草擬「**獎勵台灣投資辦法**」（條文計一二條）、隨即在福建・廣東等省個別訂定獎勵規定、廈門「**故里山台灣工業區**」・廣東省「**台灣工業區**」・海南島「**台灣工業區**」相繼出現。如果持續發展、台灣島內經濟轉瞬間成爲空洞化、而被包括在所謂「**大中國經濟圈**」內。這等於中共所謂「**和平統一**」的前奏現象、也能成爲「**武力犯台**」的補助作用。台灣一般人、對中共的所謂「**統戰工作**」、總是難以理解其具體眞相（其出發點・手段・終極目標）。由上述難得的密件、才能使大家察覺到中共對台的統戰技倆、更能窺視其要併呑台灣的詭計。

從上述密件的字面看來、往往會錯認中共是站在台灣人這一邊、是爲台灣人利益著想的。然而、中共反對台灣的任何獨立・自決或分離的思想與行動、並把台灣認爲是「**中國的一部份**」「**台灣是中國的內政問題**」「**要武力侵犯台灣**」等中共的所謂「**原則**」之下、其統戰戰略的微笑姿態、眞是「**笑裡藏刀**」、表面上笑嘻嘻、其內心卻存有陰險狠毒的「**犯台計劃**」、所以、台灣人無論個人或團體、一不小心、立即陷入圈套、難以自拔。

鄧小平一生歷盡中國現代史中衆多的風浪起伏、無可避免的成爲中國史上的重要人物。他知道中國若要成爲世界強國、必須「**掠取**」台灣。他在一九八〇年元旦談話中、公開表示未來一〇年中、施政的三個最大目標、就是「**發展經濟**」「**保持安定**」「**統一台灣**」。結果、到了一九八九年、鄧小平自己認爲大體完成了前兩項工作、然而「**統一台灣**」的願望不但沒有完成、甚至中國對台灣的主權主張、卻受到國際上愈來愈強烈的反對、國民黨也擬定了數百億美元高科技武器購買計劃、中華民國又藉諸國際上的交流、這些情況都對中共產生更大的刺激。因此、鄧小平乃更急於使用武力統一台灣。鄧小平在一九八九年五月、會見蘇聯總統戈巴契夫時、悄然提到「**台灣問題未能解決、將是畢生的憾事**」。四個月後、鄧小平辭去最高的權力地位「**中共黨中央軍事委員會**」主席職務。但是每個人都知道、鄧小平仍然是中共唯一的最高領導人、他在世中（一九九七年死亡）、其謀略乃是中共當局必須奉行的最高政策。鄧小平爲了實現「**統一台灣**」、乃製定武力侵台政策、大幅增加國防經費、大量搜購先進科技武器、提供共軍作戰將領、以及策劃大規模軍事演習等。

曾經在黨中央政壇三上三下的鄧小平、最後東山再起接掌政權之後、雖然名義上不再出任黨國領導人、但除了在政壇背後隱密成爲軍事領袖之外、就把尋找接班人做爲當務之急。他曾指派兩名心腹胡耀邦與趙紫陽爲黨領袖、擬以培養接班人。然而、兩人都因政治立場問題（兩人都主張政治民主化、但鄧小平只允許經濟改革化）、相繼被鄧小平解除領袖職務、迫使他不得不臨時選擇資歷尚淺的江澤民成爲中共權力核心的接班人。

因此、鄧小平既然指定在政治上的倫理・經驗・威望・人脈等資格都低淺的江澤民爲接班人、就得苦心經營的使江澤民負起繼承「**大一統**」歷史大業、這不僅是爲了保衛江澤民、更是爲了維護鄧小平的歷史地位不變、而不會立刻受到鞭屍的命運、也是他想要維持共產主義極權國家在中國永久化的統治地位。

(3)　江澤民繼續領導「統一台灣」

鄧小平在世時、留下一個跨世紀領導政略、指示接班人江澤民要執行全方位政治任務。

然而、鄧所推行的「**改革・開放**」政策、基本上與中共的極權政治體制具有尖銳的對立矛盾、並且、無論中央或地方的幹部都已貪污腐化、人事權力鬥爭日益嚴重、軍方的未來走向問題重重、經濟改革的財經瓶頸愈來愈惡化、鄉村都市生活差距擴大、地方或民族的分離主義更形激烈（廣東等華南地區與中央的分離主義、或西藏・新疆・內蒙古的獨立運動等）、這些全國性問題都會造成中共社會動亂的原因、在日漸開放但愈顯不滿的民意浪潮、更有可能成爲另外一次的「**六四事件**」發生的可能性。

因此、鄧後的江澤民中共政權所要面對的重重危機、多得不可勝數、若是其中一個環節發生、均有可能引爆全局崩潰、甚至導致整個權力結構瀕臨瓦解。而且、剛剛接到領導權力的江澤民、爲了應付這些極大難題、他所能運用的籌碼卻是微乎其微。

於是、江澤民爲了轉移這些危機與挑戰、莫過於激起「**侵略的中華民族主義**」的歷史情感、來推行鄧所交給他的歷史題目「**統一台灣**」爲最佳應對政略。這樣、一方面化解這些內部危機、另一方面集中萬衆的注目於外界、使大陸突破被困於內海而直接進出太平洋、並與美國爭霸於海洋、且切斷與東南亞的日本海上交通線。

這樣一來、問題就在中共既然無法和平統一台灣、只有採取武力侵犯台灣戰略、所以、江澤民政權爲了掠取台灣、永不能離開槍桿子（軍方）的支持。但是江澤民在中共最高軍事統率的「**黨中央軍事委員會**」、雖佔有主席要職、但卻唯一非軍人出身、而且、近年來（尤其鄧小平死亡前後）、共軍在中央極權政治的運作中、已扮演著極高權威角色。在這種狀況之下、江澤民需要展現政治領導能力、給予共軍一個軍事表現機會、才能獲得共軍絕對支持。換言之、江澤民必須堅持「**武力統一台灣**」戰略、且讓軍方完成一場歷史性勝利、才能獲得眞正的領導權而成爲中國共產黨眞正的領袖。這也是鄧小平所策動的跨世紀安排。

其實、中國共產黨最爲懼怕的、還是「**台灣獨立**」。台灣・台灣人如果能在中共以武力犯台以前（其時期估計尚在一五—二〇年之後）、凝聚力量推翻國民黨殖民統治而達成「**台灣獨立**」、繼之而起的台灣內外變局及國際上的形勢轉變（承認「台灣主權」在台灣居民）、客觀形勢必不允許中共輕易的發動武力侵犯台灣。

目前、由於「**台灣海峽**」對台灣、在地理上是絕佳天然屛障、況且中共現在尚未有能採取正面作戰來武力登陸台灣的足夠現代前進科技戰備。美・日以及東南亞諸國等與台灣安全有關地域、也反對中共用武力解決台灣問題、所以、中共在最近的將來、幾乎不可能採取武力行動正面攻台（中共也知悉當前形勢、所以根據一九九七年一二月北京消息、中共黨中央軍委會副主席張萬年、在一項「對台工作會議」上、提倡要訂定二〇二〇年爲武力攻台時限）。

因此、中共現在將會採取的「**對台戰略**」、是以裡應外合、軟硬兼施的「**統戰**」謀略爲主、這就是企圖瓦解台灣人對中共的警惕心及破壞「**台灣獨立運動**」、並以市場投資交流控制台灣的經濟、且以外交途徑引出「**國民黨**」的妥協與封鎖「**中華民國**」的外援空間、最後時機到來（主要是中共武備達成現代化、爲期一五—二〇年之後）、才以雷霆萬鈞的軍事行動、一舉攻掠台灣。

然而、現已完成跟中國不同「**民族**」、並具有反外來統治的「**進步性台灣民族主義**」的台灣人、爲了實現「**台灣獨立**」的願望、絕對激烈反對大陸中共的侵犯台灣。現已殖民統治著台灣的中國國民黨、卻以台灣人堅拒中共侵台情勢爲背景、對中共政權不肯採取原則上的妥協、甚至憑藉台灣經濟發展、欲在台灣尋求苟延殘喘的機會。

因此中共對台灣武力侵犯併肩作戰的「**統戰**」、是以千方百計、繞道迂迴、所謂「**見縫插針、遇洞灌水**」「**最堅強的堡壘要從內部攻破**」等爲要道。

例如、最近、中共國務院將在近期公佈實施「**台商投資保護法實施條例**」、在該實施條例公佈之前、中共國務院日前透過「**新黨**」（在台灣的中共第五縱隊）、帶來最新版本、由新黨做台灣內部各縣市的台商意見徵詢。也就是說、這次中共對這條例立法、把徵詢意見爲統戰工具、侵入到台灣本島各個角落、然而卻不是透過「**海協會**」「**海基會**」等官式管道、而是透過在台灣從事「**統戰**」的特定黨派、顯示了中共飄洋過海、對台灣大衆統戰、執拗的一面。也有、民進黨總召集人張俊宏日前透露、他透過管道受密邀、再次前往中國大陸會晤中共黨政軍要員、而與許信良共提「**大膽西進**」「**三通**」等親共政策。中共對待「**民進黨**」的這種統戰方式、完全體現出典型的「**兩面政策**」。另一方面、民進黨諸派系謀士們（許信良・黃信介）以及林山田・辜寬敏等、近來受邀頻頻走訪北京、早已成爲兩地公開的秘密。

「**台灣問題**」的最後決定者、不是外人而是台灣人本身。台灣人若是明哲大義、珍惜歷史傳統、重視前途、即以瞻前顧後的眼光、確定今後一〇年至二〇年的長期計劃、只要以「**台灣獨立**」「**保衛台灣**」爲號召而集結力量努力奮鬥、那麼、任其中共如何的文攻武嚇、都無法讓其所謂的「**武力統一台灣**」。

9　美國的台灣政策

(1) 美國在冷戰結束後更加重視太平洋（參閱本書第一二章）

世界冷戰結束後（一九九〇年）、美國就開始創立減少海外駐留美軍、但在一旦有事發生時能在極短時間內投入本國軍隊的這種新「世界戰略」。爲了把這個新世界戰略付諸實行、必須要以能夠自由運用「海洋」爲前提。

美國陸海空軍跨海作戰所要利用的海洋、主要是指太平洋與大西洋。

在這新的世界戰略之下、美國人之間、一開始就懷有在國際上能產生以美國價値觀（民主主義）統一世界、並由美國掌握世界「新秩序」的極大期待、同時也期盼由此帶來國際政局的和平與安全以及經濟繁榮。

然而、其後的世界形勢、卻事與願違、相反的、隨即遁入「地域性紛爭」。並且、在世界各地爆發的這些地域性軍事紛爭、此起彼落、劇烈且殘酷、所以、美國或任何國家任何共同體、甚至聯合國也難找到有效的解決辦法。

因爲這樣、所以美國人即感到很大失望、對國外問題一時百感厭煩、而把其焦點集中於國內的失業・經濟起伏等問題。

然而、使美國人厭煩干預國外紛爭的這種理由、也是美國不得不介入世界上地域紛爭的主要原因、同時也成爲美國必須重視「海洋」的最大理由。因爲美國現正與世界所有地域均維持著龐大的經貿與社會關係、尤其亞細亞・太平洋地域與美國的經貿連繫與安全關係是極爲緊密、在亞太地域一旦有事、美國即不能不管、所以美國必須重視太平洋更甚於大西洋。

譬如：歐洲諸國雖在外交政策上對美國有很大影響、但因亞太地域與美國的經貿交易、在一九九五年已達三千八〇〇億美元以上、比美國國防預算還大一千四〇〇億美元、等於對歐洲貿易的一・五倍。美國的石油消費二〇%也依靠中東地域供給（日本石油消費依靠中東八〇%、全世界石油消費則依靠中東七〇%）。

因此、美國若對世界的這種「**現實**」漠不關心、又想維持現在的經濟水準、或達成更加繁榮的願望、而生存於世界、對亞太地域的「**權益**」與「**安全**」、是不可能蔑視的。所以美國不希望亞太地域紛爭事件發生、且必須防止紛爭發生、倘若發生、也得儘早抑止紛爭的擴大（譬如中國大軍一旦登陸台灣或菲律賓等地、美國的權益與安全必然遭到致命性威脅與打擊）。

這就是美國亞太地域戰略（也是世界戰略）最基本的關鍵要點。美政府及其決策者屢次提到對「**自由貿易經濟**」的保障（美國人認爲自由貿易經濟與建設民主主義國家、價值觀是一體兩面）。但是、美國爲了保障自由貿易經濟、必須有效的運用「**海洋交易**」、所以通商與航海的自由必然要受到保障、這就是所謂的「**航行自由**」原則。這種航行自由、美政府從國際法或國際慣例觀點、經常強調是任何國家或民族都享有的普遍權利。

一九九六年三月、中國發射飛彈於台灣海域時、美國立即派遣兩艘航空母艦巡弋於台灣東北角・西南角海面。繼之、再駛航空母艦隊（核子空母 Nimiz 爲主艦）通航台灣海峽、而來表示美國要維護台灣海峽自由航行與間接支持台灣安全。這是自一九七九年中美建交後、美艦駛入台灣海峽的頭一次軍事行動。在中國・台灣・越南・菲律賓・馬來西亞及汶萊等六國主張領有權的南沙諸島、若是發生紛爭、南支那海的自由航行遭到阻礙時、美國必據於「**航海自由原則**」、將以軍事行動回復其自由航行。

但是、如上美國的新世界戰略、或美國式價值觀、以及自由貿易・航海自由等主張、在舊的世界殖民統治體制已崩潰的二〇世紀後半以來、也得說在實質上、隱藏著「**新殖民主義**」（neo-colonialism）的特性。

戰前在亞・非的殖民地、佔地球上總面積與總人口的三分之一、但在戰後幾乎都達成解放與獨立（獨立一五〇國以上）。現仍被殖民統治的只剩下人口二千萬的台灣、與例如百慕達群島（Bermuda）等幾個小島嶼而已。然而這些舊殖民地獨立後的新國家、在政治上雖告獨立、但在經濟上、卻留存著殖民地時代的舊架構、所以仍然受著歐美・日本等先進資本主義國家在經濟上・文化上的殖民地性支配、這稱爲「**新殖民地主義**」。

(2) 美國重視台灣在亞太地域的戰略地位

早在一九世紀初、美國因對外政策採取所謂「**蒙羅主義**」（Monroe Doctrine 第五代總統 James Monroe 1758-1831 提倡的對外「孤立主義」政策）、以致一九世紀在亞洲殖民地爭奪戰、美國卻比歐洲帝國主義諸國較遲一步、所以、到了二〇世紀初、美政府即以「**門戶開放・機會均等**」（Open Door-Equal Oppotunity）以及「**尊重主權**」（Respect For Soverinty）爲理由、中途介入列國分割中國權益的行列、也企圖抑止日本掠取中國領土。從此、美國就以在太平洋保持海軍優勢爲亞洲戰略基礎、自稱太平洋爲美國的「**內海**」（Inland Sea）。

一九四五年、日本戰敗、第二世界大戰結束、但在美蘇兩超大國之間、隨即開始冷戰對立。美國爲了保持太平洋「**內海**」的安全地位、即北自阿留申群島（Aleujian Islands）・千島列島（Ruril Islands）・日本・琉球・台灣・菲律賓・巴布亞（Papua）、南至澳大利亞的西太平洋南北一系列、做爲對抗蘇聯與中國等共產國家的「**太平洋戰略防線**」（The pacific Strategical Defensive Line）。

因此、美國重視台灣在地理政治位置上的「**戰略政策**」才公然顯現出來。

然而、第二次大戰結束後、亞洲隨即而來的局勢動盪、竟使美國「對台政策」、猶如迅雷不及掩耳般的起了急遽的變化、即：

一九四九年　蔣家政權從中國大陸敗退台灣時、美總統杜魯門聲明不干涉蔣家政權佔領下的「台灣」

一九五〇年　韓戰爆發、杜魯門旋即宣言「台灣中立化」、隨時下令美國第七艦隊防守台灣海峽來反對中國侵佔台灣（杜魯門對中共的「圍堵政策」Truman doctrine）

一九五三年　越戰在蘇聯・中國（中共）的軍事支援下、愈打愈激烈、美總統艾森豪威爾發表「國情咨文」（State of Unionmessage）、宣告廢止「台灣中立化政策」

一九五四年　「東南亞條約機構（SEATO）」成立、中共砲擊金門、「美華（蔣）共同防禦條約」成立（一九七八年由美總統卡特樹立美中建交時、才廢除此條約）

一九五八年　中共再次砲擊金門馬祖、此時由杜勒斯・蔣介石發表宣言決定放棄「反攻大陸」政策

一九六一年　美總統甘迺迪主張「一中一台」

一九六九年　尼克森就任第三七任美總統、一九七〇年發表外交咨文「尼克森主義」（Nixon Doctrine）

一九七一年　中華人民共和國加入聯合國、「中華民國」退出聯合國

一九七二年　美總統尼克森・中華人民共和國總理周恩來、發表「上海公報」

美國方面聲明：美國認識（aknowledge）在台灣海峽兩邊的所有中國人都認爲有一個中國及台灣是中國的一部份。美國政府對這一立場不提出異議。它重申它對由中國人自己和平解決台灣問題的關心。考慮到這一前景、它確認從台灣撤出全部美國武裝力量和軍事設施的最終目標。在此期間、它將隨著這個地區緊張局面的緩和、逐步減少它在台灣的武裝力量和軍事設施

一九七九年　中美建交、美國會制定「台灣關係法」（Public Law 96 Congress -Apr.10.1979, An Act）、其所規定的對台政策大略如下：

①維持及促進美國人民與台灣人民間廣泛、密切及友好的商務・文化及其他各種關係；並且維持及促進美國人民與中國大陸人民、及其他西太平洋地區人民間的同樣的關係；

②表明西太平洋地區的和平及安定符合美國的政治・安全及經濟利益、而且是國際關

切的事務；

③表明美國決定和「中華人民共和國」建立外交關係之擧、是基於台灣的前途將以和平方式決定這一期望；

④任何企圖以非和平方式來決定台灣的前途之擧——包括使用經濟抵制及禁運手段在內、將被視爲對西太平洋地區和平及安定的威脅、而爲美國所嚴重關切；

⑤提供防禦性武器給台灣人民；

⑥維持美國的能力、以抵抗任何訴諸武力、或使用其他方式高壓手段、而危及台灣人民安全及社會經濟制度的行動。

一九八二年

「中華人民共和國和美利堅合衆國聯合公報」（八一七公報）

⑤美國政府非常重視它與中國的關係、並重申、它無意侵犯中國的主權和領土完整、無意干涉中國的內政、也無意執行〃兩個中國〃或〃一中一台〃的政策。美國政府理解並欲欣賞一九七九年一月一日中國發表的「告台灣同胞書」和一九八一年九月三日中國提出的九點方針中所表明的中國爭取和平解決台灣問題的政策。台灣問題上出現的新形勢也爲解決中美兩國在美國售台武器問題上的分歧、提供了有利的條件。

⑥考慮到雙方的上述聲明、美國政府聲明、它不尋求執行一項長期向台灣出售武器的政策、它向台灣出售的武器在性能和數量上將不超過中美建交後近幾年供應的水平、它準備逐步減少它對台灣的武器出售、並經過一段時間導致最後的解決。在這樣

的聲明時、美國承認中國關係於徹底解決這一貫立場。

一九九〇年　蘇聯崩潰瓦解、蘇聯共產黨解散、世界冷戰終結、隨即在亞洲、美國與中國（中共）成為正面對立的兩超大國、「台灣問題」成為中美衝突的導火線

一九九八年　美國國防部長柯恩訪問北京時、紐約報導指出、長期以來美國對台採行一種「模糊政策」（曖昧外交政策）、使台灣維持「不統不獨」狀態、但自一九九六年台海危機發生後（一九九六年）、為了穩定與中國在世界戰略中的大格局、美國開始對台採取「戰略清晰、戰術模糊」政策（仍屬曖昧外交）

台灣自蔣經國死亡後（一九八八年）、即由其高足李登輝、賣力表演、偽裝走上「**假**」民主政治、這當然是獲得美國極大的好感。但在實際上、台灣仍然在過去五〇年所塑造的殖民地體制統治之下、行使黑金政治、而使政治權力仍然造成經濟特權、經濟特權反過來再加強政治權力。這種社會狀況、完全相等於一九世紀初美國在紐約、塔媽呢派（Tamany Hall）所橫行的黑金政治的台灣翻版。然而、這種虛偽・反動的台灣社會狀態、卻更加鼓勵中國（中共）向世界叫囂要馬上使用武力侵佔台灣的所謂「**虛偽外交政策**」（False dipomatic policy）或「**曖昧外交政策**」（Vogue diplomatic policy）。

中共這種虛偽或曖昧的外交手法、頭一次露出其眞面目、原來是在一九七二年二月、尼克森訪中國到最後一站的上海時所召開的談判席上。這次最後會談、是由美國國家安全保障特別助理季辛吉與中國外交部長喬冠華所進行。季辛吉與喬冠華、對美中建交成為最大障礙即「**台灣及二千萬台灣住民**」的問題、展開激烈且微妙的討價還價。結果、由這兩個熟練且狡猾的外交高手、大張旗鼓而所捻出來

的「**上海公報**」、即是「**虛僞外交**」「**曖昧外交**」的最高傑作。

從此、美國・中國・台灣三者之間、一直以這種虛僞且曖昧的外交政策繼續演變下去。

美國無論正式或非正式所稱的「**台灣**」、其所指的有三個不同的內涵、即：

1. 台灣島這塊土地在地政學上（Geoplitik）的戰略地位

2. 二千萬台灣島民

3. 中國國民黨「**中華民國**」統治集團

但是美國若從其國家利益（國益）的觀點來看、其重視「**台灣**」的優先次序即：

第一優先是台灣島在地理戰略上的安全問題（因台灣已成爲美國在西太洋戰略防線上的重要一環）。

第二是重視台灣住民的和平與安全問題（因百年來美國一直在國際上表示「維護人權」與「民族自決」）。

第三才是中國國民黨「**中華民國**」（因在目前、中華民國是台灣唯一的政治統治體制）。

因此、美國每次提到「**台灣政策**」時、其本意全然以確保地理戰略價値的台灣爲第一。從其美國國益著想、必然的具有期盼台灣實現完全脫離中國政治圈的「**分離主義**」（Separatism—雖然被認爲時機尙未成熟、條件未能齊全）。所以、美國對台灣每次的政治措施或軍事行動、雖然受到與中共的外交關係及對中國大陸的經濟利益觀點所牽制、但在其實質上都以要防止台灣遭遇中國侵犯與併呑爲內涵。美國對台灣的這種戰略政策、當然是以本國「**國益**」爲重、也是爲了確保其「**西太平洋戰略防線**」必然的政策目標、同時、也是半世紀以來美國一貫反對中共想以一國支配亞洲的政治野心。因此、美政府根據亞洲的戰略狀況（要與侵略性中國當局保持連繫、也要保持日本・韓國・台灣・菲律賓等亞太地域的安全與和平、即要保障美國本身在亞太地域的國益與安全）、原來都以所謂「**戰略清晰戰術模糊**」政策、而使台灣長期維持「**不統不獨**」的不安定狀態。譬如說：美國一方面對中國表示遵守「**一個中國**」政策與認識（不是承認）「台灣是中國的一部份」、但在另一方面卻再次強調「反對中共武力犯台、保衛台灣島與台灣海峽的安全與和平是密切關聯到美國的安全與國益、也關聯到亞太地域整個的安全問題」。並且、一方面努力於在政治上軍事上接近中國、另一方面則出售軍事武器給在台灣的中華民國。這就是美政府對台灣所採取異想天開的所謂「曖昧外交政策」。

以太平洋相隔的兩超大國——中國與美國、本在一九八〇年代、爲了防止蘇聯支配亞細亞、便互相認同是戰略同伴、曾想訂定「同盟」關係。然而、僅經過一〇年後的一九九〇年代、世界上人口最多的中華人民共和國與世界最爲強大的美利堅合衆國、卻變成世界性的對立關係。這樣一來、兩超大國自二一世紀初開始、必然會以亞太地域爲戰場、成爲更加尖銳的敵對。並且、其他諸國家諸民族、也得被迫選擇任何一方、而被捲入於世界性大紛爭。

中國在最近的將來、被認爲是能成爲擁有世界最大經濟力量的軍事大國。因此中共首腦爲了繼續維持已成式微的「獨裁專制」、現正以「排外主義」（Chauvinism Xenophobia）來煽動人民大衆的「愛國心」或「反動的中華民族主義」、擬把它們的眼線自國內問題轉移於外界的反美或反台灣獨立等問題、做爲維持「國家社會主義」的方法。

因此、在一九九三年底召開於北京的「秘密會議」上、中共當局宣稱：「自現階段至二一世紀初、美國霸權主義（American hegemonism）會以繼續破壞中國爲戰略目標、並透過經濟活動與通商加以管制或制裁、用於強迫中國變更共產主義、而向西方價值觀低頭」。

一九九四年初、在北京所召開的「軍事會議」上、當時的總參謀長張萬年（一九九七年調升爲軍事最高決策機關的中共黨中央軍事委員會副主席）、宣稱：「強化軍事力量、促進軍隊現代化、反對霸權主義（指美國）的干涉與破壞、起來保衛祖國」（解放軍報）。

一九九六年七月、「解放軍報」（北京）再次宣稱：「美國霸權主義愈來愈公然誇耀其軍事力量、不但是再次釀成中國的國內動亂、且竭力干涉內政（指美國屢次非難天安門大屠殺、也反對共軍在西藏境內的大屠殺、並批判中共當局逮捕魏京生等人士）、而且與台灣人士共謀台灣獨立」。

在同一時期、中國共產黨機關報「人民日報」社論也談及：「冷戰結束後：：美國的戰略目標乃是要實現世界支配。美國在亞細亞大陸、絕不允許對其支配力量能構成威脅的任何強國出現。所以、美國將其視爲主要敵對國、足以挑戰美國的國家（指中國）」。

如上所述、中國認爲最大敵人是美國、也認爲美中衝突的導火線是「台灣」。據於中共官方的見解、台灣是「叛變者所盤踞的中國之一省」、所以台灣問題是中國的「內政問題」。美國在中國加入聯合國開始的過去二六年間、跟「叛變者盤踞的一省」維持了外交關係、而且在一九五四年締結的「美華相互安全保障條約」上、誓約台灣若受中國攻擊時、美國必須負起防衛台灣的責任。一九七九年中美建交後、美國更進一步的設立「在台灣協會」於台北。這一連串問題都被中國認爲是構成正面敵對的關係。

一九九六年三月、中國爲了阻撓中華民國實行總統選舉、在台灣海峽發射移動式M11中距離飛彈、並實行空海軍的實彈演習。美國則在中國開始發射飛彈的那一天、發表美航空母艦「獨立號」（Independence）等海軍艦隊、已趕到靠近台灣東北邊三二〇㎞海域備戰。其後、隨著中國擴大軍事演習、美政府再次派遣第二艘核子航空母艦尼米茲號等艦隊於台灣西南邊海域、表示美政府在緊要關頭絕對起來保衛台灣與台灣海峽的安全。

但在另一方面、當時恰在訪問北京的前美國國務院高官Charles W. Freeman、卻受到中國官員的恐嚇、說：美國倘若干涉台灣、中國則不排除使用核子飛彈（nuclear missile ICBM）攻擊美西岸諸都市。總理李鵬隨即警告美國船舶不要駛入台灣海峽。北京系香港文匯報、也宣稱：「**若是集中誘導飛彈攻擊美艦、敵人侵略軍任其多大多強、也能使之葬身於火海之中**」。

然而、這次中美對決、中國在實質上結果是敗北。

台灣海峽一九九六年春的危機如此告終、但其後果、若從中國來說是事與願違、即一、讓台灣住民從新認識到中共的蠻橫習性、更加喚起台灣人對中國中共莫大的敵愾心。二、中共雖然一貫大吹大擂的叫囂軍事力量特別強大、但卻暴露了實際上還很脆弱、尚未保有能渡過台灣海峽的現代海空軍。三、使美・日及東南亞諸國、對中國的軍事冒險更加提高警戒。到頭來、毛澤東曾經指蘇聯爲「紙老虎」、實際上現今中國的軍事・經濟力量、才是眞正的「**紙老虎**」。因此、台灣人心對中國・中國人的距離愈來愈大、反而更加靠近美國或日本。

一九九七年中國收回殖民地香港、獲得世界難得的經濟港口與海軍基地。繼之、一九九九年葡萄牙殖民地澳門、將要歸還中國、所以中國從此可以完全支配整個中國大陸。以北京政府立場、就是只剩下台灣尚未能統一。這個問題成爲台灣・台灣人與中國・中國人決定性的對立抗爭、更成爲中美間掀起緊張的最大原因。

中國對台灣、未來就是繼續採取「**武力**」與「**統戰**」的兩面作戰、所以、自周恩來開始至鄧小平以下歷代的中共高級官員、都宣稱「**拒絕放棄武力解決台灣問題**」。然而、因中國尚未保有能夠跨海侵佔台灣島的軍事力量、所以才一直以「**文攻武嚇**」的統戰方式、號稱「**一國兩制**」而暫使「**中華民國**」繼續統治台灣（阻礙台灣走上「獨立」）、同時促進台灣・大陸兩地的接觸與往來、然後、時機一到、擬以一舉奪取台灣。

但是、中國的這種理論與政策、美國在實際上都表示不能贊同。不但是美國、連與北京建立邦交的其他各國、雖然不提起「**二個中國**」觀點、但在實際上、都公然採取「**兩面政策**」、即一方面與北京建交、另一方面卻不許北京做任何干涉、偏要設置實質上是外交機關的「**文化經濟辦事處**」於台北、並對台灣住民發給入國簽證、且與台灣建立一般貿易與武器買賣等普遍的交往關係。

一般台灣人、當然是堅決反對中國這種「**侵略性**」台灣政策、毅然主張台灣在歷史・社會上以及法律上、都擁有「**獨立**」的權利。

（參考 Richard Bernstein and Ross H. Munro; The Coming Conflict With China 1997, N.Y.　江畑謙介「アメリカ美國の軍事戰略」1996, 東京　志方俊之「極東有事」1996, 東京　中嶋嶺雄「中國はこうなる〃會成爲這樣〃」1995, 東京　香港「動向」「爭鳴」）

一九九五年以後的台・美・中關係記事：

一九九五年

七・18　中共新華社發出、「中國人民解放軍將進行向東海發射飛彈訓練」、即在一九九五年七月二一日至二八日、於東支那海上實行

一〇・8　美亞太助理卿羅德表示、未來一年「柯江會談」不會有「第四公報」

一〇・10　倫敦「國際戰略研究所」（IISS）指出、中共國防支出達公開數字的四倍以上（世銀統計五二〇億美元）、又說、中共核武力量空前、擁有攻擊全世界任何目標的能力、曾分別在一九九四年六月・一〇月及今年五月・八月進行試爆、六月試射「東方31型飛彈」（射程八千公里）、其他擁有新型「海基SSBM、〇九四核子飛彈」、由以色列Lavi戰鬥機改裝而成的「殲一〇戰機」、以及「FCII戰機」

一〇・21　江澤民飛抵紐約、參加聯合國五〇周年活動

一〇・22　華府報導、在柯林頓與江澤民會晤前、美國一〇〇名議員致函柯林頓、對台灣安全表示關切
一〇・24　江澤民在聯合國演說、「台灣海峽的和平統一是全體中國人民堅定的意志、中國人民有辦法摔除任何干擾、完成祖國統一」
一〇・24　紐約舉行「柯江會談」、就人權・貿易・台灣等問題交換意見、但在台灣問題仍有很大歧見
一〇・25　中共高幹子女、潛入台灣、假結婚、眞統戰、數達萬人以上
一〇・25　中共總理李鵬強調、「絕不承諾放棄對台動武」
一〇・25　江澤民・李鵬各在紐約・北京、重申不放棄武力犯台、若有外國勢力介入、更不惜使用武力進攻台灣

一九九六年

一・6　香港報導、廈門機場積極擴建
一・7　中國大陸貧富差距擴大、治安惡化、暴亂頻傳
一・8　江澤民爲樹立軍內威信再晉升一批上將
一・14　共軍對台的強勢表現、前所未聞
一・15　共軍總參謀長（新任）傅全、重提毛澤東「人民戰爭思想」及「人海戰術」
一・16　人民日報囂張統一台灣
一・16　江澤民要求華府謹愼處理台灣問題
一・17　中共下令沿海軍隊保持對台「備戰」

一・20　香港報導、中共人員偷渡台灣的有教授・公安・軍人・情報等人員、藏匿於台灣社會各個角落、從事地下工作

一・27　美國國防部證實、在日本的美航空母艦於上月一九日通過台灣海峽

一・27　江澤民強調先港澳後台灣統一

一・28　美參議院軍委會委員（共和黨）華納說、台灣海峽一觸即發、告訴新任美軍太平洋司令普魯赫須堅定立場

一・29　中共鐵殼船橫行於恒春・鵝鑾鼻西南方海域

一・30　中共總書記江澤民發表「江八點」一週年、大陸台籍人士受邀

一・30　「日本經濟新聞」發自上海報導指出、美艦一艘三一日起將抵達上海、進行五天友好訪問

美國國防部發表聲明說、中共軍事代表團（總後勤部溫光春等六人）、前來美國訪問、主要討論後勤現代化

一・30　亞洲華爾街日報社論、籲美將台灣納入美安全戰略範圍

一・31　美國防部評估中共跨海兩棲作戰的能力未提升

二・6　美國香港媒體報導、中共將舉行大規模演習、福建沿海已集結四〇萬部隊

二・8　美主管亞太助卿羅德、警告中共不要低估美國將要確保台灣人民和平的決心（ensure peace for the people in taiwan）

二・9　美國證實中共售巴基斯坦核武配件

二・10　香港報導、中共大規模軍力陸續集結福建

二・10　中國東南沿海增派兵力、美表示有能力「預知」威脅、也有能力「因應」
二・13　美國防部長斐利告誡中國、別在台海窮兵黷武、製造緊張氣氛
二・13　美國防部長斐利說、中共・日本・美國及其他亞太地區國家的國防首長應該定期會談、藉以增進了解及化解軍事危機
二・14　大陸客攜大量火藥偷渡澎湖（雷管六萬發、炸藥三〇〇餘㎞、TNT炸藥）
二・14　歐洲議會關切台海情勢、提案歐盟運用影響力防止中共犯台
二・15　美海軍部長說、總統下令第七艦隊可赴任何地方
二・15　中共最大型運載火箭、「長征型」火箭、運送國際通信衛生組織電星七〇八號通信衛星、發射後數秒鐘爆炸
二・16　中共以海軍現代化爲戰略上的第一優先
二・17　美國亞太事務助理國務卿羅德強調、台灣情勢必會趨於降壓・對話
二・17　倫敦「國際戰略研究所」指出、中共犯台勝算渺茫
二・21　紐約時報報導、美擬進行有限度的經濟制裁中共輸出核武
二・22　美中央情報局（CIA）局長杜區（John Deuich）、在參院指出、中共會在台灣選舉前、於台海舉行軍事演習
二・28　美前國防部長溫伯格說、華府必須讓北京知道、如果中共攻打台灣、美國會採取包括武力的一切手段
三・4　香港報導、中共吸收台商・探親客等人加入共黨、在台成立地下組織
三・4　美共和黨總統候選人杜爾說、美有義務援助台灣

三・5　美前駐中共大使李潔明表示、中共八日起再度展開的飛彈演習、已不是台灣獨自的問題、而是中共對全世界的挑釁、中共亦將付出重大代價

三・6　美衆議員決議要求柯林頓出兵協防台灣

三・7　美國「國際戰略研究所」報告、美政府應該明白告訴中共、武力犯台將付出嚴重的經濟以及外交的代價

三・7　美國務院發言人伯恩斯、對中共對台新一次的軍事演習提出抗議

三・8　中共八―一五日將在台灣南北海域試射飛彈

三・8　美國防部長斐利對來訪的中共國務院外事辦公室主任劉華清表示、美在西太平洋地域擁有強大的海軍武力

三・10　東京報導、美日加強兵力部署、並發表空母「獨立號」在台海附近進行演習

三・11　美輿論續促柯林頓制止中共演習、紐約時報專欄作家傅立曼表示、台海戰爭會打碎大陸經濟美夢

三・12　美國務卿克里斯多福證實、美戰艦群待命、將航近台海

三・12　中國副總理兼外相錢其琛表示、美艦保衛台灣是非常荒唐

美派遣「獨立號」「尼米茲號」兩個航空母艦戰鬥群到台海附近海面、美・日・台聯合、與中共對立

美國務卿克里斯多福表示、美的中國政策、是以中共不動武爲前提

三・12　美軍太平洋艦隊發言人奧特森少校指出、「獨立號」與飛彈驅逐艦「奧布萊恩號」、仍在琉球台灣之間、飛彈巡洋艦「邦克山號」則在台灣南方、巡洋船「麥克魯斯號」

與驅逐艦「布維特號」已自日本橫須賀起航向南方馳行
三・13　紐約時報發自北京報導說、北京高層已私下向華府保證不會犯台、美國會議員提出決議案、並警告要取消對中共最惠待遇、出兵協防台灣
三・14　美亞太助理國務卿羅德指出、中共失算已自食其果、引起台灣住民反共、李登輝當選總統、亞太國家起反感
三・14　中共第四枚導彈昨晨落入高雄外海
三・14　柯林頓政府警告北京當局、中共如對台灣使用武力、將直接涉及美國國家利益、會帶來嚴重的危險
三・14　美亞太助理國務卿羅德一七日在聽證會、告訴國會、中共若攻台、將直接涉及美國利益
三・15　一八—二五日、中共將進行第三波實彈演習於東山島海域
三・16　中共成立「東南戰區」指揮跨軍區・跨艦隊的軍事行動
三・16　美第七艦隊偵測網布置於台灣海域
三・17　白宮官員說、美國不會放棄航行公海權利、以因應任何一個國家的威脅動作
四・2　錢其琛主張中共仍不排除對台動武
四・15　美國防部長裴利訪日、同意遠東發生緊急情況時、華府將加強與東京合作
四・15　美外交協會研究員詹姆士・辛、提出「中國政策建議報告」、指美國有與中共擁有條件的交往之道（不使用武力・尊重主權・自由通行權等）
四・15　美國防部長裴利說、美對中共是要「交往」而非「圍堵」

四・19　美亞太區助卿羅德表示、美國務卿克里斯多福、今天與中共副總理錢其琛會晤、但美中仍「意見不合」
四・19　克・錢在荷蘭海牙會談、美重申「一個中國政策」
四・22　「美聯社」報導、捷克總統哈維爾公開指責中共違反人權、並指出台灣是個政治實體
四・23　日方新聞傳、中共著手進行建造空母計劃
四・25　傳中共與俄達協議授權生產蘇愷27戰機
江澤民透露親自下令、美艦來後演習也要繼續進行
四・27　國防部長斐利表示、中共飛彈具有威脅能力
四・29　江澤民強調對台演習係在「主權領土之內」進行
中共傳將洽購西班牙航空母艦（約二萬噸艦）
五・5　中共在聯合國與美的對立升高
五・6　舊金山報導、目前在亞利桑納大學任教的中國民運領袖方勵之、指出大陸高漲民族主義
五・7　江澤民訪菲、主要針對台灣
五・9　日本報導中共將在本月再行核試爆
五・9　美共和黨總統候選人的參議員杜爾、在華府「國際戰略研究中心」演講說、美協防台灣立場必須明確
五・10　柯林頓爲保護「智財權」、批准貿易制裁中共
五・12　中共國防部長遲浩田表示、中共草擬的「國防法」、將加入「反台獨條款」

五・12 朱鎔基為對付台灣、出訪印尼・泰・馬三國
五・14 台塑集團王永慶、不放棄赴大陸設電廠
五・16 中共將金門・馬祖納入「領海基線」範圍
五・16 美貿易代表巴夏芙絲姬（女）、宣布要對中共進口衣料加重税
五・16 中共發起「文革」三〇周年記念、一〇年浩劫創傷迄未治癒
五・17 紐約「新聞日報」報導、中共雇用失業美人、發展精密戰機引擎
五・18 中國國民黨軍將建立衛星監控系統
五・18 中共對台兵力部署、採靈活縱深配置
五・19 中共證實雇用美人發展精密戰機引擎
五・20 西藏爆發一連串暴動、甘丹寺遭封閉
五・20 美報指出中共自俄取得太空技術
五・21 美同意供台灣戰區飛彈防禦能力
五・21 李登輝・連戰宣誓就任正副總統
五・22 美國防部長斐利、要求俄・烏克蘭拒售中共SS18洲際飛彈技術
五・24 中共國營「中國北方工業公司」「保利公司」、走私軍火價值四〇〇萬美元、在美被捕職員八人、針對舊金山二千支47自動步槍中共走私案、主嫌之一顧漢群來自台灣、其妹夫係前國民黨僑務委員、美政府繼續追捕七名在逃嫌犯
五・30 新疆西藏少數民族獨立運動激化、中共加強軍警進行大屠殺
六・1 台塑董事長王永慶表示已與中共簽署漳州發電所投資、發電量將稱霸亞洲、容量六〇

〇萬廷、總投資六〇億美元、能加強中共軍需品製造、朱鎔基宴王永慶一行人
六・2　北京消息人士說、中共對台方針短期內決採「冷處理」
六・4　香港人四千、紀念「六四」七周年遊行、北京警方加強警備
六・8　中共在新疆進行核武試爆
六・12　美政府通知日本政府、六月八日中共舉行的地下核子試爆是、「同時爆炸二個以上的核子彈頭」
六・15　美下院聯署杯葛續惠中共案
六・15　中共將積極引進俄・烏核武技術、以抗衡美國超強地位
六・17　兩岸中止會談滿周年
六・17　美爲防範東亞危機爆發、「獨立號」空母決常駐日本基地
六・24　美國防部次長斯洛坎訪問大陸、與解放軍副參謀長熊光楷會談、表示不支持台灣獨立及加入聯合國
六・24　中共外匯儲備、越過台灣、已突破八五〇億美元、躍居世界第二、但外債已超過一千二〇〇億美元
六・25　美前總統布希訪大陸
六・26　江澤民重申兩岸領導人互訪
六・27　中共國防部長遲浩田、會晤美國國防部次長斯洛坎、重申台灣問題是中美關係核心
六・29　美衆院轉向支持對中國延長最惠國待遇
六・29　新疆西藏獨立運動激化、情勢緊張

六・30　美國「美中關係全國委員會」、派出前世界銀行總裁、貿易代表署署長、主管國際安全助理國防部長、亞太事務助理國務卿、中情局長等走訪兩岸「訪問團」、該團回美後、寫了「United State - China Relation: Curent Tension, Polrcy Choice」報告
七・7　美國家安全顧問雷克訪問北京、擬牽動兩岸情勢
七・8　美安全顧問雷克表示、美國不做兩岸調人
七・11　美國家安全顧問雷克與江澤民・李鵬・錢其琛・遲浩田會晤、爲改善雙邊關係有起作用
七・11　中共成立「台灣少數民族研究會」、盼藉此打擊台獨以利統一
大陸中國海洋石油公司總經理來台、兩岸合作探油跨出第一步
七・14　中共外貿今年上半年總額一千二七二億美元、台灣名列第六
七・17　美外相會見達賴喇嘛、北京表不滿
七・18　美國務卿克里斯多福表示、美國已經「恢復了與中國建設性交往的積極動力」
七・20　釣魚台主權爭議、激盪台灣・中國・日本三邊關係
七・23　美國務卿克里斯多福昨表示、他希望明天在與中共外長錢其琛會談中、加強討論雙邊高層交流會晤計劃
七・24　在北京召開的「兩岸關係學術研討會」中、大陸學者說、只要宣示「中國只有一個」「台灣是中國一部份」、至於誰主中國仍可各說各話
七・28　美國白宮國家安全顧問雷克指出、美中熱衷因素不應被高估
七・29　中共搶在禁止核武試爆前試爆、昨天核武試爆成功、多國抗議

八・1　傳中共再裁軍五〇萬人、總參謀長遲浩田重申不承諾放棄對台用武

八・7　中美禁止核試談判進展

八・9　中共制定「對台七項工作重點」：

一、緊持涉台外交、保持對台軍事優勢

二、加強對台宣稱「一個中國」

三、切實做好台灣民衆工作

四、進一步發展海峽兩岸經貿關係、準備「三通」

五、加強對台灣各派政治接觸的工作

六、部署兩岸的政治性談判協商

七、香港與台灣關係將組成兩岸重要關係、要打擊台灣對香港的陰謀

八・10　錢其琛批評美批准連戰過境

八・13　傳中共潛艇曾赴釣魚台巡弋

八・17　中共裁軍會議代表沙祖康聲明、將支持全面禁止核試條約

八・20　中共發射通訊衛星失敗

八・21　中共對台灣、重回「以經濟促政治」政策

八・22　中共超越日本、成美最大貿易逆差國

八・28　美售台刺針飛彈、北京華府唇槍舌劍

八・30　帕爾（Douaglas H. Pael）說、美國有能力適應亞太安全需求

八・30　中共國務院台灣辦公室主任王兆國、指兩岸通航可懸「方便旗」

九・11　香港「南華日報」及「明報」分別報導、中共對台策略將捨去極左路線

九・15　美前國務卿季辛吉等親中共人士、表示北京憂慮美國的「圍堵政策」

九・18　德國報紙傳中共擬加強與德國情報合作

九・21　中共海洋石油總公司（隸屬國務院）、授權修改海域、設定範圍（台灣海峽三二─三二礦區）、主動排除主權問題、吸引國民黨「中油」合作

九・26　因西藏人權問題、中德外交解凍、但中澳關係趨惡化

九・30　美著名中國問題專家奧森柏格（Michel Okscnberg）強調、「中共對台港政策、須考慮兩地居民意願」

一〇・1　英香港總督彭定康、向立法局做最後演說

一〇・6　法國當局正考慮、將「克里孟梭號」航空母艦售予中共

一〇・10　據星島日報報導、共軍上月底曾派一二架戰機及數艘軍艦巡弋釣魚台海面

一〇・16　據東京當局發表、中共大型海洋調查船「雪龍號」、在日本琉球久米島西南海域行動

一〇・16　美駐北京大使館表示、美亞太助理國務卿羅德在北京、與中共官員討論朝鮮半島局勢與人權問題等

一〇・16　江澤民在國際議會聯盟大會上、致詞談到「完成祖國統一」

一一・4　中共軍方情報透露、在東南沿海部署蘇愷27型戰機、可迂迴自台灣東部進犯

一一・4　中共軍委會副主席・國防部長遲浩田重申解放軍堅持「和平統一」「一國兩制」方針

一一・11　中共宣布暫停進口一部份美國商品

一一・11　美海軍情報指中共今年三月八日至二五日在台灣所進行軍事演習、是爲日後入侵台灣

一一・14　前英國首相柴契爾夫人在北京、猛烈抨擊中共壓制言論自由的一系列演習
一一・15　錢其琛訪香港、民主派抗議示威
一一・15　從欽定候選人中產生香港特區行政長官董建華
一一・18　美海軍情報局、公佈三月中共台海演習報告、美艦研判巡弋位置、防共軍侵襲台灣東岸
一一・24　美總統柯林頓與中共國家主席江澤民在馬尼拉舉行高峰會議、雙方同意將在一九九七年與一九九八年互訪
一一・26　中英爭論恐再起、九七過渡添變數
一一・29　香港「南華早報」傳、中共繼花費一五億美元向俄羅斯購買四八架蘇愷二七型戰機、又計劃再買五五架值二〇億美元同型戰機
一一・30　中印簽署協定、緩和邊界緊張
一二・8　中共軍事代表團首訪漢城
一二・9　中共國防部長遲浩田訪美、與美國防部長斐利會談、批判「日美安保條約」、美反對中共的「核技術外移」
一二・9　中共「解放軍報」報導、目前、東海艦隊在東海某海域進行實彈演習
一二・9　新疆維吾爾族上千青年要求「新疆獨立」、死傷逾百
一二・10　伊朗試射中共製飛彈、美對訪美中的遲浩田抗議
一二・11　美總統柯林頓在白宮接見訪美中的中共國防部長、強調雙方應藉交往加強合作

一二・13　江澤民要求中國國民黨回應「江八點」
一二・18　中國大陸又見長黑、一瀉千里、跌九・九%
一二・18　美「Freedom House」、指世界自由度、中國・北鮮・越南等最惡劣
一二・22　香港「臨時立法委員會」議員、選出新共份子超過半數
一二・24　香港特區行政長官董建華（中共派）、與英國香港總督彭定康會面
一二・28　中共政府承認中國農村企業成長率急降（降下一六・五%）

一九九七年

一・6　中國大陸貧富問題惡化、社會矛盾擴大
一・7　中共海協會長汪道涵率團抵美、將會晤美國務院主管人權次卿塔諾夫、國防部主管政策次長史勒康等人士、了解美大選後的對華政策
一・12　美無法反對俄售艦中共、中共即將取得「現代」級（Sovrenemy）俄艦
一・14　美國防部發言人表示、美國防部為探討香港主權移交後、美海軍軍艦在香港訪問問題、將派遣「技術團」訪問北京
一・15　汪道涵重申、兩岸統一沒有時間表
一・17　中國大陸海協會會長汪道涵、在華府與美專家座談時、提出「一個中國既不是一種抽象的中國、也不是中華人民共和國、而是江澤民所提的一個原則」
一・19　即將卸任的美國務卿克里斯多福表示、美國希望台海維持現狀
一・21　香港「亞洲華爾街日報」指出、中共正主導改變亞洲均勢
一・22　美新任國防部長柯恩、表示美國為了亞太地域安全保障、有必要擴大美中關係

一・22　親中共的美國前國務卿季辛吉（Henry Kissinger）主張、美中應建立戰略對話

一・25　美新任國務卿歐布萊特女士、就職後第一次記者會中、談香港人權問題上、將對北京直說眞言

一・25　福建省莆田市湄洲媽祖搭專機飛台

一・26　卸任中共國務院台辦主任兼職的中共統戰部長王兆國、今天強調貫徹「反台獨鬥爭」

一・26　新疆自治區回教徒加強獨立運動

一・27　中共國防費自一九八九年以來、每年增加一五—一八％

一・28　訪問北京的「美高層官員代表團」、促中共改善「人權」

一・29　陳雲林接替王兆國台辦主任後、中共對台政策將鎖定「反獨」「促通」

一・30　香港報導、中共加強取締西藏・新疆的武力獨立運動

一・30　英國外交部次長韓俊明訪問香港時指出、中共廢港「人權法」受國際社會非難

一・31　一個對中共友好的美參議員范士丹、在華盛頓表示、中共若對台動武、美不坐視

二・3　中美簽署「紡織品貿易新協定」

二・5　美上院情報委員會召開公聽會、由ＣＩＡ代理長官證言、中共軍力將成爲美國的威脅

二・7　美國防部發表一九九八年度國防預算二千五〇七億美元、前年比增加七億美元

二・12　北韓勞動黨書記黃長華、在北京亡命、向南韓駐北京大使館投誠

二・14　紐約時報報導、中共確有用錢買通美國議員以影響美國政局

二・15　美國防部長柯恩說、美國將重新評估中共的「中國遠洋軍輸總公司」租用加州長堤海軍軍港

二・24　美國務卿歐布萊特抵達北京、陸續會見中共外長錢其琛・總理李鵬及國家主席江澤民、雙方對人權・台灣議題歧見深

三・4　中共國台辦主任陳雲林與海協會副會長唐樹備聯合發表、今後將多邀請台灣各鄉鎮縣市代表人物前來大陸訪問、交流對象轉向基層

三・4　中共今年國防經費發表爲九七億美元、成長一二・七%、但中共實際軍費美國估算爲帳面的二・五倍、軍事專家估計五—一〇倍

三・5　北京報導、最近在北京頻頻發生爆炸事件

三・7　錢其琛表示、兩岸恢復談判關鍵在一個中國

三・9　「華盛頓郵報」報導、中共以美民主黨議員爲目標、做二〇〇萬美金獻金工作

三・17　中共對台滲透工作密集展開、「對台辦」、以新聞・幫派・財金・社團・航運・僑務等、專責吸收港・澳・台地區台灣份子與集團進行對台分化工作

三・20　西藏政教領袖達賴喇嘛持中華民國旅行證件啓程赴台灣

三・24　中共海軍驅逐艦「哈爾濱」「旅大」及補給艦三艘首次橫渡太平洋、寄港於美西岸聖地牙哥軍港

三・24　美副總統高爾訪問北京、（「六四」以來、赴大陸的美最高政府首長）、爲「柯江會談」舖路

三・25　高爾・李鵬會談、北京緊扣台灣問題

三・25　中美簽署近二〇億美元商業合約

三・25　達賴喇嘛訪台、表示西藏是追求自治而非獨立

三・26　美副總統高爾、與李鵬會談、人權問題不一致、但決定繼續對話
三・27　江澤民會晤高爾、提出「中美關係三原則」、一、加強合作、二發展中美關係、三切實遵守中美三個聯合公報
三・28　中共八屆「全國人大」第四次會議、批准「國民經濟與社會發展九五計劃」、目標人口一三億、國民生產毛額八兆五千億人民幣、經濟生產率每人國民生產毛額一千三〇〇美元、物質上漲率一四・八%、對外貿易四千億美元
三・28　季辛吉等「美中貿易全國委員會」（US - China Business Council）、以促進美中經貿關係爲目的、主張給予北京永久MFN、以及促其加入「世貿組織」
三・30　美衆議員金瑞奇訪北京、批評中共箝制基本人權、並表示他有權訪台、同時說、中共若武力犯台、美將協防台灣
三・30　日本外務部長訪北京、與中共首相李鵬會談、決定日對中共回復經濟援助
四・2　坎培拉「金融評論報」報導、中共自一九七八年至今的一九年間、吸引外資一千七〇〇億美元（台灣部份四〇〇億美元）、北京當局此後擬緊縮外資
四・3　新華社華盛頓分社主任魏國強、上週末（三月二八日）、因在美有意請求政治庇護被識破、在北京自殺身亡
四・4　美軍部吐露、至二〇一〇年、將把全部航空母艦一二艘核子化
四・4　航空專家指出、刻在香港舉行的中央航空工業展、顯示中國大陸飛機機種均獲得美・俄等國協助、本身技術落後
四・5　聯合國人權組織「亞洲人權觀察」發表聲明、批評美・法與其他國家未能譴責中共惡

劣的人權紀錄

四・6　中共軍事專門月刊「鑑船知識」報導、中共新海軍司令石雲生談話說、中共已確立「近海作戰戰略」

四・7　法國國防部長米戎抵達北京、中共欲購法製拉斐爾戰機88—M型引擎

四・7　中國航空工業總公司副經理王昂、在香港表示、中共在一〇年內、開發第三代戰機的「殲一〇型戰鬥機」

四・9　採訪香港移交、近六千記者申請

四・9　美國防大學報告指出、雖然中共指定二〇個師、及五千名陸戰隊、但因缺乏運輸能力、難以全面進犯台灣

四・15　美國防部報告書指出、中共軍事近代化、大部份必須依靠外國軍事科技、並從外國購入新兵器體系

四・16　美國防部報告書指出、中共正在開發移動式地上發射飛彈「東風31號」（DF—31）・「東風41號」（DF—41）、射程八千—一萬二千km、俄羅斯購入Kilo級潛水艇二艘、一九九七年將再購入二艘

四・17　美國務卿歐布萊特、呼籲台北與北京建立互信、避免挑釁

四・19　中共調查船侵入離台灣不遠的琉球宮古島海面

四・20　美總統柯林頓今天向香港民主黨主席李柱銘保證、美國將保護香港民主自由

四・21　台灣「中央日報」報導、台塑公司（王永慶）、爲投資福建省漳州發電廠、由美國匯八億五千萬美金於中國大陸

四・21　中共駐港部隊四〇名先遣人員進入香港、一些香港市民感到害怕

四・22　江澤民飛抵莫斯科、將與葉爾辛舉行高峰會議、簽署「裁軍協定」、共軍主力勢將轉移東南

四・25　菲律賓軍方發現中共巡洋艦及飛機出現在南沙群島美濟礁、菲國抗議

四・25　直航大陸搶第一的「立順輪」（立榮海運所屬）、今晨駛抵廈門

四・29　華府消息、以金錢買來政治影響的中共 China Labby 猖獗於美國

五・7　香港特區行政長官董建華、嚴禁台獨・藏獨・港獨活動

五・8　美哈佛大學教授指出、中共與美國間的最基本衝突、不在於台灣・西藏或人權問題、而是在霸權爭奪的矛盾

五・13　中共獻金案、美媒體窮追猛打、報導聯邦局掌握資金流程證據、在中共「人代會」批准之下、北京在一九九五年進行了一連串秘密交易

五・17　中共國家主席江澤民與法國總統席哈克、在中南海舉行第二次會晤、簽署「中法聯合聲明」、建立「全面夥伴關係」

五・19　前中共駐港代表許家屯、在亡命美國地點指出、台灣海峽兩岸認知差距極大、「一國兩制」無法套住台灣

五・21　香港「星馬日報」報導、中共中央宣傳部決定停刊新聞雜誌社三〇〇家、中國的新聞約有二千紙、雜誌八千誌、幾乎是官辦

五・22　美國防部長指出、中國軍事力量在一〇年以內將成爲美國的對抗勢力

五・23　美參議員亞伯拉罕、提出主張制裁中共法案、限制中共官員入境

五・23　著名記者及民主化領袖紛紛逃離香港

五・27　對續惡中共、美國會異議聲高漲

五・29　中共總書記江澤民在新華社發表、中國現在是「社會主義初階段論」

五・30　香港特區行政長官董建華、呼籲別再悼念「六四」

六・1　中共對「東南亞諸國聯合」（ASEAN）、採取兩面外交政策（軍事・談判）

六・2　香港回歸前夕、最後一次記念「六四」、數千港人遊行

六・7　中共公布由總書記領銜、共計七二名將出席香港「政權交接儀式中國政府代表」名單

六・9　美亞太副助理貝德指出、中共未排除對台動武政策、其領導人從去年（一九九六）在台海軍事演習佈局中得到一個結論、即他們需要準備一套軍事解決台灣的方案

六・10　美 Heritage Foundation 的高級分析家 Richard Fischer 表明獲得中共開始製造中距離彈導飛彈DF—21X（東風21號）的消息

六・18　中共解放軍駐香港特別行政區部隊副司令周伯榮少將、強行通關、港人抗議

六・18　台灣台北市萬華分局查獲大陸製毒、解放軍運送、直銷台灣

六・19　英香港總督彭定康、最後一次出席香港立法局、表示香港的民主精神絕對會比中共的威權統治長久

六・20　泰國股市・泰幣重挫

六・21　美前國務卿季辛吉預言、美中遲早會爲貿易衝突

六・22　「第二三屆主要國首腦會議」（Denver Sumit）、採決「8G宣言」

六・24　中共樂觀估計經濟成長率八—一〇%

六・24　美國國務卿歐布萊特指出、全球將密切注意中共是否遵守承諾

六・28　香港報導、四千多共軍、陸海空三路進港（一共進駐八千餘人）

六・30　中共在香港佈下三大反間諜系統、公安部・國安部・解放軍特工、大舉進入香港

六・30　中共解放軍五〇九名已攜武器提前駐港

六・30　香港民主派人士集會遊行、李柱銘發表「反臨立會宣言」

七・1　英國降下國旗、治港一五五年結束統治

七・2　香港民主自由急速倒退、絕大多數香港住民選擇明哲保身

七・5　葉國華（一九八〇年代在上海、與當時的中央黨書江澤民、海協會會長汪道涵、及吳邦國・黃菊等要人建立密切關係、被派來港後、以一直主管「港澳工委」對台工作的李儲文為大靠山）、主導成立網羅兩岸三地人士為成員的「香港政策研究所」（一九九五年成立）、做為香港特區行政長官董建華的「智囊團」、擬以替中共從事對台統戰工作

七・10　美剩餘高科技武器（包括愛國者飛彈體系・隱形飛機零件等）、秘密流入中共

七・10　中共海軍、在台灣北方東支那海實施一〇天的大規模總合演習

七・12　江澤民為鞏固軍中領導地位、再晉升一〇餘名上將

七・12　美「新聞週刊」報導、中共向美輸送一百萬美元向政治人物獻金

七・20　中共曾經送競選經費於親共議員、企圖影響美大選

八・3　在亞太地域軍事力低下的俄羅斯、於其「外交政策評議會」提案對日對台接近、藉以確保影響力

八・　以泰國的泰幣貶值開始、菲律賓・印尼、以及馬來西亞・新加坡的通貨大動搖、經濟

下降
八・7　香港親共誌「廣角鏡」指出中共解放軍有武力進攻台灣的能力
八・13　華府智囊財團「Heritage Foundation」、分析香港歸還對台灣的影響、結論爲一國兩制不能適合台灣
八・20　美國務卿發表、美日安保新指針不設定地區基準、但「不應該說不包含台灣海峽」
八・24　因美日防衛合作、中日關係面臨關鍵性衝擊
八・31　美「星座號」航空母艦（排水量八萬噸以上）訪香港
九・1　美前國防部長斐利於「亞太安全國際論壇」演講說、美國希望亞太穩定、美與中共交往、不會罔顧台灣安全、提倡多邊協定、與中共務實往來
九・3　中共在「大公報」發表、對台獨文攻武嚇是長期性堅持
九・4　日本首相橋本龍太郎訪問北京、與李鵬會談關於圍繞台灣的問題、表示遵重「一個中國」、不支持「台灣獨立」
九・5　第一五屆「中共黨代表大會」開幕
九・9　中共上海幫大抬頭
九・9　美總統柯林頓、在華府美利堅大學演說表示、江澤民下月訪美時、不會有重大聲明
九・10　中共外債餘額近一千五〇〇億美元
九・10　美議會調查局表示、美中關係無法大幅前進
九・11　美國情報指出、中俄助伊朗發展長程飛彈
九・11　美政府報導中共「東風」飛彈瞄準台・日・菲

九・12　美國國防部宣佈、美中首次軍事諮商會談、由美國國防部次長與中共副參謀長熊光楷主談
九・12　美・澳・日「大安保三角」逐漸成形
九・12　江澤民在「一五黨大會」發表國有企業三〇萬家、七〇％赤字、剩餘人員三千萬人、將導入股份化
九・12　中共「一五黨大會」中、把毛澤東思想與鄧小平理論並列
九・12　中共一二大以來、一二大（一九八二年）宣告台灣是神聖領土、一三大（一九八七年）宣言「一國兩制」、一四大（一九九二年）反對「兩個中國」、一五大（一九九七年）「和平統一、一國兩制」
九・13　美總統不滿香港的選舉方法
九・15　中共派高級官員出席將在香港舉行的「世銀」「IMF」年會
九・15　美俄在中亞展開聯合軍事演習
九・18　中共「一五大」選出中委一九三人（新人一〇九人）
九・19　中共黨內排名第三的政治局常委喬石、揮別中共權力核心
九・19　美國國防部資深官員、針對台灣安全、強調「台灣關係法」的重要性、希望兩岸繼續對話
九・21　在美上院情報特別委員會公聽會上、前駐中國大使 James Lee 警告、中共軍部以能破壞美國情報中樞的高度兵器的取得爲長期目標
九・22　中共爲推動加入WTO、李鵬求助美國

圖84 在日美軍主要設施・區域配置圖

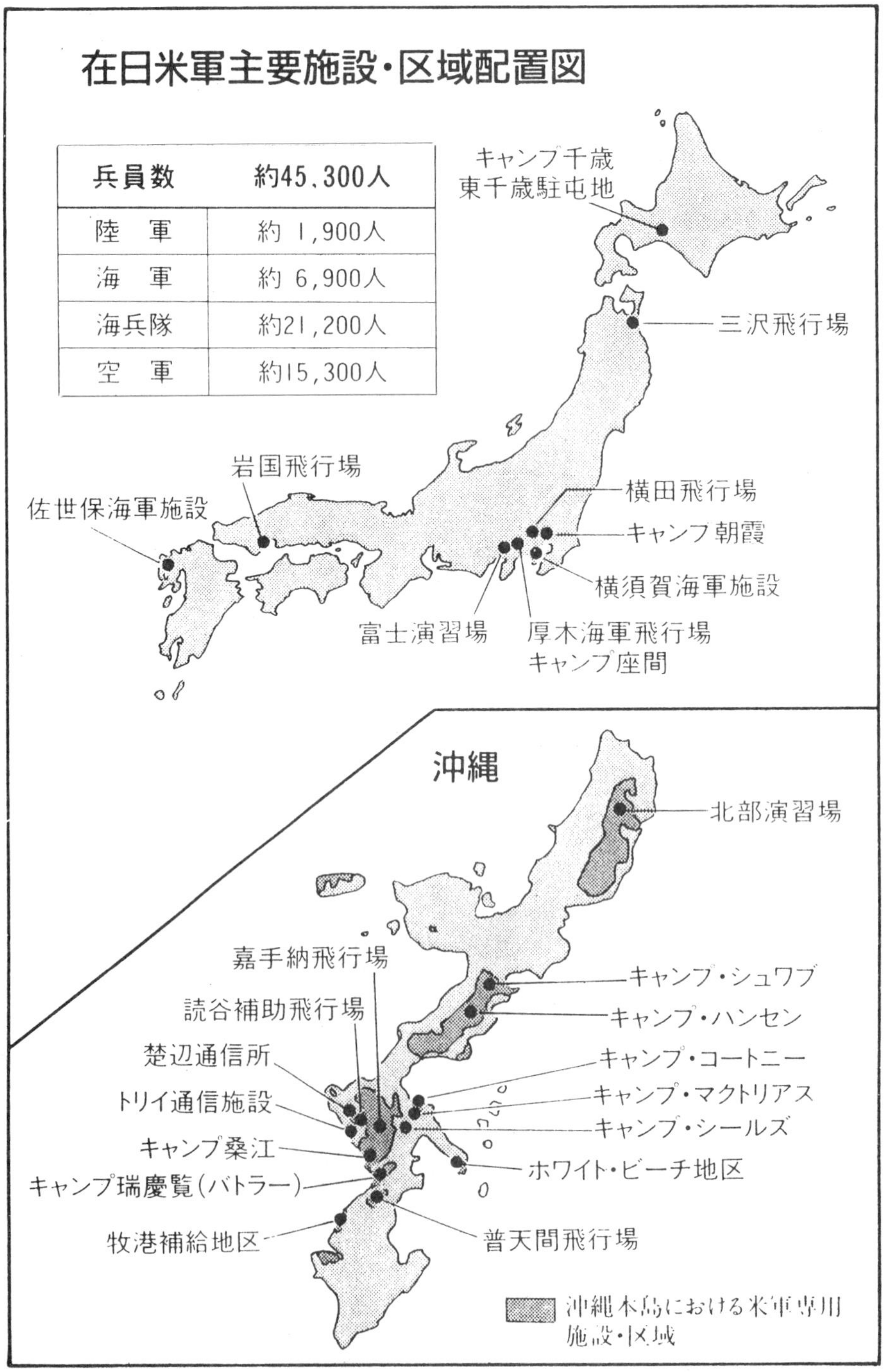

（資料） 志方俊之「極東有事」1996, p.167 東京

九・24　「日美安保協議委員會」、決定新安保指標、實際包含菲律賓以北、但不發表限定周邊地域
九・28　美衆院促柯林頓懲罰中共銷售予伊朗反艦飛彈
九・28　美國防大學國家戰略研究所、刊行「論文集」、質疑政府對中共的「開發援助貸款」（DA）、間接助長中共的軍事力量
九・29　中共抨擊日美修改安保指針包括台灣
一〇・14　倫敦「國際戰略研究所」年度報告指出、由於中共持續更新其軍事力量、東南亞維持全球第二軍火市場地位、日本・中共・台灣・南韓進口武器總額均逾一〇億美元
一〇・15　台灣長榮集團總裁張榮發、日前密訪北京、曾於中共總書記會晤、指出不能三通有害無利、願擔任兩岸和談密使
一〇・16　中共計劃生育官員表示、三六年後、大陸人口將突破一五億
一〇・19　「上海證券報」透露、大陸上市公司（上海共有三六四家）營運績效不彰（每股平均收益不足一毛五）、國企（今尚有三〇萬家）職工失業問題更形嚴重、可能危及整體經濟發展、銀行金融體系將被國企虧損拖垮
一〇・21　美國務院呼籲中共在江澤民訪美前夕、釋放王丹・魏京生
一〇・21　香港特區行政長官董建華重申、香港不准公開掛著青天白日旗
一〇・21　美商務部長戴利說、美中貿易逆差不能繼續擴大（今年前八月逆差逾三〇〇億美元）
一〇・21　中國國家主席江澤民訪問美國
一〇・23　華盛頓報導、美國始終無法明瞭中共國防現代化的目的是爲了取代美國在亞洲的地

位、抑或只是爲了將武器系統汰舊換新、因此、提高中共國防軍事的透明度、是此次高峰會談的主要目的

一〇・24　香港股價急遽降價、外匯仍維持固定一美元＝七・八港幣

一〇・29　訪美中的江澤民、在白宮與柯林頓會談、「美中共同聲明」：一、建設戰略伙伴、二、互相訪問定期化、三、協議政治・軍事・安全保障的高官相互訪問定期化、四、柯林頓接受一九九八年訪中邀請、五、人權問題有頗大相違、台灣問題雙方差距更大

一〇・29　中共在高峰會談後、定購 Boeing Company 飛機五〇架

一〇・31　美上院批判江澤民有關人權問題

一一・3　美國務院發言人魯賓表示、江澤民在哈佛大學對天安門事件的發言、「並沒有證據顯示在天安門事件上有重大的反思」

一一・3　江澤民結束全部訪美行程、離美前、強調此行獲到豐碩成果

一一・4　中共外長錢其琛、透過香港媒體表示、儘管在柯江會談聯合聲明、對台灣問題表述簡要、但美方已多次重申不支持「台灣獨立」、不支持「一中一台」、不支持「兩個中國」、以及不支持台灣重返聯合國

一一・4　倫敦「國際戰略研究所」（IISS）亞太部中國問題專家張大銘分析、柯江會晤、對「台灣問題」、雙方降低誤會、相對的、將縮減台灣欲向國際發展的空間

一一・5　北京舉行「中日安保民間對話」、台灣問題相違意見鮮明

一一・6　美下院決議台灣防衛等對中強硬法案一一件

一一・8　中國大陸最大的水利工程計劃「長江三峽」水利樞紐工程、進行大江截流

一一・8　中共「全人代」選出親中共派香港代表36人

一一・9　俄國革命八〇周年、法國出版「共產主義黑書」、指出共產主義與德國納粹的類似性、估計共產主義犧牲者一億人

一一・9　俄羅斯總統葉爾辛抵達北京、將解決中俄戰略協作夥伴關係再邁進一步、江澤民表示、中俄不會恢復同盟關係、一三日返俄

一一・11　中俄同意劃定東部國境

一一・11　中共總理李鵬訪日、與日首相橋本舉行會談（訪問六天）、、對美日防衛新指針交換意見、並簽署中日新漁業協定

日本在高峰會談、避開一、歷史認識問題、二、釣魚台問題、三、台灣問題

李鵬對美日防衛新指針表示疑慮、主張日本對台灣問題應顧及中共立場

一一・15　中國著名異議人士魏京生（入獄一九年）獲釋、自北京搭機赴美就醫、家人告白魏京生短期不參加公開活動

一一・16　即將於下週在加拿大溫哥華召開的第九屆ＡＰＥＣ會議、中共將正式宣佈二〇〇一年第一三屆ＡＰＥＣ領袖暨部長會議在北京召開

一一・16　中共對台統戰進展、國民黨中華民國「國統會」副主席許歷農（新同盟會首腦）、受邀赴北京、與中共國台辦副主任陳雲林與海協會副會長晤談

一一・21　英國「經濟學人」指出、亞洲金融危機將拖累中共

一一・22　日本軍事專家平松茂雄指出美日防衛指標暗示中國對台動武時、美國會武力干涉

一一・22　中共訂購俄羅斯「現代」級驅逐艦

一一・23　魏京生指出「一國兩制」根本不可能

一二・5　人民日報指出「一個中國原則絕不能動搖」

一二・20　北京拒絕與達賴喇嘛談判

一二・23　在美國開庭、審判台灣出生的華裔美國科學家 Peter H. Lee 被控洩漏模擬核爆技術給中共一案、中共科學院院士王淦昌爲首等七名、替 Peter Lee 辯護

一二・24　北京報導、中共舉行「對台工作會議」、黨中央軍委會副主席張萬年倡議、應定二〇二〇年爲解決台灣問題的時限、但黨中央總書記江澤民與副總理兼外長錢其琛認爲只要採取全方位的統戰與外交攻勢、圍堵台灣的「務實外交」、並加速推進對台政治談判、即能防堵台灣走向獨立

一二・27　維吾爾分離主義團體說、中共調一萬名部隊入疆掃蕩、殺一八六人逮捕二千一〇〇人

一二・28　中共「央行」行長戴相龍指出、大陸金融業暗藏風險

一二・28　香港「南華早報」報導、中共副總理朱鎔基、警告亞洲金融風暴可能衝擊中國大陸

一九九八年

一・5　中共向俄羅斯採購的第三艘K級潛艇、貼著大陸沿海行駛台灣海峽中線、航向浙江省象山港

一・5　英國經濟學人資訊室指出、目前香港・莫斯科的生活費是世界城市中第三大昂貴、僅次於東京・大阪、台北居第一一位

一・6　由於日圓繼續走貶、東南亞貨幣應聲而倒、印尼盾日貶達一〇%、新台幣貶破三二元兌一美元大關

一・6　中共「時事週刊」、預測完全失業率將達三・五%、失業者數超過七〇〇萬人

一・7　華盛頓的「安全保障研究中心」亞洲研究部長中國專家 Loss Manro 指出、因外國投資銳減、外銷利潤降低、國營企業損失更大、國營銀行頻臨倒閉、鄉鎮企業利潤降低、所以經濟成長率不能樂觀如北京發表的八%以上

一・7　東南亞各國通貨一直貶值、印尼 rupia 一美元＝七、七〇〇元、馬來西亞 linggit 四・三〇元、菲律賓 peso 四四元、泰國 barts 五四・四〇元、新加坡一・七一 S 元

一・7　新加坡李光耀說「五〇年後中共將超過美國」的說法、是一個大膽假設、要小心求證

一・11　越南駐美大使藩、在記者會上、表示越南希望美海軍艦艇寄港越南港口

一・14　「華盛頓時報」報導、美國防部長柯恩在馬來西亞的美軍軍艦上說、軍售中共禁令、美無意解除

一・18　美國防部長柯恩訪北京、將與北京國防部長遲浩田會談、擬採「戰略清晰、戰術模糊」政策

一・23　中共中央規律檢查委員會（書記尉建行）、對改革開放路線造成的幹部腐化、富裕財閥誕生、認爲將危及社會主義根幹、決定採取追放「亂用公費」

一・24　日本軍事專家平松茂雄指出中共軍後勤總部傘下的「三九企業集團」（999）、從事冶金・煤炭・水力電氣・機械・石油化學・鑛山・通信・交通・教育・學校・製藥・農業・汽車生產・食品製造等軍需民需事業、總員工五〇萬人、對外進出一二國家、從事花費國防費秘密部份及軍事近代化

一・28　美中央情報局長坦納指出、中共矢志在下世紀中葉之前成爲亞洲強權、美亞太地域安

全佈局將受影響

一・29　美國防部宣佈、將考慮出售包括三艘諾克斯級巡防艦在內、價值三億美元的軍器給台灣

二・4　訪美中的中共國防部長遲浩田、演講「中國的國防政策」、強調「台灣問題、是內政問題」

二・9　於一月二三日潛回中國籌組反對黨、在安徽蚌埠被中共逮捕的在美「中國之春」創辦人王炳南、今天被中共解送出境、自上海抵達洛山磯

二・11　美前國防部長斐利率「戰略安全事務考察團」來台、說北京希願無條件恢復兩岸協商、但中共發言人沈國放立刻表示、台灣必須接受一個中國、這非「先決條件」、而是事實

一九九八年初春

（本書「增補」部份、承楊揚出版公司李尚賢・廖淑敏夫婦與鄭夙涓小姐協助、文章方面蒙周龍三・陳淑芳夫婦協助修改、一併表示謝意）

「台灣人四百年史」漢文版參考文獻

③畫

三國志　孫權傳

山海經

大清一統志

小腆紀年　清・徐才鼎

土地問題　亨利・喬治Henry George　1881

上市證券概況　台灣證券交易所

大同手册　大同製鋼機械公司　1958

④畫

太平御覽　卷780　東夷傳

元史、瑠求傳

六部處分則例　卷20

五年來的台灣－台灣民報1925.8.26.第67期　蔡孝乾

中國革命史論　橘樸

中國新民主主義革命史　胡華

中國民族解放鬥爭史　華岡

五個年中的我－台灣民報1925.8.23.第67期　蔣渭水

六三法問題的歸著點－台灣青年第5期林呈祿－警察沿革誌第2編　中卷

「日據時代民族運動」座談會－台灣文獻1965.6.第16卷第2期　蔡培火

中國四大家族　陳伯達　1962

中華民國年鑑　1951-1973

中華民國台灣省十六年來之糧政　台灣省糧食局　1962

中華民國統計提要　1967,1964

中華民國工商人物誌　中華民國工商協進會　1963

中國重要銀行發達史　譚玉佐　1961

中華開發信託公司上市證券公開說明書　1966

尹仲容先生在經濟方面的想法和做法－自由中國之工業第21卷第1期
　王作榮　1964

中華民國台灣金融統計月報　中央銀行經濟研究處　1966.10

中華民國財政統計提要　財政部統計處編

中華民國勞工統計月報　行政院主計處　1974

中國勞工問題　丁幼泉　1964

中華人民共和國對外關係文件集1954-5年第3集　北京世界知識出版社　1961

反對美國製造〝兩國中國〞的陰謀　北京外交出版社　1962

毛澤東選集　1967年版　1977年版
中共史論　第3卷　台北・郭華倫　1969
中國共產黨的半世紀與毛澤東的背信　王明　1975
中國資料叢書　大安書店復刻版　1972
中共政權20年　范雍然
內自訟齊文集　周凱　道光17
中東戰記本末1896年・中國史學會・中日戰爭1956年　蔡爾康・林樂知

⑤畫
世法錄　明初
平台紀略　藍鼎元
出山漫興詩　楊廷理
世法錄
台灣通史　連橫　1920
台灣紀略　台灣府學教授　林謙光　清・光緒24
台灣外記　卷13～23　江日昇
台灣的土著族－自由中國第6卷9期　衛惠林
台灣府志　高拱乾　清・1694
台灣府志　劉良璧
台灣府志　陳大受序說　范咸
台灣府志　余文儀
台灣府志　雜記外島　余文儀　乾隆29
台海使槎錄　巡視台灣漢御史　黃叔璥
台灣竹枝詞　郁永河
台灣雜記　季麒光
台灣縣志輿地志　陳文達
台灣編歸版圖之上諭
台灣總兵藍廷珍幕僚・藍鼎元「鹿洲初集」與吳觀察
台地後山請開舊禁疏　沈葆楨
台東州采訪册　胡傳
台灣今古談　劉克明　1930
「台南三郊由來」台灣舉人蔡國琳－伊能嘉矩「台灣文化志」下卷
台北道里記　姚瑩
台灣縣志　政志　薛志亮
台灣田糧利弊疏　尹秦　雍正5・1727
台灣建省與劉銘傳－台灣文化論集　林熊祥
台陽見聞錄　唐贊衮
台灣省通志稿　卷9・台灣民主國・抗日篇　台灣省文獻委員會

台灣日記與稟啓　胡傳
台灣八日記－左舜生「中國近百年史資料」續編　台灣民主國內務大臣
兪明震
台灣抗日史　陳漢光　1948
台灣民族運動史－自立晚報叢書　葉榮鐘・蔡培火・陳逢源・林柏壽・
吳三連共著　1971
台灣解放運動の回顧　蕭友三　1946
台灣人民革命鬥爭簡史　李稚甫　1955
台灣的先知先覺－蔣渭水先生　黃煌雄　1976
台灣省行政紀要　臺灣省政府統計處　1946
台灣二月革命記　王思翔　1951
台灣建設　民治出版社
台灣工程師學會
台灣金融年報　台灣銀行經濟研究室　1952
台灣貨幣金融外匯貿易全書　陳榮富　1954
台灣糧食統計要覽　臺灣省糧食局　1952
台灣經濟日誌　台灣銀行經濟研究室
「台灣省五年來物價變動之統計分析」附表5・中國農村復興聯合委員會
特刊第3號　黃登忠　1952
台灣總覽　台灣問題研究所　1977
台灣省財政統計　1962,1966
台灣省第三次工商業普查總報告　台灣省工商業普查委員會　1966
台灣工礦業調查報告　行政院國際經濟合作發展委員會　1962
台灣之棉紡工業　台灣銀行經濟研究室編「台灣研究叢書刊」41種
黃東元
台灣土地改革紀要　陳誠　1961
台灣省公民營公司名錄　中國徵信所
台灣社會力的分析　張景涵　1976
台灣農業年報　臺灣省農林廳　1951,1967,1972
台灣之農業經濟　台灣銀行　1962
台灣之製糖工業－台灣之工業論集卷1　楊乃藩　1958
台灣糖業公司統計年報　1966
台灣經濟發展　張果爲
台灣年鑑　ＰＮＳ通信社　1973
台灣地區勞動力調查報告書　臺灣省勞動力調查研究所　1974
台灣選舉與暴動事件－七十年代　1978.1.　李智明
台灣問題文件　北京・人民出版社　1955

⑥畫

西霞文抄　鄭光策

各金融機關業務概況年報　中央銀行金融業務調查處　1977

各金融機構業務概況年報　中央銀行金融業務檢查處　1964

江西蘇區紅軍西竄回憶　蔡孝乾　1970

⑦畫

宋史・琉求傳

吳志・孫權傳

攻媿集　卷88　樓鑰　南宋

我島與我等　蔡培火

我與我的思想　張深切　1965

⑧畫

國民革命與中國國民黨　戴季陶

東方兵事記略　姚錫光　1897

尙書禹貢篇

使琉球錄　陳侃　明

東西洋考　張燮

東蕃記　周嬰・陳第

東槎紀略　姚瑩　清

「東征集」紀台灣山後崇爻ㄇ社　藍鼎元

東溟文集　姚瑩

⑨畫

治台必告錄　達洪阿・姚瑩合撰

東亞時論　譯自日本刊物　1962.11

施琅盡陳所見疏

前漢書・地理志

後漢書・東夷傳

神宗實錄

海國見聞錄　陳倫烱

奏開番地疏　閩浙總督・劉韻珂　嘉慶27

奏請丈量台灣田畝清查賦課摺　台灣巡撫・劉銘傳　光緒12

莊規禁約　淡水同知　婁雲　道光16

⑩畫

南投縣革命志稿　南投文獻委員會　1959

島夷誌略　汪大淵
荷蘭與西班牙佔據時期的台灣－現代國民基本知識叢書・台灣文化論集
　　曹永和
海音詩　劉家謀
美參院外交委員會1955年秘密聽證會議紀錄　1978年　美國政府公佈
進步與貧困　亨利・喬治Henry George　1879
海陸豐農民運動　鐘貽謀　1957

⑪畫
清季外交史料　王亮等　1934
過去台灣的社會運動－台灣民報1927　連溫卿
黑網錄－香港「金陵殘照」之五　陳少校　1966
斯未信齋文集　徐宗幹
淡水廳志　楊浚修
乾隆府廳州縣圖志　洪亮・監修　清・乾隆53・1788
「僞鄭逸事」陳永華傳　郁永河
「鹿洲初集」粵中風聞台灣事論　藍鼎元
祭淡水將士文　北路參將・阮蔡文

⑫畫
廈門志　周凱　道光17
隋書・流求國篇
欽定平定台灣紀略
蛤仔難紀略　謝金鑾
第三期四年經濟建設計劃的研討－專題研究叢刊607－－中國國民黨・
　　中央委員會・設計考核委員會　1962
統一　歐洲通訊第13期・談二二八起和謝雪紅事件　林天雄
新民主主義革命史　胡華　1952

⑬畫
靖海疏
聖武記　魏源　明
鄭氏王朝兵部尚書　張煌言之諫言
福建通志－台灣府諸羅知縣季麒光覆議－台灣文化志
靖海碑記－澎湖廳志　施琅
獻堂先生與同化會－林獻堂先生紀念集　甘得中　1960
楊肇嘉回憶錄　楊肇嘉　1967

⑭畫

戰後台灣經濟分析　劉進慶	1975
閩書・島夷誌　何喬遠	明
閩海紀要　夏琳	
閩浙總督・范承謨奏疏	
裨海紀遊　郁永河	
鳳山采訪册　盧德嘉	
彰化縣志　李廷璧	
關於田賦清理　羅建祥	
彰化銀行60年史	1967
選舉萬歲　林正杰・張富忠合著	1978.3

⑮畫

鄧小平　香港・齊辛	1978
諸蕃志　南宋・趙汝適	
廣輿記・琉球傳　陸應陽	清・康熙25・(1686)
澎湖嶼　施肩吾志	唐代
諸羅縣志　周鐘瑄	
澎湖廳志　潘文鳳	
論治台事宜書	
請移駐巡撫摺　欽差大臣・沈葆楨	
噶瑪蘭廳志　董正和・陳淑均	
蔣經國論　曹聚仁・香港創墾出版社	1953
蔣經國竊國內幕　孫家麒	1961
憤怒的台灣　莊嘉農	1971

⑯畫

糖業手册　台灣糖業公司	1953
糖業統計年鑑　台灣糖業公司	1962

⑰畫

戴案紀略　吳德功	
嶺雲海日樓詩抄　丘逢甲	1937
臨海水土志　沈瑩（太平御覽）宋代	

⑲畫

鏡山全集　何喬遠	
簷暴雜記　趙翼	
瀛海偕亡記　洪棄生	1906

⑳畫

灌園先生與與彰化銀行－林獻堂先生紀念集　王金海	1960

㉑畫

讓台記　吳德功

新聞

台灣民報	1926~1929
台灣新民報	1931
新高新報	
聯合報	1961,1979
中央日報	1963,1968
人民日報	
北京日報	
解放軍報	
紅旗	1963.3
文藝報	1957
明報	1969,1970
文匯報	
光明日報	

雜誌

展望	1958.4
自由中國	
七十年代	1974.7
明報月刊	1969
台灣青年	
台獨　台灣獨立連盟美國總部	1974,1978
自由中國之工業	1954~1976
台灣銀行季刊	
獨立台灣　獨立台灣會	1972
台灣大衆　獨立台灣會	1981

「台灣人四百年史」參考文獻　日本語版

あ

廈門本願寺布教燒失一件－日本外交文書第33卷別册1　北清事變　1956

アメリカ外交の新基調　長谷川才次　1953

明日の台灣　若菜正義　1973

アトリ一自傳　C.R. Attlee著　和田博雄・山口房雄　日譯　1959

え

永久革命の時代　I. Deutscher　山西英一日譯　1968

お

オランダと蕃語文書－愛書10　淺井惠倫

大いなる論爭　Sidney Kravs著　NHK放送學研究室　日譯　1961

か

華夷通商考

外地法制誌　第3部2　「律令總覽」外務省條約局法規課　1960

解剖せる台灣　南溟漁人（若森久高）　1912

株式會社年鑑　1942

嘉南大圳新設事業報告　嘉南大圳組合　1930

簡大獅討伐に關する參事官長より民政長官への報告　明治31年　東京市政調查會

海外市場　JETRO　1962

革命回想　1-2部　福本和夫

回想十年　第3卷　吉田茂　1957

官僚制　マックスウェーバー著　阿閑吉男日譯　1921

き

キッシンシャ一回顧

近世初期の對外關係－岩波日本歷史講座23.3　岩生成一

近代日本糖業史　上卷　糖業協會

近代中國農民革命的源流－海豐における農民運動　彭湃著　山本秀夫日譯　1969

近代中國研究　第2輯　1958

く
訓令　有馬晴信

け
原語によおる台灣高砂族傳說集　總說　台北帝大言語學研究室
經濟資料報告　上　舊慣調查會第2部調查　1905
現代台灣經濟論　高橋龜吉　1937
現代史資料　20.22.　山邊健太郎
現代用語の基礎知識　自由國民社　1979
現代ソ連論　菊池昌典　1977
現代中國と國際關係　中嶋嶺雄　1973
現代コミュニズム史　上、下　津田道夫等　1962
現代のマルクス主義　M.M. Drachkovitch著　木村汎日譯　1967

こ
國書　豐臣秀吉
後藤新平傳　第2卷　鶴見祐輔　1937
國債參考書　大藏省理財局
國債統計年報　大藏省理財局
國債統計要覽　1976.1978　總理府
工場名簿　殖產局
小作制度の改善　殖產局產業調查書　1930
辜顯榮翁傳　辜顯榮翁傳記編纂會　尾崎秀太郎譯　1939
公爵桂太郎　乾卷　德富豬一郎　1917
兒玉源太郎「台灣南部土匪討伐報告1901年」　東京市政調查會
コミンテルン日本共產黨テーゼ　雙文社編
コミンテルン資料集　大月書店　1978
コミンテルンと東方－カヴェククシキン「コミンテルンと中國における」抗日民族統一戰線－國際關係研究所日譯　1971
コミンテルン・ドキュメントII　J.Degras著　荒畑寒村等日譯　1970
國連統計年鑑
國連統計月報
國際統計要覽

さ
三百年前における台灣砂糖と茶の波斯進出－南方風土2-2　岩生成一
砂糖に關する調查書　總督府　1930

産米の改良增殖　總督府殖產局　1930
三字集　赤色救援會　1931

し
朱印狀　村山等安
新港文書Sinkan Manuscript　村上直次郎
昭和財政史XV舊外地財政上卷　日本政府大藏省　1960
昭和5年國勢調查結果表　總督府　1934
昭和金融恐慌史－銀行論叢第9卷臨時增刊　1927.7
昭和產業史第2編　東洋經濟新報社　1950
清國行政法第1卷　臨時台灣舊慣調查會第１部報告　1905
清國商業綜覽第4卷　根岸佶　1907
清國廈門等ニ逃避スル匪徒ノ略歷　第1枚　東京市政調查會修藏
植民地便覽XV　日本政府拓殖局
殖產部報告第2卷第1册　總督府民政局　1897
植民地下の台灣－山川均全集　山川均　1966
植民及植民政策－矢內原忠雄全集第1卷　矢內原忠雄
植民地社會の變容と國際關係　山田秀雄　1969
事業要覽　台灣拓殖株式會社　1940
社會主義半生記　山邊健太郎
職業としての政治　M. Weber　日譯
社會運動の狀況　全14卷　內務省警保局
終戰後の台灣における金融經濟法規並に資料－台灣接收後の經濟日誌
台灣銀行東京特殊清算事務所　1954

す
斯大林全集

せ
ゼーランヂャ築城史話　村上直次郎
清賦一班　舊慣調查會第一部調查報告書
專賣事業　總督府專賣局　1945
全國銀行會社要錄台灣篇　東京興信所　1926,1941
製糖會社要覽　台灣糖業聯合會　1933
戰後における諸外國の土地改革　日本農政調查會　1964
戰後台灣經濟における資本蓄積過程－東大經濟研究會　「經濟學研究」8號　涂照彥　1967
戰後20年世界の步み－朝日年鑑1966年別册　朝日新聞社

世界と日本　吉田茂	1963
世界情勢と米國　R.P. Stebbins著　鹿島守之助日譯	1964

そ

孫文の研究　藤井昇三	1966
ソビエト年報　内閣調査室	1958
ソ連と中國　O.B. Bopncoa and B.T. Konockob著　瀧澤一郎日譯	1979
ソ連の指導者と政策　W.Leonhard著　加藤雅彦日譯	1969

た

高砂族の分類－民族學研究第18巻1-2號　馬淵東一	1954
第1次台灣金融事項參考書　台灣銀行	1902
第2次糖業記事　臨時台灣糖務局	1903
第2回報告書　1卷　臨時台灣舊慣調查會	
第5回事業報告書　臨時台灣土地調查局	1905
第26次台灣糖業政策　拓殖局	1921
第26次台灣糖業統計　殖產局	1938
對日和平條約　每日新聞社	1952
台灣受渡公文　日本外交文書第28卷第2册　日本政府外務省	
台灣官有林野整理事業報告書　總督府內務局	1913,1924
台灣解放運動の回顧　蕭友山	1946
台灣株式年鑑　台灣經濟研究會	1931
台灣金融經濟の近情　日銀調查局	1970
台灣金融經濟月報	1944.12
台灣金融事項參考書第12次　台灣銀行	1918
台灣行政法論　佐佐木忠蔵	1915
台灣共產黨検舉の概要　內務省警保局保安課	
台灣共產黨成立大會記錄	
台灣銀行史　台灣銀行史編纂室（東京）	1964
台灣銀行十年誌　台灣銀行	1910
台灣銀行十年後誌　台灣銀行	1916
台灣銀行二十年誌　台灣銀行	1919
台灣舊慣記事　第1卷第12號　臨時台灣舊慣調查會	1901
台灣警察四十年史話　鷲巣敦哉	1938
台灣經濟史　東嘉生	1944
台灣經濟年報	1933,'39～'43
台灣經濟日記　台灣經濟年報1945付錄	
台灣經濟の發展とその機構　涂照彥	

台灣經濟の現狀　中華民國日本大使館　1953
台灣經濟綜合研究　上　笹本武治・川野重任　1968
台灣經濟と金融　久保田太郎　1967
台灣原住民族を中心とした東亞民族の人類學－福岡醫學雜誌第43卷2號　金關丈夫
台灣古名隨想－新南土　小葉田淳
台灣礦業公司四十年誌　1958
台灣礦業公司四十年誌　1958
台灣產業年報第11　殖產局　1915
台灣產業組合要覽　總統府　1940
台灣產業之現勢　台灣大觀社　1913
台灣史　山崎繁樹・野上矯介　1927
台灣史概要－民族學研究第18卷1-2號　中村孝志
台灣私法　第3卷上、下　臨時台灣舊慣調查會　1911
台灣社會教化要綱－台灣時報1934.5月號　總督府
台灣商工統計
台灣商工十年史　1921
台灣商業統計
台灣植民發達史　東鄉實・佐藤四郎　1916
台灣殖民政策　持地六三郎　1911
台灣人の要求　謝南光
台灣人四百年史　史明　1962
台灣人の台灣議會設置運動ト其思想　後篇　1922
台灣事情　伊能粟野合著　1899
台灣人士鑑　台灣新民報社調查部　1934
台灣事情　松島剛・佐藤宏　1897
台灣事情　殖產局　1928
台灣先史考古學における近年の工作－民族學研究第18卷12號　金關丈夫・國分直一
台灣先史時代概說－人類學先史學講座第10卷　宮本延人
台灣稅務史　上卷　總督府稅務職員共慰會　1918
台灣製糖業概觀　殖產局　1927
台灣製糖株式會社史　伊藤重郎　1939
台灣總督府統計書　第23　1921,1917
台灣總督府稅務年報　1922,1938
台灣總督府警務沿革誌　1933,1938
台灣－その國際環境と政治經濟　朝日新聞調查研究室　1965
台灣高砂族系統所屬の研究　移川子之藏等合著

台灣治績志　井山季和太　1937
台灣茶葉一班　總督府　1913
台灣糖業舊慣一班　臨時台灣舊慣調查會　1905
台灣糖業一班　臨時台灣糖務局　1908
台灣糖業統計　總督府殖產局　1918,1927
台灣糖業概要　總督府殖產局　1927
台灣統治概要　大藏省管理局　1945,1947　復刻版1973
台灣統治と其功勞者　第5編　橋本白水　1930
台灣統治志　竹越與三郎　1905
台灣統治綜覽　總督府　1908
台灣統治　伊澤多喜男
台灣土木事業統計年報　1932
台灣南部の糖業（第3回）－講農會會報第29號　大川仁兵衛　1897
台灣における西班牙人　伊能嘉矩
台灣に於ける金硫黃及び石炭の探險　幣原坦
台灣におけるエスパニア人の教化事業－愛書　中村孝志
台灣における蘭人の農業獎勵と發達－社會經濟史學　7-3　中村孝志
台灣に及ぼせる遷界移民の影響　鷹取田一郎
台灣年鑑　台灣通信社　1925,1944
台灣の糖業　總督府殖產局　1935
台灣の教育　台灣教育會
台灣の工業　殖產局商工課　1940
台灣農業年報　1924,1933,1943
台灣の農業　台灣農會　1941
台灣の農民運動　宮川次郎　1927
台灣農業發達の趨勢　總督府　1930
台灣の農業改革　Wolf Lackjinrky　日本農政調查會「世界各國における土地制度と若干の農業問題」
台灣の小作料輕減・農地買收政策　湯蕙蓀　日本農政調查會「世界各國における土地制度と若干の農業問題」　1952
台灣の米　殖產局　1938
台灣の經濟　其一歷史的調查　第5部　大藏省管理局
台灣の金融　財務局金融課　1930
台灣の經濟開發と外國資本－アジア經濟研究所・經濟協力調查資料第6號　松本繁一・汞田平四郎　1971
台灣の綿紡事業－今日之中國第3卷第6號　郭太宗　1965
台灣の政治運動　宮川次郎　1931
台灣の現實と日中關係　現代アジア社會思想研究會　1965

台灣の法的地位　彭明敏・黃照堂　1976
台灣の表情　東南アジア研究會　1963
台灣蕃族－三省堂日本百科辭典第6卷　森丑之助　1912
台灣蕃語文書　村上直次郎
台灣匪誌　秋澤烏川（秋澤次郎）　1923
台灣匪亂小史　秋澤烏川（秋澤次郎）　1920
台灣文化志　上・中・下卷　伊能嘉矩
台灣米穀要覽　1939
台灣文化論叢　第一輯　金關丈夫等　1838
台灣文化論叢　第二輯　山中彰二等　1945
台灣民族性百談　山根勇藏　1930
台灣訪問の記　田川大吉郎　1925
台灣北部土匪投誠顚末　第23-31枚　東京市政調查會修藏
台灣糧食統計要覽　1959
台灣林業史　殖產局　1917
台灣問題と台灣經濟－中國資料月報第3號　中國研究所調查部（日本）
台灣歷代總督の治績　杉山靖憲　1922
台灣米關係資料　日本政府農林省米穀局　1934

ち
沈有容諭退紅毛蕃碑について　中村孝志
陳中和翁傳　陳中和翁傳記編纂委員會
中華民國便覽　外務省アジア局
中華民國經濟事情　外務省　1959,1964
朝鮮戰爭と國府軍使用問題－日本「法學雜誌」第9卷第3、4號
　　神谷不二
中華人民共和國外交資料總覽　アジア政經學會　1960
中國政治經濟綜覽　アジア政經學會　1964
中國革命と毛澤東思想　中西功　1969
中國文化大革命　中嶋嶺雄　1966
中國共產黨史　上・下　大久保泰　1971
中國文明と官僚制　エチアヌ・バラーシュ著　阿閑吉男日譯　1971
中ソ對立と現代　中嶋嶺雄　1978
中ソ對立と國際關係　ソ連極東科學アカデミ一研究所編著
　　寺谷弘壬・小田切利馬・薄井武雄編譯　1972
中國革命　トロツキ一　日譯版
中國革命史　藤井實實

つ
鄭芝龍の日本南海貿易　石原道博
出島日記
帝國主義下の台灣ー矢內原忠雄全集　矢內原忠雄　1963
田健治郎傳記　田健治郎傳記編纂會　1932
中國共產黨史　全7卷　波多野乾一
中國共產黨史研究　石川忠雄
中國共產黨資料集第1-4卷　日本國際問題研究所中國部會
中國資本主義と戰後經濟　渡邊長雄　1950
中國と歐羅巴の革命ーマルクス選集第8卷　大月書店日譯
中國的民主主義與Hapoahnknーナロードニキ主義・レーニン　1912.7.
15　レ-ニル全集　大月書店日譯
中共雜記ーE. Snow著　小野田耕三郎　都留信夫日譯　1975
中國の歌ごえ　A. Smedley著　高杉一郎日譯　1976
中國の赤い星　E.Snow著　宇佐美誠次郎日譯　1971
中國ー生活の質　W.G. Burchett著　杉山市平日譯　1975

て
追放された予言者トロツキー　I. Deutscher著　山西英一日譯　1964

と
島夷志略　藤田藤八
糖業改良意見書　總督府殖產局長　新渡戶稻造
土地均享・人類の大權　宮崎民藏　1906
ドゴールの言葉　嬉野滿洲雄　1964

な
七億の林彪　每日新聞特派記者　高田富佐雄　1971
長崎オランダ商館の日記　第一輯　村上直次郎日譯

に
日本異國通寶書
日本殖民政策一班　後藤新平　1914
日本帝國主義下の台灣　涂照彥
日據時代台灣之警察與經濟ー台灣銀行經濟研究室「台灣經濟史初集」
台灣研究叢刊第25種1945・總督府財務局長　鹽見俊二
新渡戶稻造全集　第4卷　1969

新渡戶博士殖民地政策講義及論文集　矢內原忠雄　1943
日本財閥論　樋口弘　1940
日本財閥とその解體　株式會社整理委員會　1951
日本統治下の台灣　許世楷　1972
日本共產黨の四十年　日共中央委員會
日本共產黨の五十年　サンデー毎日1972年7月9日　俵孝太郎
日本共產黨鬥爭史　市川正一
日本勞動組合物語昭和篇　大河內一男・松尾洋　1965
日本人の海外活動に關する歷史的調查第4册第5部台灣の經濟其の二
大藏省管理局
ニクソン回顧錄　R.M. Nixon　松尾文夫・齊田一路日譯　1978
日本國防白書　1977
日本講和條約の研究　入江啓四郎　1951
日本の中華民國に對する經濟協力概況　在台北日本大使館　1965
ニミッツの太平洋戰史－The great Sea War-Chester W. Nimitzand
E.B. Potter著　實松譲・富永謙吉日譯　1962

の

農業基本調查書－耕地分配並びに經營調查　殖產局　1921,1934,1941,1944
農民組合運動史　農民組合史刊行會　1960

は

バタウイア城日記　1624－1668　村上直次郎日譯

ひ

匪首簡大獅歸順ニ對スル處分顚末復命書　第1-7枚東京市政調查會修藏
平戶オランチ商館の日記　1627年7月－1630年10月　永積洋子日譯

ふ

風土　和述哲郎　1936
文化大革命の內側で　J. Chen著　小島晉治　杉山市平日譯　1978

へ

米國の台灣政策　田中直吉・戴天昭共著　1968
米國の對中國經濟援助狀況　外務省經濟調查局　1955
平和條約の綜合研究　國際學會　1952
文革の三年　伊藤喜久藏・柴田穗　1968
平和のための戰略　J.F. Kennedy著　細野軍治・小谷秀二郎日譯　1961

ま

マルクス主義と民族問題　斯大林　國民文庫スターリン全集刊行會日譯

マッカーサー回想記　Douglas MacAther　津島一夫日譯　1964

み

明末清初請援南海始末　石原道博

三井財閥の台灣資本－台灣事報1941.10月　大山綱武

ミフのインタナショナルの歴史　W.Z. Foster著　インタナショナル研究會日譯　1968

め

明治27、8年日清戰史　第7卷　日本參謀本部　1907

明治期に於ける殖民主義の形成－思想1967,511號　福田新吾

も

毛澤東と中國共產黨　竹內實　1972

毛澤東研究序說　今堀誠二　1976

毛澤東の悲劇　柴田穗　1979

毛澤東集7　毛澤東文獻資料研究會（代表藤本幸二・市川宏）　1970

毛澤東主義　I.Deutscher著　山西英一日譯　1965

ら

蘭人の蕃社教化　村上直次郎

劉少奇選集　1967東京版　中華文化服務社復刻版

律令總覽　外務省條約局法規課

琉球台灣の名稱について－東洋學報14.4　和田清

臨時台灣戶口調查表　總督府臨時台灣戶口調查部　1908

林獻堂先生年譜　1960

林獻堂先生記念集

わ

我國主要產業に於けるカルテル－cartel－的統制　小島昌太郎　1932

我等の要求　謝南光

王明回想錄　BaH Muh著　高田爾郎・淺野雄三日譯　1976

れ

レーニン全集　第3、6卷　大月書店日譯

ろ
ロシア・中國・西側　I. Deutscher著　山西英一日譯　19
78

雜誌
思想660號　1979　川端正久「コミンテルンと日本」
思想月報　第2號　1933.9　司法省刑事局思想部
世界週報第36卷第6號　時事通信社
平京週報　1979年　日文版

新聞
台灣時報　1940.12月　1943.4月
台灣日日新聞　1900年2月13日
朝日新聞　1950～1964
毎日新聞　1949～1961
讀賣新聞　1949.12月9.10.31日
サンケイ新聞　1970～1971
東京新聞　1955.1.22
日本經濟新聞　1954.11.9日

「台灣人四百年史」外文版參考文獻

A

Aa It Happened　C.R. Attlee　1954 日譯

A Dictionary of Southern Min　Taipei Language Institwte　1984

American Dealing with Peking-Foreign Affairs. Oct. 1966, Vol.45 No.1 Kenneth T. Young

American Foreign, Current Documents. 1958, U.S. Dept. of State

American Foreign Policy Since World II　John W. Spanier

American Foreign Policy 1950-55 Basic Documents 2 Vols. U.S. Dept. of State　1956

American's Failure in China 1941-50, Tang Tson　1963

An Evaluation of U.S. Economic Aid to Free China 1951-'65 Neil H. Jacoby

An Historical and Geographical description of Formosa　日譯

Anthology by Isaac Deutscher　日譯

B

Battle Hymn of China　Agnes Smedley　1957

Businessmans Directory of Republic of China 1972-'73

British Consular Report for Taiwan Dr.W.W. Myers　1890 日譯

C

Cartografia e Cartografos Portugneses dos Cortesao S'eculos XV e XV1　1935

Colonial Development and ,Population in Taiwan 1954 George W. Barclay, Princeton University Press

Chinese Communism and the Rise of Mao　Benjamin I Schwartz

China Assignment　Karl Lott Rankin　1964

China yearbook 1958-59

China yearbook Editional Board

China and the west-A Labour Party Looking Ahead Panphlet　Feb. 1961

China-the Qualiyt of Life　Wilfred G. Burchett 1974

Cobetcko-kntaňckne othowehns　o.b. bopncoa and B.T. Konockob 1977

D

De Nederlanders in China 1898 Groneveldt
Dagh-Register des Comptoirs Nangasacky 日譯
Dagh-Register Gehouden int Castect Batavia 1624-'39 日譯
Documents on American Foreign Relation Paul E. Zinnered 1955
Documents on American Foreign Relations 1964 Richard P. Stebbins

F
Formosa Betrayed George H. Kerr 1956
Formosa Far Formosa Geo. L. Mackay, D.D. 1896
Formosa under chinese Nationalist Rule Fred W. Riggs 1952
Formosa Joseph W. Ballantine 1952
Formosa under The Dutch Wm. Cambell 1903

G
Geschichte der Insel Formosa 1907 Ludwing Riess 日譯
Geschichte Formosa's Bis Aufang 1978 Albr. Wirth 日譯
Gesammclte Politische Schriften Max Weber 1921 日譯

H
Hearings Before the Committee on Foreign Relation,U.S. Senate
89th Congress, on U.S. Policy with Respect to Mainland China,
March 1965. U.S. Govt Printing Office 1966
History of the Internationals William Z. Foster 1955 日譯
Harper Row 1965

I
Inside the Cultural Revolution Jack Chen 1975 日譯

K
Kremlones Stalin Wolfgang Leonhard 1959 日譯

L
Land Reform in Free China Hui-Sung Tung 1957
Lenin and the Comintern Volumel 1972 Branko Lazitch, Milorad
M. Drachkovitch
L'Ile Fromosa G. Imbalt-Huart 1893

M

Memoir by Harry S. Truman Vol. II 1946-53, Harry S. Truman 1956

Military Situation on Armed Services and Comnittee on Foreign Relation, Unite a Senate, 82nd Congress, 1st Session 1951

Mercantilism E.F. Heckscher

Monthly Bulletin of Agricultural Economics and Statistics 1971 FAO

Marxism in the Modern World Milorad M. Drachkovitch

N

Nation of Sheep William J. Lederer 1962

Nippon Siebold

Newsweek July. 10. 1961

Nixon's Memoris by Richard Milhouse Nixon 1978 日譯

O

Oud en Nieuw Oost-Indiën, Formosa. Dordrecht 1726 Francols Valentijn Adlai E.

P

Putting First thing First-Foreign Affairs, Jan. 1960. Stevenson

Production Yearbook 1970 FAO

Pioneerinf in Formosa W. A. Pickring 1898

R

Reminiscences Douglas MacAthur 1964

Random Notes on Red China 1936-1945 Edgear Snow 1957

Red Star Over China Edgar Snow 1962

Russia, China and The West Isaac Deutscher 1970

S

Selected Speeches and Articles G. Dimitrov 1951

Statistical year book United Nations 1976

Surrey of International Affairs 1955-6 Geffrey Barraclough & Rachel F. Wall

T

Taiwan Statistical Data Book 1973.1974.1978

Tamsui Custom House Decennial Report 日譯
Trotsky 1929-1940 The Prophet Outcast Isaac Deütscher't
Verwarloosde Formosa S.E.S. 1675 日譯
The Age of Permanent Revolution: Trotsky Anthology Isaac Deutscher
The China Problem Reconsidered-Foreign Affairs, April. 1960 chester Bowles
The China Lobby in American Politics, Ross Y. Koen 1960
The Communist International, 1919-1943, Documents. 1956 Jane Degras
The Great Debates Sidney Kraus 1962
The Inner History of the Chinese Revolution Tang Leang-li
The Island of Formosa, Past and Present, Historical View from 1430 to 1900 James W. Davidson 1903
The Japanese Expedition to Formosa Edward H. House 1875
The Macarthur Controversy and American Foreign Policy Richard H. Rovere & Authur Schlesinger Jr. 1965
The Private Papers of Senator Vandenberg Arther H. Vandenberg 1952
The Red China Lobby Forest Davis & Robert A. Hunter 1963
The Strategy of Peace John F. Kennedy 1960
The Truman-MacArther Controversy and the Korean War John W. SpAnier 1959
The USA and Taiwan Robert A. Scalapino
The White House years, Mandate for Change 1953-56 Dwight D. Eisenhower

U

U.K. View on Red China-The Japan Times, April 21. 1961 Authur L. Gavshon
U.S. News & World Report, May 6. 1955, June 1. 1958
U.S. Dept. of State, United States Relation with China 1949
U.S. Aid to Taiwan-A Study of Foreign Aid. Self-help and Development 1966. Neil H. Jacoby
United Nations, Yearbook of International Trade Statistics 1964 1968
United Nations, Monthly Bulletin of Staitistics, Oct. 1971
United Nations, Yearbook of National Accounts Statistics 1962
United Nations Statistical Yearbook 1968 1970

W

White House years Kissinger's Memoris

Y

Yearbook of Labour Statistics 1970 ILO Monbeka KMK N
Mpenatenbctbo BaH MuH 1975

「台灣人四百年史」漢文版表格索引

表　　頁

表		頁

表		頁

表 頁

表 頁

「台灣人四百年史」漢文版挿圖索引

「台灣人四百年史」漢文版地名索引

台灣地名索引

台灣地名

三劃（大 三 山 小 下 士 上 土 口）

四劃（斗 五 丹 內 文 太 月 王 六 仁 水 中 公 日 牛 天 火）

五劃（台 玉 平 打 四 左 北 白 半 立 甘 加 石 布 田 他 生 外 甲 皮 永 目 民 古）

六劃（竹 尖 西 江 安 老 朴 汐 字 圳 吊）

七劃（赤 秀 車 牡 坑 汶 沙 汴）

八劃（宜 東 社 花 虎 金 佳 芝 青 阿 承 枋 武 板 松 店 河 官 坪 卓 枕 油 長
放 岡 卑 林 和 門）

九劃（南 苑 美 苗 後 紅 茄 恆 建 前 保 洗 風）

十劃（烏 草 蚊 高 海 拳 凍 羌 流 員 鬼 埔 桃 旅 唐 馬 崁 畚）

十一劃（埤 麻 哄 基 清 鹿 崇 深 曹 琅 梧 連 崩 頂 通 港 崙 屏 桶 梅 淡 望）

十二劃（集 帽 棲 蒴 茱 番 善 黃 勞 曾 景 猴 菁 朝 雲 彭 棉 蛤 溫 蒡 湖 傀 隆）

十三劃（萬 新 暖 獅 楊 楠 楓 過 聖 嫣 耶 葫 嗄 路 葡 瑞 溪 圓 鼓 漢）

十四劃（福 寧 艋 滬 鳳 嘉 瑠 旗 廣 蒔 瑪 廍 蒜 遠 銅 彰）

十五劃（熱 澎 蔴 潭 綠 樟 樣 噍 諸 潮 ）

十六劃（橫 貓 蕃 噶 頭 璞 濁 墾 龜 橋 龍 澳 樹 錫 燒 樸 燕 錦 滄）

十七劃（應 營 礁 蕭 嶺 彌）

十八劃（舊 鎮 鵝 魍 檳 雙 豐）

二十五劃（灣 觀 鹽）

外國地名索引

外國地名

六劃（夷 舟 汕 西 安 同 百 伊 衣 名 好 色 江 匈 吉）

七劃（吳 沖 呂 沙 克 貝 赤 成）

八劃（長 東 波 果 河 金 法 亞 杭 延 京 非 昆 的 阿 孟 国 青 武 岳 拉 邵 芬 定）

九劃（南 思 香 珍 東 泉 重 咬 英 美 科 洛 柏 約 哈 建 俄）

十劃（蚶 倫 秘 紐 神 泰 高 峿 浙 馬 海 晉 烏 埃 庫 陝 桂 剛）

十一劃（麻 梅 琉 陸 荷 莫 釣 紫 黑 濟 淮）

十二劃（粵 溫 廈 黃 華 惠 朝 登 菲 越 奧 開 達 喬 湘 貴 普 湖 雲 雅）

十三劃（亶 新 葡 媽 會 鼓 塘 煙 瑞 萬 義 漢 雷 綏 魁）

十四劃（福 漳 銅 廣 嘉 寧 閩 維 德 閔 蒙 墨 韶 鳳）

十五劃（歐 緬 潮 黎 寮 遵 鄭 諒 熱）

十六劃（興 錫 暹 澳 龍 橫 衡 鴨 澤 擇）

「台灣人四百年史」漢文版人名索引

台灣人 P83～133

中國人 P135～168

日本人　P169～176

其他外國人　P177～187

台灣人名索引

二劃（丁）

三劃（于）

四劃（方 尹 王 尤）

七劃（巫 宋 沈 阮 辛 杜 呂 吳 李 何 余）

八劃（周 易 林 邱 卓 阿 花）

九劃（侯 姜 紀 洪 柯 胡 范 施 姚）

十劃（高 凌 唐 翁 徐 孫 馬 涂）

十一劃（康 商 梁 陳 許 張 莊 連 郭 曹 梅）

十二劃（黃 曾 童 須 傅 辜 彭 溫 游 湯 馮）

十三劃（楊 詹 葉 董）

十四劃（廖 趙 錢）

十五劃（劉 鄭 蔡 蔣 歐 黎 潘 摩）

十六劃（賴 盧 駱）

十七劃（薛 蕭 謝 鍾）

十八劃（藍 魏 韓 顏 戴 簡）

十九劃（羅 關 譚）

二十劃（蘇 鐘）

二十一劃（饒 顧）

中國人名索引

二劃（丁 卜）

三劃（于 上）

四劃（王 毛 文 方 孔 尹 巴 支）

五劃（左 史 永 司 白 石 包 田 古 艾 甘）

七劃（何 李 岑 汪 谷 阮 宋 余 沈 吳 呂 杜 沙）

八劃（邱 周 明 林 季 孟 阿 忽 易 忠 斉 部）

九劃（洪 胡 施 郁 俞 姚 南 苗 范 柏 柯 侯 郝 柳 茅 柔 風 紀）

十劃（孫 唐 凌 徐 秦 夏 袁 烏 高 柴 耿 涂 馬 倪 桂 翁 姬 婁）

十一劃（張 陳 商 陸 許 常 章 陶 梁 梅 康 曹 郭 習 戚）

十二劃（黄 曾 傅 喇 湯 程 溫 賀 童 彭 費 馮 華 項 博 粟 陽 尊 喬）

十四劃（趙 熊 寧 赫 壽 廖 福 聞）

十五劃（劉 鄭 樓 蔣 蔡 潘 鄧 歐 黎 滕 樂 翦 魯）

十六劃（賴 盧 閻 霍 錢 冀 薄 穆 駱 鮑 滖）

十七劃（蕭 謝 彌 薛 韓 賽 襄 龍）

十八劃（藍 魏 顏 豐 瞿 戴 簡 儲）

十九劃（羅 關 譚）

二十劃（覺 嚴 蘇 盧）

二十一劃（聶 饒 鄷）

二十二劃（酈 龔）

日本人

四劃（水 木 中 犬 仁 今 內 太 片 井）

五劃（田 加 古 北 生 白 布 永 石 矢 市）

六劃（西 有 伊 安 池 伏 吉 江 寺 向）

七劃（村 角 阪 坂 佐 谷 赤 尾 杉）

八劃（兒 長 松 岩 河 近 明 板 東 林 武 波 岡）

九劃（柳 後 柵 泉 若 津 南 砂 前 風）

十劃（浜 荒 高 桂 島 浮 神 祖 宮 祝 秩 荒 桑）

十一劃（陸 清 常 袴 麻 淺 鳥 副 國）

十二劃（黑 森 賀 富 植 渡 野 朝 棚 間 菊 飯 堺）

十三劃（豊 新 奥 園 鈴 與）

十四劃（福 関 齊）

十五劃（德 稻）

十六劃（澤 樺 橋）

十七劃（磯 鍋）

十八劃（鵜 藏）

其他外國人

N

P

R

S

史明簡介

一九一八年	出生於台北市士林施家，本名施朝暉。就讀台北市建成小學，並入台北一中（五年之後留學日本）
一九四二年	日本早稻田大學政治經濟系的政治科畢業
一九六二年	「台灣人四百年史」日文版出版，改名史明
一九八〇年	「台灣人四百年史」漢文版出版
一九八六年	「台灣人四百年史」英文版出版
一九九二年	「民族形成與台灣民族」出版
一九九二年	「台灣不是中國的一部份」出版
一九九三年	「台灣民族革命與社會主義」出版
一九九八年	「台灣人四百年史」增補版出版

臺灣人四百年史

編著者：史　明

發行人：施　朝　暉

發行所：草　根　文　化　出　版　社

台北市羅斯福路二段 70 號 12F-2

電　話：(02)2363-2366

傳　真：(02)2363-1970

郵政劃撥：18931412

户　名：施　朝　暉

印刷者：楊　揚　實　業　有　限　公　司

一　九　九　八　年　四　月　初　版

每　套　三　冊（上、中、下）

ISBN 957-983-440-X

9 789579 834407